U0498566

跨境电商

亚马逊开店实战宝典

曲亮 / 著

電子工業出版社
Publishing House of Electronics Industry
北京•BEIJING

内 容 简 介

跨境电商如今已成为人们创业的重要领域，而亚马逊平台正是跨境电商领域最大的舞台之一。本书是一本全方位介绍新手卖家如何在跨境电商亚马逊平台开店运营的专业书籍，全书分为 10 章，主要包括亚马逊的注册开店，以及后台操作中的各种功能，其中不乏老师及学员的真实操作案例。本书以直观的方式向读者展示了亚马逊开店的操作细节。

本书适用于对跨境电商感兴趣的高等院校学生群体，以及准备从事跨境电商行业的读者阅读。本书已被深圳多所学校和培训机构选为课堂教材。

未经许可，不得以任何方式复制或抄袭本书之部分或全部内容。
版权所有，侵权必究。

图书在版编目（CIP）数据

跨境电商亚马逊开店实战宝典／曲亮著. —北京：电子工业出版社，2019.8

ISBN 978-7-121-36892-9

Ⅰ. ①跨… Ⅱ. ①曲… Ⅲ. ①电子商务－商业企业管理－研究－美国 Ⅳ. ①F737.124.6

中国版本图书馆 CIP 数据核字（2019）第 120393 号

责任编辑：林瑞和　　　　特约编辑：田学清
印　　刷：北京捷迅佳彩印刷有限公司
装　　订：北京捷迅佳彩印刷有限公司
出版发行：电子工业出版社
　　　　　北京市海淀区万寿路 173 信箱　　　　邮编：100036
开　　本：787×980　1/16　　　印张：14.5　　字数：302 千字
版　　次：2019 年 8 月第 1 版
印　　次：2025 年 8 月第 11 次印刷
定　　价：69.00 元

凡所购买电子工业出版社图书有缺损问题，请向购买书店调换。若书店售缺，请与本社发行部联系，联系及邮购电话：（010）88254888，88258888。

质量投诉请发邮件至 zlts@phei.com.cn，盗版侵权举报请发邮件至 dbqq@phei.com.cn。

本书咨询联系方式：faq@phei.com.cn。

序言 1

出口贸易在整个国家经济体系中一直扮演着非常重要的角色，被称为拉动国家经济发展的“三架马车”之一。随着互联网技术在全球的逐步普及，出口贸易不再局限于传统的展会、邮件、出国拜访等模式，出口型电子商务业务在近几年快速发展，而跨境电商持续、快速、健康的发展也受到了越来越多创业者和投资人的关注。

国内的跨境电商起步较早，基本来说经历了三个阶段。

第一个阶段是 2000—2008 年。当时比较火爆的是 B2B 电商平台（如阿里巴巴、敦煌网、中国制造网等），这一个阶段主要是由 B2B 平台充当信息传递通道，为国内卖家提供询盘资讯。

第二个阶段是 2006—2013 年。随着国内卖家视野的不断拓宽和互联网技能的不断提升，利用海外平台（如 eBay 和 Amazon）开店及自建网站直接销售（如 LightInTheBox）两种模式开始同步发展。在这一个阶段中，中国卖家开始主动“出击”，将产品直接销往海外市场。

第三个阶段是 2013 年之后。2013 年 6 月 6 日，LightInTheBox 在美国纽约证券交易所上市，成为中国“跨境电商第一股”。此后包括 LightInTheBox 在内的众多自建网站出口电商遭遇滑铁卢，到目前为止也没有好转迹象。业内分析其原因主要是，社交媒体和移动互联网的兴起，让基于 PC 网站发展的电商业务一去不复返。

目前，跨境出口电商业务越来越平台化，无论是国内阿里巴巴集团的 AliExpress 还是美国鼎鼎大名的 Amazon，都以越来越专业化的服务吸引着消费者，大平台对消费者意味着靠谱、有保障。尤其是 Amazon 平台良好的买家口碑，为中国卖家提供了非常有效的跨境出口电商渠道。

OOFAY（沃飞环球科技）总部位于中国跨境出口电商的核心城市——深圳，专注于为广大跨境出口卖家提供全方位的服务，核心业务包括可以对接以 Amazon 为主，以 eBay、AliExpress、Wish 等平台为辅的综合管理系统；高效便捷的出口物流服务；跨境出口业务孵化器等。目前，OOFAY 在全国已经有 15 个分公司，员工 1000 余人，孵化团队 300 多个，平台销售额达 10 亿人民币以上。

曲亮老师作为资深的 Amazon 跨境出口电商领域的专家，为 OOFAY 的发展出谋划策，并贡献了大量宝贵的资源。尤其在跨境出口业务孵化器的组建与实施中，曲亮老师以其扎实的 Amazon 平台运营知识和专业的教学培训能力，让数以千计的 Amazon 卖家从零基础快速入门，掌握了核心的运营技能；他还亲自参与孵化了 100 多个月销售额 5 万美元的合格卖家团队，其中有 20 多个团队达到了月销售额 10 万美元的优异成绩。

鉴于曲亮老师专业的 Amazon 知识体系及 OOFAY 平台一体化服务的支持，我相信，会有越来越多的创业者爱上跨境出口电商，也会有越来越多的跨境出口电商从业者摆脱平庸、创造佳绩！

深圳沃飞环球科技有限公司董事长 乔二军

序言 2

深圳，被誉为创业之都，是诸多领先高科技公司的聚集地，产品以手机、无人机、电动玩具等消费类电子产品居多，同时各种国际前沿的商业模式也在此落地开花，其中跨境电商行业就是一个有无数传奇故事的行业。我认识很多白手起家的“80 后”“90 后”国内电商和跨境电商的创业者，短短几年时间，有人将公司年销售额做到上亿元，有人将几个人的“小作坊”发展成为数千人的大公司。

过去，电商卖家们多采取“粗放式经营”，大家没有接受过专门的技能培训，很多人都是凭借自己的摸索一步一步走过来的，实属不易。如今，通过跨境电商，卖家可以直面全球买家的消费诉求，竞争也早已不同于往日，细节之处的科学、用心才能真正地打动客户。由此，店铺的管理策略逐渐转向了精细化运营，而这就需要运营者不断地加强学习和提升自己的能力。

我接触过很多的培训机构、讲师，曲亮老师给我的印象最为深刻，尤其是他的店铺运营能力及他对学员的责任心。作为一个从成功的电商卖家转行进入教育领域的老师，曲亮老师本身的优势非常明显，他不仅有 10 余年跨境电商经验，懂得亚马逊运营者真正的诉求，而且在线上、线下培训的学员累计几十万人，他个人的教学能力也受到广大学员的高度认可。现在，曲亮老师将自己多年来积累的运营经验编写成书，书中包含了直观且实用的亚马逊店铺操作技巧，相信会让更多的学员受益。本书也是读者在亚马逊开店技能速成之佳选。

深圳市出海者科技有限公司（出海者联盟）创始人 李海

序言 3

跨境电商作为近几年发展迅猛的产业，获得了从国家到地方政府的诸多支持，也是焦点行业之一。大家在新闻中经常看到很多跨境电商的人才白手起家成就大业、立身扬名的故事，这也是对整个跨境电商行业的一种激励。如今，在中国品牌不断走出国门的时代背景下，跨境电商行业势必会引领中国的传统贸易迈入一个新纪元。

因此，未来的教育培训将更加注重实用性，北大青鸟在注重传统 IT 技能培训的基础上，一直致力于创新教学的研究。尽管是从 IT 教育起家，但目前北大青鸟已经发展成为覆盖全年龄段及延伸到其他行业领域技能培训的培训机构。从电子商务相关的研究领域来看，目前市面研究跨境电商领域的书籍并不多，反而以传统国际贸易的理论书籍居多，尤其是在针对大专院校的学生群体时，这些书籍在实操技能的讲解方面都略显不足，而曲老师的这本书，系统地、全面地阐述了跨境电商领域的知识和亚马逊开店的技巧，既包含实用的技能，同时又为教育研究者提供了有价值的参考。

实践是检验真理的唯一标准。曲老师的店铺实战经验加上他个人多年的教育培训经验，一定会为广大学员带来更大的价值和更多的帮助。

北大青鸟 APTECH 常务副总裁 陈峰波

前言

近年，在全球经济增速放缓的态势下，各个国家的跨境电商行业依然保持着高速增长，尤其在我国，进出口跨境电商的蓬勃发展助力了诸多传统企业的产业升级，行业延伸的配套服务更是发展得如火如荼。

作为一名跨境电商的从业者，我从 2007 年进入这个行业至今已有 10 余年。作为卖家，有幸经历了全球贸易各个转型期的重要节点。近几年，我转入培训领域，作为教育工作者，深切感受到了授业解惑的必要性。这是一种责任感，也是我出书的最大动力，衷心希望各位读者朋友能从本书中受益，谢谢大家的支持。

本书亦是深圳市第三职业技术学校（深圳市总工会直属）、深圳大学优课在线微专业、信狮教育培训学校、金蛛教育培训学校、优才云教育等机构的跨境电商学员培训的指定教材。

本书结构

全书分为 10 章。

第 1 章，介绍全球电商的整体发展趋势、配套服务及人才的需求现状。

第 2 章，介绍目前主流跨境电商平台的情况，包括各平台的发展及特点，让大家对各个平台有一个初步的认识，从而认识到亚马逊平台的优势。

第 3 章，详细讲解亚马逊店铺的注册流程，使大家在开通账号之前做好充分的准备工作。

第 4 章，着重讲解亚马逊店铺卖家后台的功能操作，包括库存管理、FBA 发货、推广运营等。

第 5 章，强调选品的几个准则，辅以案例为大家提供参考。

第 6 章，在了解产品上传功能的基础上，讲解产品优化的细节。

第 7 章，为大家演示亚马逊 FBA 服务的具体操作步骤。

第 8 章，主要讲解亚马逊站内运营的促销和广告推广，全方位解析站内流量的获取途径及具体操作技巧。

第 9 章，讲解提升用户体验的几种方法，用服务赢得买家的好评。

第 10 章，本章的主要内容是关于往期培训学员及其他亚马逊卖家的案例，供大家参考。

最后，非常感谢在本书的撰写过程中嘉华教育集团的石光磊老师、杨鑫老师在技术上给予我的帮助，感谢电子工业出版社的林瑞和编辑及同事的辛勤付出，感谢其他各行业朋友的大力支持。

更多资源

为了更好地服务全国的学员，笔者创立了“合益电商创业学院”，微信公众号为 hayedu，欢迎关注。大家关注后可领取随书赠送的学习资料：

- 亚马逊卖家 2019 年运营重要时间表；
- 亚马逊卖家日常运营常用工具集；
- 亚马逊开店专业术语 99 例；
- 亚马逊开店常见 99 问；
- FBA 美国仓库地址查询表。

曲亮

2019 年 3 月

目录

第 1 章

为什么要学习跨境电商

1.1 跨境电商的发展趋势

随着互联网技术的普及，各个国家的跨境电商业务发展得如火如荼，传统的国际贸易B2B（公司对公司）逐渐被以消费者为中心的 B2C（公司对消费者）替代，而各国之间的贸易合作也为人们在海淘、出口等跨境业务方面提供了诸多便利。尤其是我国市场，不仅国内的整体消费水平逐年攀升，而且跨境出口的数据也非常亮眼。

2018 年年底购物季，电商销售数据喜人，其中天猫“双 11”的成交额突破 2000 亿元人民币，如图 1-1 所示。

图 1-1

1.1.1 趋势一：跨境电商展开全球布局

随着互联网的发展和消费者行为习惯的变化，S2C（社交电商）已成为席卷全球的主流电商形式。从 B2B 到 S2C，电商形式发生了巨大的变化，而未来还会出现哪些新的电商形式，这是无法预料的。从全球视野来看，以后可能不会再分跨境电商和国内电商，因为未来企业的发展方向将会是全球性的战略布局，统一面向国内、国外的市场，进口、出口的贸易将主要依托电商平台，进行资源整合。虽然不同国家的互联网发展和基础设施建设的水平不一样，但发展跨境电商是大势所趋。

1.1.2　趋势二：新兴市场成必争之地

随着新兴市场的网络普及率逐渐提升，消费者的购买力也随之增强，东南亚、南美、东欧等地区都有可能成为我国出口跨境电商的潜在合作对象。尽管欧美主流市场依旧是行业发展的主力，但从发展的速度来看，新兴市场要远远高于欧美。例如，从 2017 年开始迅速发展的东南亚市场，借助毗邻中国的地理优势，其市场的爆发也绝非偶然；作为人口大国的印度，面对即将全面开放的印度亚马逊站点，其众多人口的潜在跨境消费需求将被激活，市场容量巨大，前景广阔。再看东欧，俄罗斯的市场相对来说比较成熟，阿里巴巴速卖通因为布局较早，坐稳了当地电商平台的“头把交椅”，此外因为没有亚马逊等巨头的竞争，所以速卖通平台在其他东欧国家发展的前景值得期待。

1.1.3　趋势三：资本化、品牌化进程加快

在国内整体经济结构调整期间，会出现一些经济增长放缓的迹象，尤其是传统贸易的升级转型，需要一段时间的过渡，这也促使国内一些企业争先恐后地涉足跨境业务，导致跨境电商的体量不断增大，资本蜂拥而至，从一级市场迈入二级市场成为企业未来的发展趋势。不少头部企业已经完成了原始积累，开始从制造业底端向价值链上游发展，逐步淘汰低质、伪劣产品，开始提升质量与服务。随着出口跨境电商的不断成熟，国内企业的知识产权意识不断增强，中小品牌开始崛起，这也是国内企业提升产品品质、创立品牌的绝佳机遇。

很多学员向笔者问得最多的问题是“店铺运营的策略是什么”，我始终建议大家：做品牌，走爆款路线，不要走铺货的老路。铺货就是求大而全，卖家什么产品都想卖，但大多数消费者能够理智消费，品牌和专业才是吸引消费者的法宝，杂货铺给人的印象与专营店是无法相比的。

1.1.4　趋势四：“大数据+产业链生态”驱动明显

电商是一个数据驱动的产业，跨境电商因为涉及全球的金融、物流体系，更要以数据

为依托。为了提高电商企业的成本效率、提高跨境电商运营的精确程度，“大数据+产业链生态”双轮驱动是跨境电商发展的未来。以数据及生态为基础的出口跨境电商将是实现传统外贸转型升级的强大驱动力。未来基于互联网数据和生态而建立的新型外贸，将为出口企业带来真正的竞争力。

1.1.5 趋势五：本地化服务是大势所趋

亚马逊、谷歌等大公司逐步进入各个国家的跨境电商领域，势必会为当地的经营者带来更多的经验和机遇。本地化是跨境电商企业成功的一个要素，同时也是一种发展趋势。目前，出口跨境电商在线上发展速度较快，未来应做好线下布局，推动本地化服务和跨境全渠道经营方向转变。笔者还要再次强调本地化的重要性，大家可以看到很多国家和地区都在大力地扶持跨境电商产业的发展，如何借助当地的平台和线下的渠道进入市场、直面消费者，这是企业管理者需要思考的一个问题。

1.2 中小企业的转型升级

近几年，传统贸易的转型升级是大家经常提起的话题，尤其是国内外部分工厂、企业的业务转型所带来的裁员等情况，包括实体店铺的“寒冬”等，让大家也感受到了全球经济发展的一丝“凉意”。

下面笔者举几个例子。

1.2.1 美国实体店铺现状

美国百年老店西尔斯（Sears）于 2018 年 10 月申请破产保护，其成立于 1886 年，是拥有 130 余年历史的“老百货”。梅西百货（Macy’s）近期也关闭了 100 多家门店，并宣布退出中国市场，天猫店铺也已经清仓关门。美国玩具反斗城（Toys“R”Us）早在 2017 年就已经申请了破产保护，退出了历史舞台。

1.2.2　英国实体店铺现状

英国的实体店铺情况也不容乐观：2018 年上半年将近 3000 家店铺倒闭，平均每天倒闭 14 家，主要是中小型的店铺；全英国 200 多家大型购物中心有倒闭的风险，这也将直接导致中心地段店铺的减少，如电子产品店、服装店等；餐饮等行业也同样面临着衰退。

全球经济都在经历着产业升级和转型的阶段，这个阶段必然会有相应的行业衰退，资源整合的趋势不可避免，这也是优胜劣汰的必然规律。挑战与机遇并存，中小企业应及时调整发展战略，努力向优质的产业方向发展。

1.3　跨境电商人才短缺及岗位需求分析

跨境电商的繁荣发展及配套服务的兴起，使跨境电商各岗位的人才供不应求，甚至出现了严重短缺的现象。

目前跨境电商行业整体人才缺口约为 400 万，包括跨境电商进出口平台、金融服务、物流服务、人才服务等整个产业链的需求，具体包括销售、平台推广、新媒体运营、技术支持等岗位。在一些大型的招聘网站搜索关键词“跨境电商”，如图 1-2 所示，跨境电商岗位需求数据一目了然。

笔者曾为很多大学生讲解过跨境电商的知识，在此期间，笔者可以真切地感受到学生们对新趋势、新知识的渴望，但目前很多院校对此类课程的知识储备还在建设中，这就导致一些想从事跨境电商的学生们错失了很多选择的机会。近些年，国家相关部门更加重视相关院校专业课程的实用性，也连续出台了新的校企合作政策，目的是让学生们能灵活应用所学的知识和技能，这也是教育的本质。当然，这需要一个过程，也需要社会各界人士的配合。如笔者团队正在做的校企孵化器等，通过对学生们项目的孵化，为企业和学校架起沟通的桥梁，让学生们有更多、更好的实习、择业机会，同时也能帮助企业缓解“用人荒”的局面。

已选条件： 跨境电商 亚马逊(全文)+深圳+武汉+珠三角

全选 申请职位 收藏职位 智能排序 发布时间 1 / 227 共11309条职位

职位名	公司名	工作地点	薪资	发布时间
住宿 亚马逊/跨境电商专员 外贸专员 ...		深圳	4.5-8千/月	12-14
欢迎实习生 跨境电商运营 亚马逊... 实习		深圳	4-8千/月	12-14
不限经验+应届生 外贸业务员 跨境电...		深圳-龙华新区	0.4-1.5万/月	12-14
无责任底薪 跨境电商 亚马逊运营		深圳-宝安区	6-8千/月	12-14
经验不限 亚马逊运营助理 Amazon销...		深圳-龙华新区	5-9千/月	12-14
跨境电商运营（亚马逊）		深圳-宝安区	6-9.9千/月	12-14
亚马逊运营助理 跨境电商		深圳	4.5-6千/月	12-14
跨境电商/亚马逊/速卖通/Wish/Lazada		深圳-龙华新区	0.4-1万/月	12-14
亚马逊跨境电商		武汉-洪山区	4-8千/月	12-14
外贸业务员/跨境电商业务/亚马逊		深圳-龙岗区	0.6-1.2万/月	12-14
amazon运营 亚马逊跨境电商		深圳-龙华新区	0.7-1.5万/月	12-14
跨境电商销售，ebay，wish,亚马逊		深圳-坪山区	0.4-1万/月	12-14
亚马逊销售运营/跨境电商员		深圳-龙岗区	4.5-6千/月	12-14
德语Amazon运营店长德国亚马逊跨境...		深圳	0.8-2万/月	12-14
跨境电商 亚马逊 ebay 独立站 运营 合...		深圳-龙岗区	0.8-1万/月	12-14
带薪培训 跨境电商 外贸业务员 电商运...		深圳	4-9千/月	12-14
跨境电商亚马逊课程顾问		深圳-龙华新区	1-1.5万/月	12-14
外贸跨境电商亚马逊产品运营专员		中山	0.3-1万/月	12-14

图 1-2

第 2 章

主流跨境电商平台

近年来，随着互联网的发展、配套服务的完善，物流和金融逐步走向国际化，跨境电商平台也呈现出百家争鸣的态势。下文介绍一些目前主流的跨境电商平台。

2.1 亚马逊（Amazon）

亚马逊是全球规模名列前茅的电商平台。其平台首页如图 2-1 所示。

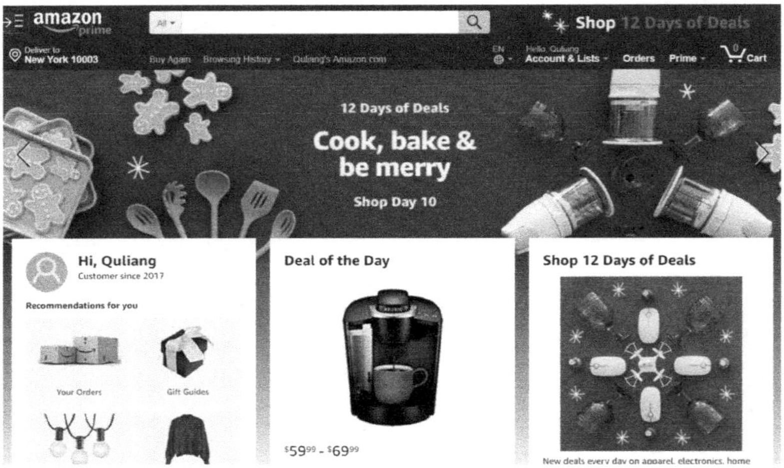

图 2-1

亚马逊是由其首席执行官（CEO）贝索斯于 1995 年创立，初期它的商业模式非常单一，与国内的当当网相似——通过互联网销售图书。很多投资机构和个人一开始并不看好这项业务，但亚马逊很快就实现了盈利，并于 1997 年在美国的纳斯达克成功上市，从此拉开了电商巨头的序幕。在以后的 20 多年里，亚马逊曾做过很多关键性的战略布局，这才使得其在后来动荡的互联网浪潮里屹立不倒。

2.1.1 战略布局一

1999—2003 年，亚马逊进行了物流仓储中心（FBA）的体系化建设。在这期间，亚马逊的售卖品类发生了变化，从最初的图书品类、音像制品逐渐扩大到家庭生活用品、婴儿用品及美妆等品类。售卖品类的扩充增加了产品存储和配送的工作量及难度，于是亚马逊兴建了自己的仓储配送体系。FBA 的操作体系应运而生，这不但提升了用户的购物体验，而且为电商平台的后来者设置了竞争壁垒。

2.1.2　战略布局二

2004 年，亚马逊推出了站内搜索引擎，这也是一个划时代的布局。以前 PC 端的市场份额很高，美国大部分消费者购物时基本是在电脑的搜索引擎（如谷歌）中输入要买的产品，然后检索出买哪个比较好、在哪里买等与之相关的信息。后来亚马逊的技术不断革新，融入站内搜索引擎以后，消费者可以在亚马逊的站内进行搜索并直接购买产品，省去了很多时间。而这就取代了谷歌的购物搜索功能，抢占了其购物信息的广告收入。我国国内也是一样，当消费者想购买心仪的产品时，一般是到电商平台（如淘宝）进行搜索和比较，然后下单购买，这就是人们购物行为的改变所带来的结果。图 2-2 所示为人们可以在亚马逊网站的搜索框中输入要购买的产品。

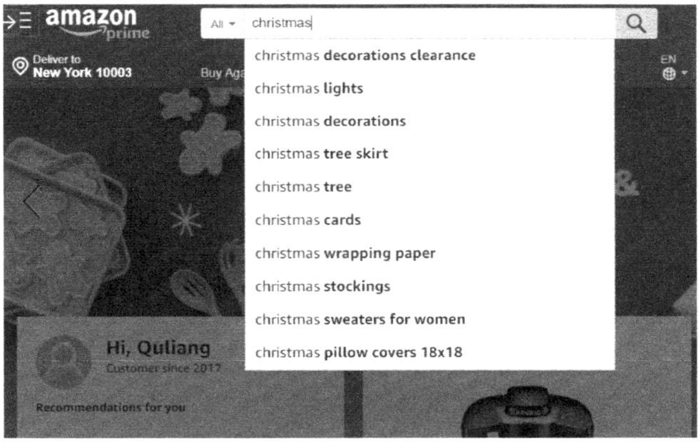

图 2-2

2.1.3　战略布局三

从 2005 年开始，亚马逊推出了 Prime 会员服务，消费者可以通过办理会员年卡，享受更多的优惠政策，如折扣券、包邮及流媒体服务等。更重要的是，会员服务可以帮助亚马逊留住更多用户，保证网站的流量和用户规模，从而吸引更多的第三方卖家入驻平台。

截至 2018 年 5 月，亚马逊的 Prime 会员已超过 1 亿人。2018 年亚马逊 Prime 会员日期间，全球 Prime 会员购买商品数量超过 1 亿件，其中，中小企业销售额超过 10 亿美元，销售额增长超过 20%。美国知名的购物节日——“黑色星期五”和“网络星期一”共销售了约 1800 万件玩具、1300 万件时尚类产品。

这就是会员体系的影响，国内电商近年来也一直在效仿此举，如淘宝的 88 会员、京东的京东 PLUS、网易考拉的黑卡等，但国内的电商环境更加复杂、平台过多、会员增值服务同质化比较严重，竞争白热化。

2.1.4 战略布局四

2006 年，亚马逊推出了研发已久的 AWS 云服务业务，行业未来趋势一般是以龙头企业为风向标，而云服务的推出再一次印证了这个观点。互联网的普及使电商平台的数据规模不断攀升，网络流量、物流、资金流等成为数据的主力军，而云服务正是为平台、为用户提供了更加便捷和稳定的数据维护设施，对大数据应对自如。紧随其后，国内的阿里云、华为云、腾讯云纷至沓来，都准备在云服务市场“分一杯羹”。

2.1.5 战略布局五

2008 年，亚马逊推出了 Kindle 电子书设备，此举颠覆了大部分人的阅读方式，电子书迅速普及，导致实体书店经营惨淡。与此同时，亚马逊将 Kindle 电子书也整合进了 Prime 会员增值服务体系。

2.1.6 战略布局六

2014 年，亚马逊推出了蓝牙智能音响系列 Alexa，这再一次改变了人们的生活及购物习惯，也促使了智能家居物联网的发展。人们可以通过 Alexa 控制家里连接网络的电器和设备的开关，省去了操作遥控器的烦恼；如果需要购物，人们可以直接与 Alexa 对话，说出想买的产品，下单确认，隔天就会收到亚马逊的包裹，完全替代了电脑、手机，非常方便。前段时间，笔者买了一个 Alexa 放在家里，虽然有些功能在国内无法使用，只能英语对话、听听新闻、听听音乐，但也能感觉到亚马逊在人机交互方面的用心设计，产品在使用方面非常人性化。蓝牙智能音响系列 Alexa 如图 2-3 所示。

图 2-3

凭借技术革新及战略布局，亚马逊在电商行业屡屡拔得头筹，数据抢眼，同时它也从未放慢拓展的脚步。2018 年，亚马逊在全球已拥有 15 个国际站点、175 个运营中心，用户遍布 185 个国家和地区。其全球员工已超过 61 万人，同时拥有 10 万个机器人、40 架航空货运飞机。亚马逊位于西雅图的森林总部如图 2-4 所示。

图 2-4

经过 20 多年的发展，亚马逊平台逐渐趋于完善，对比其他平台，其优势也显而易见。

（1）成熟平台，操作规范，对买家和卖家都有保障。

（2）流程规范，销售、发货、提现体系完善。

（3）有一定的门槛，可以屏蔽大量低质“价格战”卖家。

（4）在全球同行业中遥遥领先，流量充沛。

（5）买家活跃度高、转化率高。

2.2 eBay

eBay 又名易贝，是外贸从业人员最熟悉的电商平台之一，其首页如图 2-5 所示。eBay 是一个可以让全球用户上网买卖物品的线上拍卖及购物网站。eBay 作为被最早一批外贸人进驻的跨境电商平台，与亚马逊一样，可谓是老牌电商平台了。其创始人皮埃尔 • 欧米迪亚于 1995 年 9 月 4 日创立了 eBay 网站的前身 Auctionweb，后将其更名为 eBay。

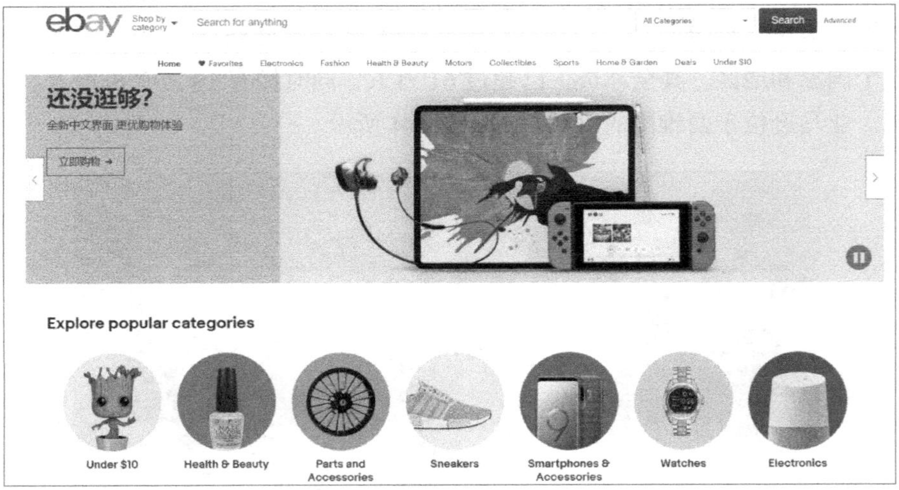

图 2-5

建站之初，eBay 平台的运营理念更趋向于 C2C 拍卖的模式，类似于现在的“闲鱼”，平台主张的是“在我们看来无用的闲置物品，总会有其他人将其视为珍宝”，基于此，大家可以进行等值的交换。这种模式一经推出，迅速得到了用户的支持，大量用户纷纷进驻平台尝试拍卖交易，eBay 的知名度大增，并在短短几年内就占据了全球购物网站的霸主地位，其创始人皮埃尔也是赚得盆满钵满。但正所谓“人无千日好，花无百日红”，接下来的几个战略失误，让 eBay 慢慢走了下坡路，被竞争对手甩得越来越远。eBay 网站的关注度和流量常年呈现明显的下滑趋势，如图 2-6 所示。

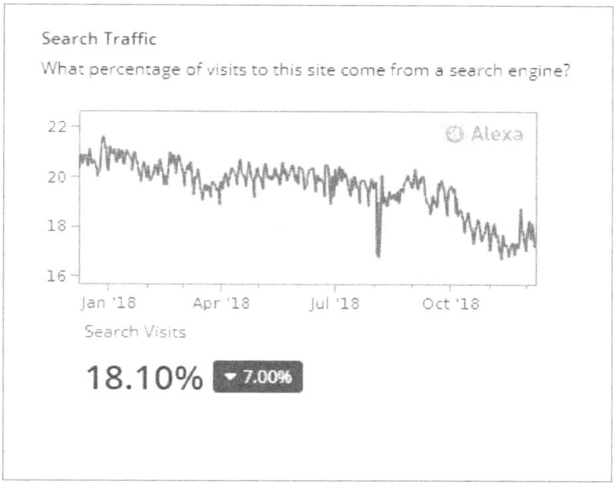

图 2-6

2.3 Wish

Wish 于 2011 年成立，2013 年进军跨境电商领域，其专注于移动电商业务。得益于全球移动互联网的趋势，2014—2016 年，Wish 迎来了飞速发展的 3 年，在移动电商平台占据了一席之地。

Wish 平台的首页如图 2-7 所示。Wish 的宗旨是致力于在全球范围内提供低价的商品，这对于购物时优先考虑价格的消费者来说，Wish 是一个不错的选择，每年有超过价值数十亿美元的产品在平台上通过卖家直接提供给消费者。截至 2018 年 11 月，Wish 已经积累了成千上万的卖家，其中大部分来自中国，占 94.0%，美国卖家占 4.0%，其次是英国占 0.3%、加拿大占 0.2%、印度占 0.1%、澳大利亚占 0.1%，其余的遍布世界各地。即使在国际卖家中也有很多人在销售中国制造的商品。

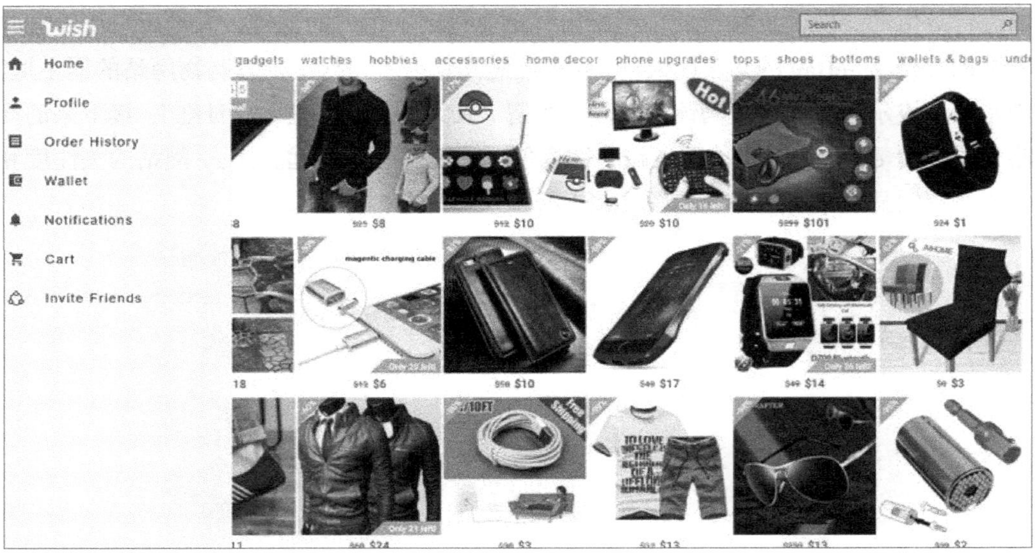

图 2-7

2.4 Etsy

在美国，如果消费者想网购生活用品，一般就是选择亚马逊和 eBay，但如果想买到一些与众不同的手工制品，如极富创意的手工贺卡、独一无二的复古首饰等，“文艺电商” Etsy 绝对是不二之选。作为一个在线销售手工艺品的网站，自 2005 年上线至今，Etsy 平台聚集了一大批极富影响力和号召力的手工艺术品设计师。在 Etsy，人们可以开设店铺并销售自己的手工艺品，模式同 eBay 和淘宝一样，属于 C2C 的电商平台。亚马逊等电商也一直在模仿 Etsy，如 Handmade 购物频道，就是亚马逊推出的一个手工艺品购物品类，但是即使电商巨头也不曾撼动创意电商 Etsy 的龙头地位。Etsy 网站的首页如图 2-8 所示。

尽管 Etsy 网站并没有淘宝、eBay 等主流 C2C 电子商务网站知名，但它以独特的视角，切入了一个艺术创作的细分电商领域，且口碑非常好。2018 年上半年，总部位于纽约布鲁克林的 Etsy 已拥有了 198 万个活跃卖家，同比增长 8.1%；与此同时，活跃买家增加了 17.2%，达到 3580 万人，几乎覆盖全球所有国家，网站约有一半的流量来自美国之外，主要来自英国、加拿大、澳大利亚等地区。2018 年第 2 季度 Etsy 平台商品销售总额（GMS）为 9.017 亿美元，同比增长 20.4%，2018 年上半年累计收入达 18 亿美元。

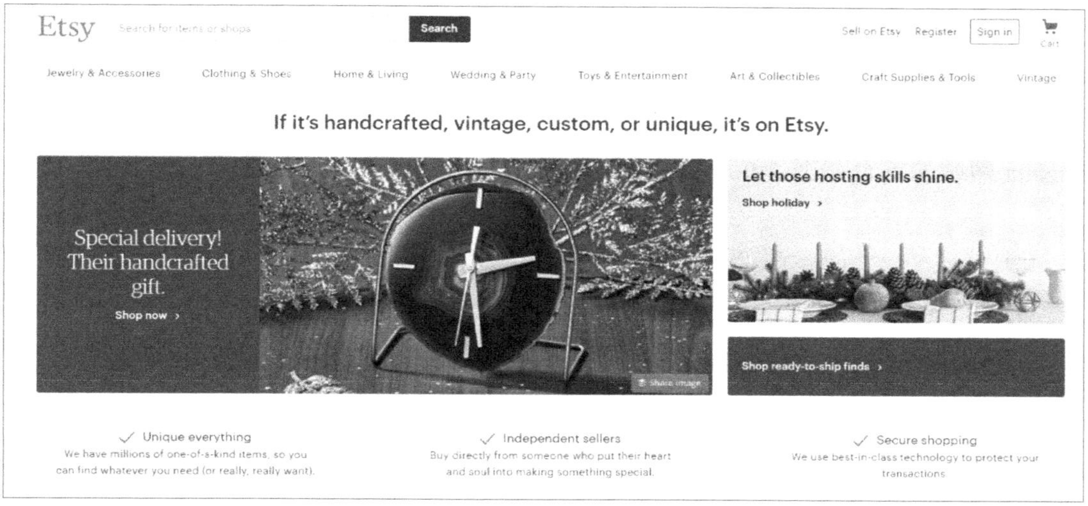

图 2-8

在 Etsy 网站交易的产品五花八门，以服饰、珠宝、玩具、摄影作品、家居用品居多，这些产品的共同点是原创、手工。因此，Etsy 聚集的不是普通人，而是一大批极富创意的手工达人和才华横溢的设计师，他们不仅在网上创建属于自己的品牌，开店销售自制的手工艺品，还参加网络社区交流、进行线下聚会、参加 Etsy 赞助的工艺品集市或展览。因而，Etsy 对卖家的价值已经不能仅仅用金钱来衡量，它更多的是对手工业者的一种尊重、是手工业者团体联系的桥梁。

2.5 Lazada

Lazada 在东南亚市场起步较早，自 2012 年成立以来，其快速“横扫”了东南亚几个国家，进入马来西亚、泰国、越南、菲律宾、印度尼西亚市场，占据了市场的先机，后又在 2014 年进入新加坡，通用旗下标准化体系流程。2018 年，阿里巴巴集团向东南亚 Lazada 追加了 20 亿美元投资，用于该公司在东南亚地区的业务扩张，这也体现了阿里巴巴集团拓展东南亚市场的决心。首先来看一下 Lazada 在加入阿里巴巴集团第一年的表现，在 2018 年的“双 11”购物节，超过 2000 万的用户在 Lazada 网站及 App 上浏览和购物，欧莱雅、美宝莲等美妆大牌在当天均登上了“双 11”购物狂欢节的 TOP 品牌榜。“双 11” 开场后的第一个小时就产生了 120 多万笔订单，购物节中最受消费者欢迎的是手机、尿不湿、奶粉和美容产品。除了线上，在马来西亚和泰国等地超过 500 万名观众和 50 000 名粉丝参加了 Lazada“双 11”的 Super Show（首秀）。Lazada 网站的首页如图 2-9 所示。

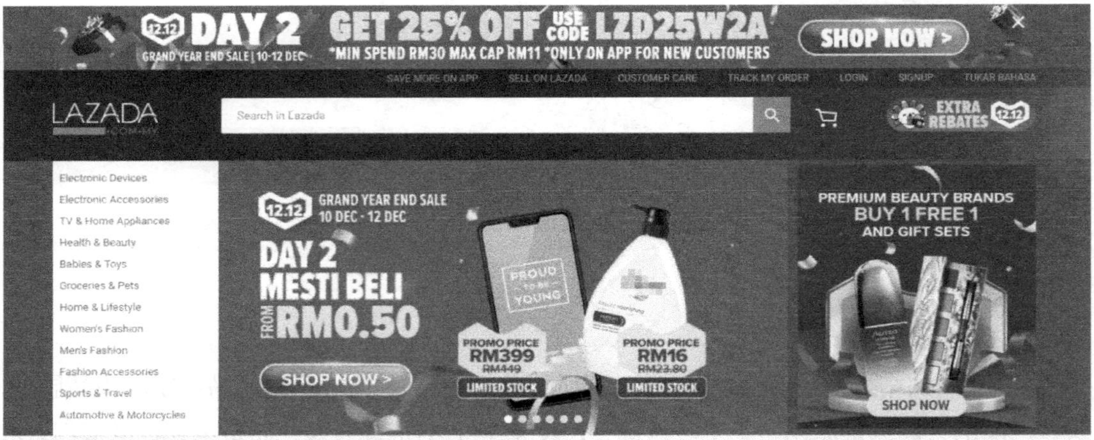

图 2-9

正在内测的天猫和 Lazada 的交叉运营又是一个积极的信号，未来阿里巴巴集团通过大天猫等一系列战略布局，或许会打通整个亚洲市场，而对于国内卖家来讲，又将面对一个潜力巨大的市场。

2.6 Shopee

Shopee 购物是 2015 年诞生的新加坡电商购物平台，主打模式是 C2C，范围覆盖了东南亚的 7 个国家。Shopee 平台的首页如图 2-10 所示。Shopee 在 2018 年也陆续开放了 B2C 的市场，与 Lazada 是直接竞争的关系。目前，国内卖家入驻 Shopee 仍是通过平台招商来实现的，卖家不可自行申请。

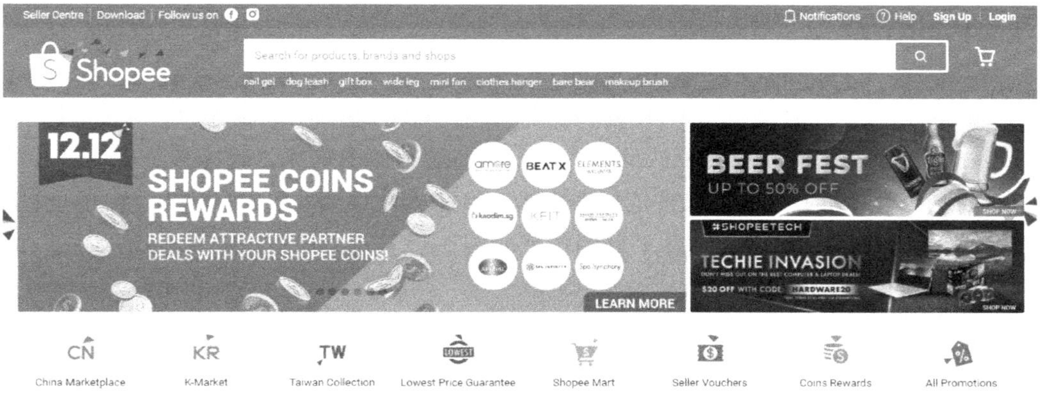

图 2-10

2.7　AliExpress

AliExpress 就是大家熟知的速卖通，其首页如图 2-11 所示，其于 2010 年上线。速卖通是阿里巴巴集团旗下唯一面向全球市场的在线交易平台，被广大卖家称为“国际版淘宝”。目前，速卖通发展最好的地区是东欧的俄罗斯市场。速卖通的主要流量俄罗斯市场占 19%，中国市场占 5.6%，美国市场仅占 5.1%。如果卖家想要开发俄罗斯市场，速卖通是最佳选择。

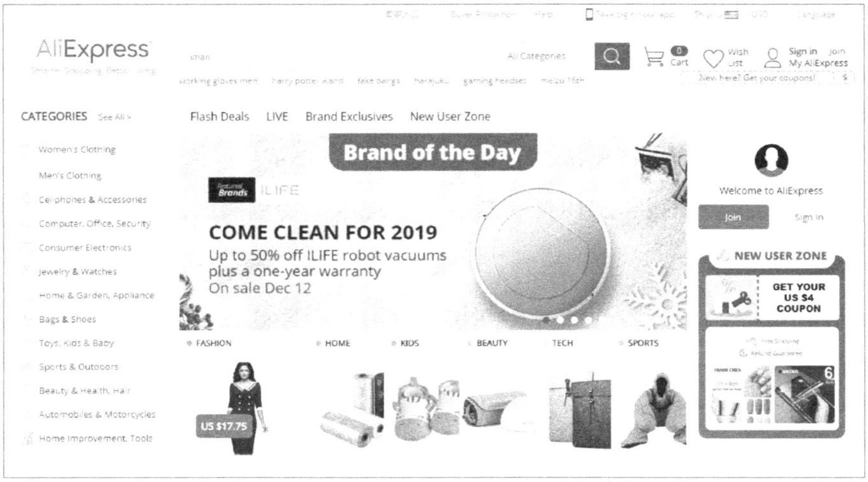

图 2-11

2.8 Kilimall

Kilimall 于 2014 年在肯尼亚首都内罗毕诞生，自成立至今，其发展了自由的供应链体系和国际支付体系，同时培养了一批非洲本土的品牌营销及物流、技术团队。尽管非洲市场的电商基础还不够扎实，但未来依托强大的市场需求及移动互联网的普及，Kilimall 势必会发展成为一片新蓝海。Kilimall 平台的首页如图 2-12 所示。

图 2-12

2.9 Souq

众所周知，中东地区市场的消费力非常强，然而在 2017 年之前，当地的电商还寥寥无几，传统零售业仍然是人们消费的主要方式，电商仅占 GDP 总量的 0.71%。

外出购物对于当地的女性来讲是非常不方便的，而这正是电商的一个切入点。随着 2017 年电商配套设施的投资建设，2018 年，整个中东地区市场电商增长率达到了 17%以上，又一个蓝海市场正在崛起。

Souq 成立于 2005 年，总部位于阿拉伯联合酋长国迪拜，是中东地区发展时间最长、市场占有率最高的电商，目前来看，也是综合实力最强的电商。Souq 平台的首页如图 2-13 所示。

Souq 提供从电子产品到时尚、养生、美容、母婴和家居用品等 31 大类 200 万种产品；Souq 平台拥有 800 万用户，并且每月能达到 2000 万的独立访问量。Souq 已经建立了自己的物流系统（QExpress）和支付系统（PayFort）。此外，Souq 还推出了自己品牌的平板电脑。

图 2-13

Souq 于 2017 年被电商巨头亚马逊收购，随后加大力度推进全球资源的整合。2019 年，亚马逊对 Souq 在中东地区市场的定位有些微妙的变化，目前有两种可能性：一种是以 Souq 平台为基础，开放中东地区市场的准入门槛，引入更多境外的中小卖家；另外一种是迅速整合 Souq 的当地资源，推出全新的亚马逊中东平台，统一亚马逊后台操作，为中小卖家提供更多市场开拓的便利性，减少其学习成本。

2.10 总结

在做跨境电商培训的这几年里，学员提问最多的问题就是“老师，这么多跨境电商平台，我要做哪一个”。通过以上对各个平台的分析，大家完全可以分清孰优孰劣，如果仍不好判断，那只需要关注平台的两个方面——流量趋势与保障体系。

2.10.1 平台的流量趋势

做电商同经营实体店铺一样——地段很重要。中心地段的购物商场人流量肯定大，店铺的关注度和订单转化也会维持在一个很高的级别；相反，如果是偏远地区的购物商场，人流量肯定小，相应的订单转化也会比较低。因此，选择电商平台，流量是第一考量的要素，卖家应通过订单网站排名、会员体量、网站指标等来综合评判电商平台的流量。

2.10.2 平台的保障体系

做生意，尤其是跨境电商，大家最担心的就是物流时效和货款安全。

货款可以通过第三方平台的金融方案来解决，一些电商平台也都有这方面的技术支持，如淘宝的支付宝、eBay 的 PayPal 等，但物流这个体系保障一般的小平台可能无法做到。亚马逊仓储物流的布局已经遍布全球主要市场，这让跨境物流变得更加安全和高效，毕竟这属于亚马逊平台体系内的，卖家用起来也比较放心。

第 3 章

亚马逊的开店准备工作

3.1 开店风险防范

跨境电商平台群雄逐鹿，每个平台的规则和体系又不尽相同，尤其是亚马逊，经过20多年的发展，平台规则一次次细化，体系趋于完善。作为中小卖家，若要进驻亚马逊，就应先了解平台的各种制度，提前规避各类开店风险。

3.1.1 亚马逊平台的基本规则

亚马逊平台的基本规则是为客户提供优质、完善的购物体验，因此，亚马逊会在卖家数量及产品质量上给予更多的审查。换句话说，亚马逊只允许具有一定实力、遵守平台规则的优质卖家出售部分分类产品，以此来满足用户的需求并为其提供更好的服务，分类审核也由此诞生。按照规定，需要分类审核品类的产品也最能反映用户对于产品质量、安全及其他进出口政策的要求。

以亚马逊美国站为例，平台上需要分类审核的最新类目，如图3-1所示。

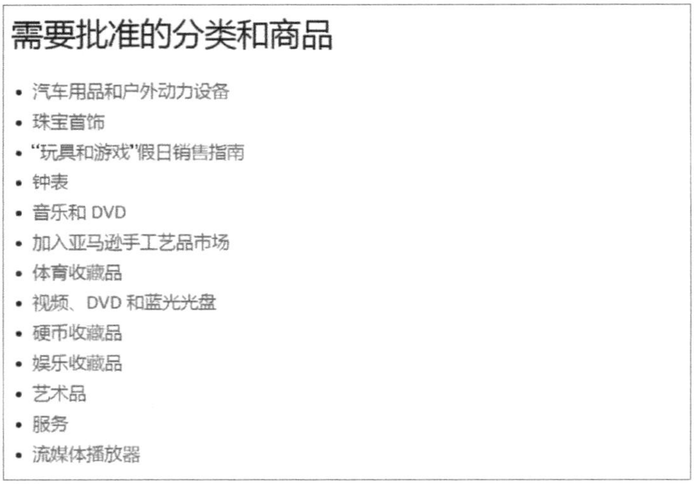
需要批准的分类和商品

- 汽车用品和户外动力设备
- 珠宝首饰
- “玩具和游戏”假日销售指南
- 钟表
- 音乐和 DVD
- 加入亚马逊手工艺品市场
- 体育收藏品
- 视频、DVD 和蓝光光盘
- 硬币收藏品
- 娱乐收藏品
- 艺术品
- 服务
- 流媒体播放器

图3-1

亚马逊平台不同站点对分类审核需要提供的资料有些细微的差别，卖家一般应提供5张所售商品的白底图，有些类目还需要提供发票收据或者产品合格证书等。

这里强调一下，分类审核的店铺必须是专业卖家，这样其才有权限进行分类审核，而且店铺的各项指标应保持健康，否则不予批准申请。

3.1.2　如何有效防止亚马逊的账号关联

做过国内淘宝的卖家应该知道，同一份信息只能开设一个淘宝 C 店，最多只能再以法人的身份开设一个淘宝企业店。跨境电商亚马逊与此规定相似，但更严格，一份信息只能开设一个账号，而且对于使用的网络 IP 地址、电脑等都有特定的限制。

1. 什么是亚马逊的账号关联

亚马逊官方要求：同一个人只能在亚马逊注册一个卖家账号，不能经营或维护多个卖家账号。如果亚马逊的程序算法认为某几个账号都是由同一个人所操作，那么这几个账号就会被亚马逊认定为相互关联。这个程序一般是亚马逊系统自动检测，然后由人工进行复核。

这也比较符合亚马逊平台的初衷，旨在防止卖家重复铺货销售相同的产品。亚马逊的规则是重产品而轻店铺，同一个产品不可出现多个页面，跟卖其实也是基于这个理念，即保证卖家之间的公平竞争和为顾客提供最优质商品的理念。

同一个站点，如果亚马逊发现卖家有交叉销售同样产品的情形，亚马逊会要求其删除其中的一个账号和所有的产品 Listing（信息），如果卖家不删除，亚马逊有可能将其两个账号全部关闭。在这里，笔者同大家分享一个案例。2018 年年底，笔者进行公开讲座的过程中，有一位学员和朋友通过自学开设了两个亚马逊店铺，在家里分别申请了各自的电信宽带、使用独立的电脑专门经营店铺，但开店不到两周就被亚马逊系统进行了关联警告，店铺也被撤销了销售权限。笔者分析：可能这两个店铺在无意间使用了同一个 IP 地址或者同一台电脑，而且 IP 地址是动态的，使亚马逊系统判断店铺登录异常，最终导致信息被列入黑名单。如果这位学员继续再开新店，就只能准备全新的个人信息再进行注册。迄今为止，笔者的学员中，只有一位学员因为自己操作失误，出现了账号关联的情况，幸亏其运气比较好，最后在笔者的指导下，他将账号成功挽救回来。其申诉邮件的参考内容如图 3-2 所示。

回复： BluetoothCarKits

发件人: liang <378998374@qq.com>

时 间: 2018年10月24日(星期三) 中午11:38

收件人:

纯文本

Dear Amazon Team

Sorry to bring you trouble.

This is the first time to do business on Amazon. Two days ago, I registered an account, but the application was rejected for the reason that I did not provied the necessary document and then, the account was locked. so I tried contacting the service man of Amazon in China, I was told to reply once again with a new account and same full company documents. I did it on 21st Oct. and this account was successfully regisitered. the credit card showed paymen $39.99 to Amazon. I was very happy that finally I could sell products on great Amazon. Unfourtunitly, the account was inactive again. we have no violation or other police mistake. We hold our own brand and factory, and we are so seeking to expand our global business though Amazon. Hope to recover our account and reactive our selling service please.

------------ 原始邮件 ------------

图 3-2

不是每个人都会如此幸运，希望大家对账号关联这件事引起重视。如果账号出现关联，不但会被亚马逊撤销销售权限，而且涉及的店铺信息也会被列入亚马逊全球系统黑名单，相同的信息将无法继续在亚马逊相关网站开设店铺。

2. 利用 VPS 云服务器有效防止账号关联

大家了解了账号关联的规则以后，应如何避免呢？独立的 IP 地址、独立的电脑、独立的软硬件系统等，对于新手来讲，提心吊胆地应付这些琐事就会占去大部分工作时间，而且后期的维护管理也会占用较多的时间。目前最有效、最简单的防止账号关联的方式就是大家常用的 VPS 云服务器，它的原理是通过 IP 地址与亚马逊绑定，使大家能够在任何有网络的地方都可以更自由地操作亚马逊店铺，不必再担心账号关联情况的出现。

接下来，介绍一下如何进行 VPS 云服务器的申请操作（以华为云为例）。

（1）华为云注册界面，如图 3-3 所示，大家可以设置用户信息，包括手机号码、用户名和密码。

图 3-3

（2）实名认证。大家按照要求拍摄身份证正反面照片，提交进行实名认证。实名认证成功的提示如图 3-4 所示。

图 3-4

（3）配置 VPS 云服务器。在服务器配置界面，默认的计费模式是包月或包年，服务器的物理地域就近选择，这样网络速度会更快些。至于服务器电脑的配置规格，可以依照卖家个人的实际情况进行选择，电脑配置越高，卖家操作的流畅度就会越高。服务器配置界面如图 3-5 所示。

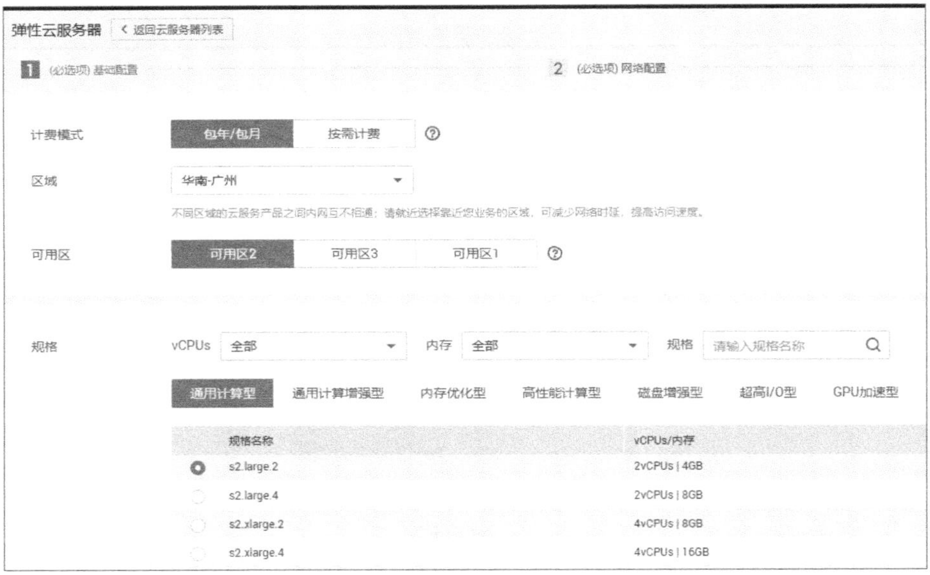

图 3-5

（4）确认购买。配置确认好以后，直接提交购买，等待远程 VPS 云服务器配置成功，即得到弹性 IP。

（5）连接远程桌面。按“Windows+R”组合键，打开电脑的运行界面，如图 3-6 所示，输入“mstsc”，单击“确定”按钮，进入远程桌面程序，电脑运行指令界面。

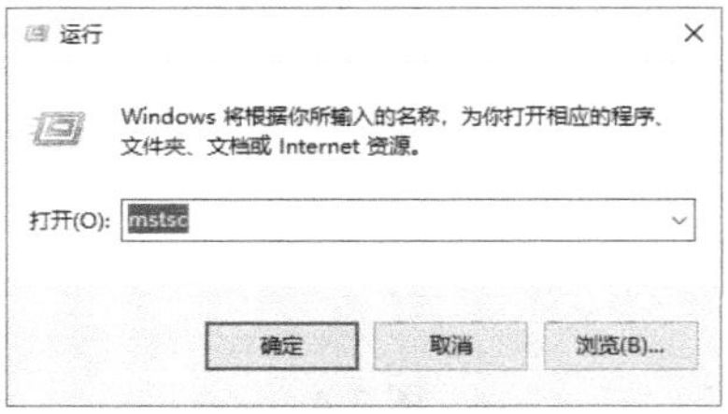

图 3-6

（6）登录 VPS 云服务器。在图 3-7 所示的 VPS 远程登录界面，大家需要输入 IP 地址、VPS 登录账号和密码，单击“确定”按钮，进入 VPS 远程服务器。

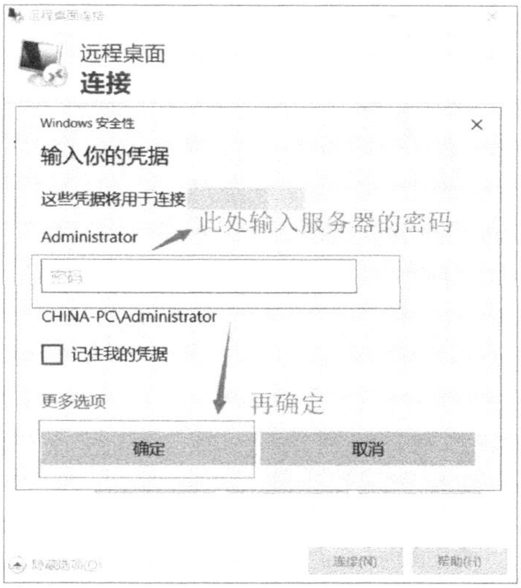

图 3-7

以上内容就是 VPS 云服务器的注册及登录操作流程。亚马逊店铺绑定了弹性 IP 地址以后，亚马逊的后台店铺操作可以直接在 VPS 云服务器中的浏览器上进行，杜绝了账号关联的隐患。

3.1.3　如何杜绝跟卖隐患

在亚马逊店铺的产品 Listing 维护中，有一种很独特的产品上传方式“Seller Yours”，业内称其为“跟卖”，这是亚马逊特有的一个合法售卖规则，该规则有利于平台打造良性的竞争环境，但同时也要规避一定的风险。

1．什么是亚马逊的产品跟卖

跟卖，顾名思义，就是跟着别人卖其他卖家在售的产品，只要能从正规渠道拿到货，谁都可以加入进来一起售卖。亚马逊的初衷是希望可以减少同质化产品的展示，节省买家购物的时间和精力。

例如，笔者在淘宝搜索“迪士尼画板”，产品搜索结果如图 3-8 所示，淘宝网页上会展示许多同类型的产品，有的产品甚至一模一样，只是价格和卖家稍有区别，这无形中就增加了买家的购物时间成本，甚至让买家难以做出选择。

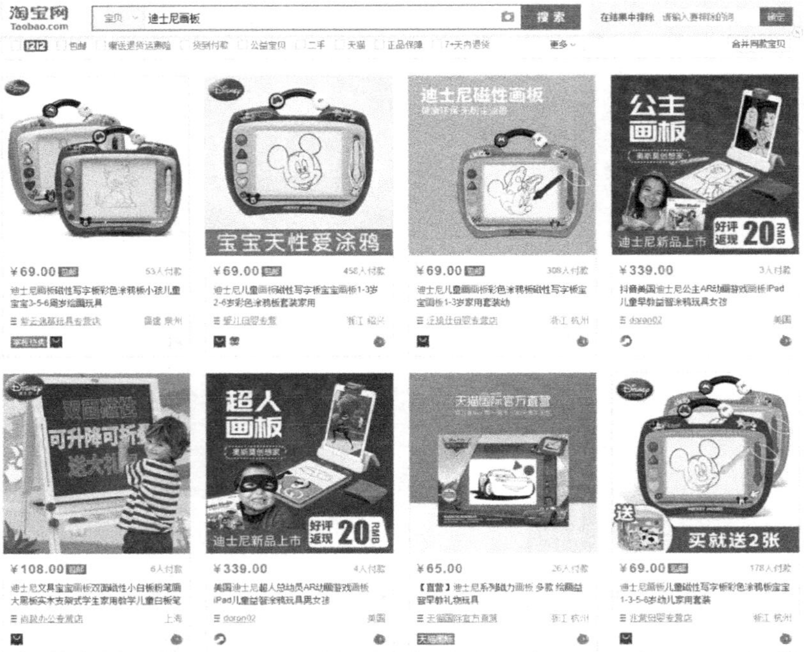

图 3-8

同理，其他平台上也会出现类似的问题困扰买家。针对这种情况，亚马逊平台及时推出了跟卖机制，即同一个产品允许不同的卖家加入跟卖，以此营造有序的竞争氛围。多卖家跟卖列表如图 3-9 所示。

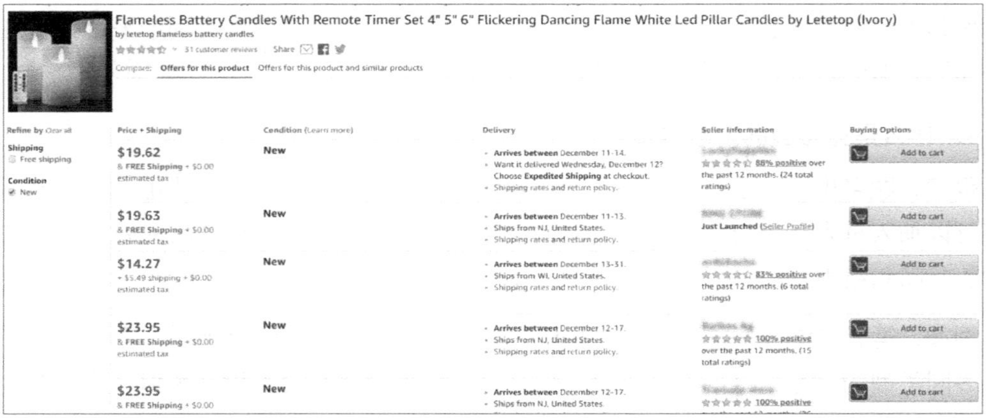

图 3-9

2. 如何避免其他卖家的恶意跟卖

跟卖的初衷是好的，但跟卖也有一定的条件限制。例如，大家在跟卖的时候应尽量避免侵权事件的发生，即不要跟卖有知识产权保护的 Listing。换个角度来看，如果卖家要避免恶意跟卖也可以从知识产权入手，注册备案自己的品牌，防止跟卖。近年来，因为品牌保护的规则逐渐严苛，跟卖在逐渐减少，但是恶意跟卖还是存在的。中小卖家若想避免恶意跟卖事件的发生，在亚马逊上安心地卖货，必须要注册一个自己的品牌，等到品牌注册以后，再进行备案，申请 GTIN（全球贸易项目代码）豁免，这样大家平时上传产品用到的 UPC（通用产品编码）或者 EAN（商品用条码）就可以换成 GCID（品牌标识符），其他有特殊权限的 VC（亚马逊供应商平台）卖家就无法进行跟卖了。

但对于小卖家来讲，初次入驻亚马逊，短时间内没有品牌，只能通过购买的 UPC 或者 EAN 进行产品 Listing 的创建，此时需要大家把店铺和 Listing 的资料信息尽可能地保存完整，包括但不限于增值税发票、正规途径的 UPC 或者 EAN、产品的图片信息、资质认证、品牌自建站等。待到出现恶意跟卖的情况，大家可以根据这些资料向亚马逊平台客服人员提出申诉，如果恶意窜改频繁出现，建议及时锁定 Listing。

3.2 店铺账号注册

近年来，跨境电商产业的飞速发展带动了全球经济贸易的往来，大家身处国内，不用出国就可以通过互联网操作跨境电商的资金与货物的全球流通，这得益于国家的贸易开放政策和“互联网+”形式的贸易升级战略。更多的中小卖家跃跃欲试，想加入跨境电商的“大家庭”，开设自己的亚马逊店铺，笔者以亚马逊美国站为例，向大家介绍开设亚马逊店铺的流程，包括海外银行账号的申请、亚马逊卖家账号的类型及亚马逊店铺注册的流程等。

3.2.1 海外银行账号的申请

在跨境电商的整个运营环节中，资金的快速回流和有效利用可以帮助中小卖家店铺良性地运转，因此，实时准确的收款是重中之重。跨境贸易不同于国内贸易，它涉及更多、更复杂的货币兑换及国家政策、监管，需要借助第三方的金融工具来打通收款环节，规避潜在的风险。需要注意的是，每个电商平台都有其规定的收付款工具，如国内的淘宝有支付宝、国外的 eBay 有 PayPal 等，因此大家不要混淆，应使用平台指定的收付款工具。

1. 亚马逊的收款方式

亚马逊有两种收款方式。

第一种是亚马逊官方刚推出不久的收款方式，即绑定个人银联储蓄卡，实现货款的实时收取。这种方式可以直接收取亚马逊的官方货款转账，并且通过实时汇兑，突破每人每年 5 万美元的汇兑限额，可直接提取人民币。

第二种是直接到亚马逊认证的第三方平台注册虚拟的海外银行账号进行收款。目前主流的亚马逊收款平台包括以下几个。

（1）WorldFirst。2004 年成立的 WorldFirst 是世界领先的外币兑换公司，其专注于为企业和个人卖家提供国际支付服务。WorldFirst 的主营业务分为三块：国际汇款、外汇期权交易、国际电商平台收款及结汇。2010 年，WorldFirst 进入我国，其主要提供国际电商平台收款及结汇服务，即为电商卖家提供美元、欧元、英镑、日元、加元和澳元收款服务。目前，已有超过 20 000 名我国跨境电商卖家在使用 WorldFirst 的服务，WorldFirst 在全球已有超过 100 000 名活跃用户，其每年的交易流水总额超过 10 亿美元。

（2）Payoneer。2005 年成立的 Payoneer，总部设在美国纽约，是万事达卡组织授权的具有发卡资格的机构，业内简称“P 卡”，数千家联盟及数百万收款人的加入使得 Payoneer 已成为支付行业的领先者。Payoneer 的合作伙伴涉及的领域众多，Payoneer 已将服务遍布全球 210 多个国家和地区。

（3）PingPong。2014 年成立的 PingPong 隶属于杭州呼嘭智能技术有限公司，是我国的一家跨多区域收款的品牌平台，其致力于为我国跨境电商卖家提供低成本的海外收款服务。相较于前两个老牌收款平台，PingPong 的发展势头比较迅猛，其可为跨境电商卖家提供多方位的收款服务，包括提前收款、VAT（增值税）缴纳、退税、多币种渠道等。

2．如何申请海外银行账号

收款平台的账号申请大同小异，笔者以 PingPong 为例，介绍申请亚马逊美国站收款账号的流程。

在注册之前，大家应准备好注册所需的资料。这些资料包括用于注册账号的邮箱、手机号码、银行储蓄卡、身份证正反面照片，以及手持本人身份证的照片。

（1）PingPong 账号注册。在如图 3-10 所示的注册界面中，输入手机号码及登录密码，激活并确认创建账号。

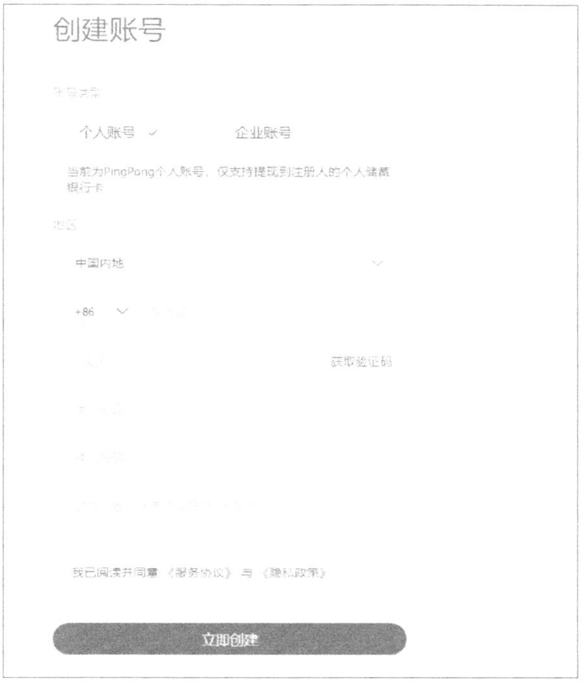

图 3-10

（2）完善账号信息。在如图 3-11 所示的账号信息完善界面中，绑定常用邮箱，并设置安全问题，以便后续的账号找回等操作。

图 3-11

（3）激活账号。登录邮箱，单击 PingPong 的账号激活邮件，确认并激活。账号激活引导界面如图 3-12 所示。

图 3-12

（4）提现银行信息。在图 3-13 所示的银行信息填写界面中，选择“我打算提现到：个人银行卡”，并填入自己的银行储蓄卡信息，为以后的提现做准备。

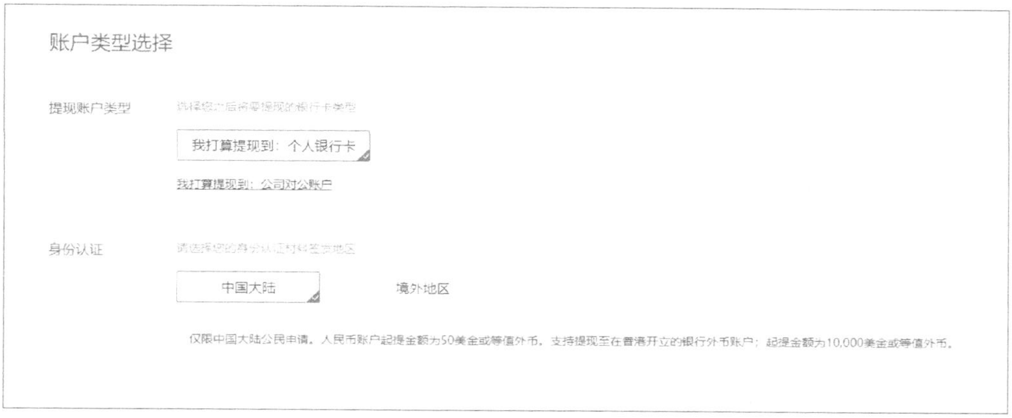

图 3-13

（5）实名认证。拍摄个人身份证正反面及手持身份证的照片并上传，输入常用地址信息，提交平台认证。实名认证信息补全界面如图 3-14 所示。

图 3-14

（6）收款账号申请。在图 3-15 所示的账号申请界面中，选择“北美站、用于创建新的亚马逊店铺”，依次输入店铺名称、销售类目和预计年销量等。

图 3-15

收款账号的申请流程到此结束，随后大家会在邮箱里收到一条美国银行的信息，包括银行账号和银行汇款编码，在注册亚马逊店铺的时候按要求填入即可。

之后，大家还需要通过亚马逊 MWS（商城网络服务）开发者权限对店铺进一步完善，MWS 是店铺的深度访问权限。MWS 权限 ID 核对界面，如图 3-16、图 3-17 所示。

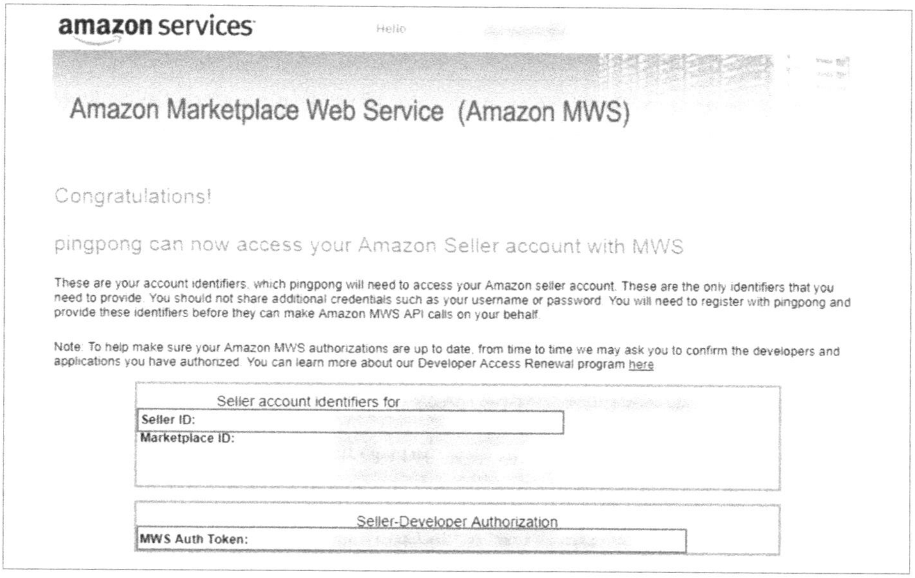

图 3-16

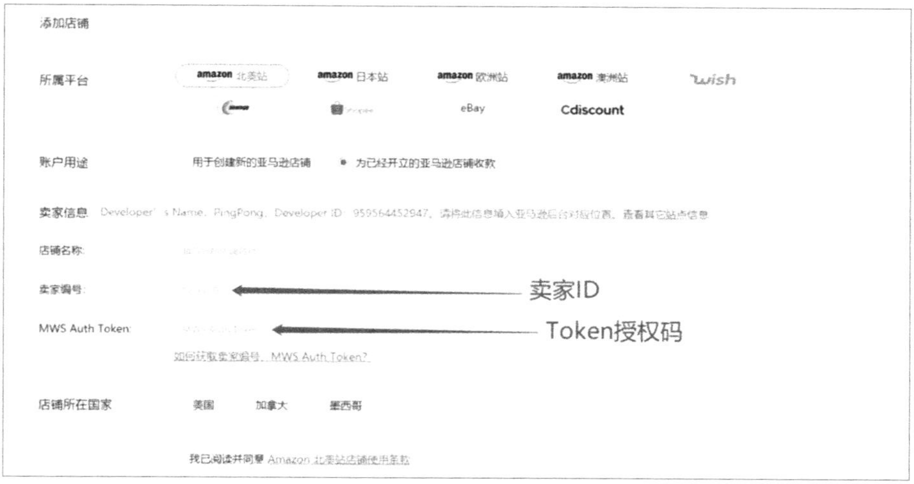

图 3-17

（7）账号权限激活。最后，大家只需要等待美元入账、激活账号提现权限，即可正常使用全部功能。

3.2.2 亚马逊卖家账号的类型

经常有学员向笔者提出“老师，个人卖家可不可以注册亚马逊，公司卖家和个人卖家有什么区别”等关于账号的诸多疑问，这里笔者详细解释一下亚马逊卖家的两种账号类型，即注册类型和销售计划。

1. 店铺账号注册类型

作为全球知名的电商平台，亚马逊吸引了数以万计的全球卖家加入其中，早期的卖家入驻模式还是以 SC（卖家中心）个人第三方账号类型为主。然而，近几年大量国外卖家的蜂拥而至，不仅给美国本土卖家带来了巨大的价格压力，而且更为严重的是，由于部分卖家的违规操作，平台上假冒伪劣产品及恶意竞争日益增多。这既损害了消费者的利益，又扰乱了亚马逊平台的规则，同时破坏了行业秩序。为了帮助品牌卖家店铺持续提升竞争力，亚马逊 VC、VE 账号应运而生，VC、VE（亚马逊供应商平台，比 VC 更灵活）账号有别于 SC 账号，SC 账号是平台的第三方卖家账号，VC、VE 则是以供应商的身份加入亚马逊的卖家。

规则制定的初心是好的，可是有些不法分子却利用规则漏洞采取不正当竞争。例如，近期发生的 VC 账号肆意抢夺 SC 账号的购物车、修改 Listing 权限，这使很多中小卖家怨声载道，甚至部分卖家不堪重负纷纷退出亚马逊平台。亚马逊官方也已意识到这个问题的严重性，对 VC、VE 账号进行了整合，即将推出 One Vendor（全新亚马逊供应商平台）这一全新的账号类型，旨在收缩大卖权限、平衡市场的力量、规范卖家的有序竞争。

2. 店铺账号销售计划

无论是个人卖家还是企业卖家，在注册账号以后，都会有两个店铺级别，即通常所说的个人卖家账号和专业卖家账号。

相对于亚马逊而言，国内的卖家更熟悉淘宝。以淘宝为例，在卖家入驻淘宝 C 店的时候，运营主体可以是个人也可以是企业。个人店铺信息页，如图 3-18 所示；企业店铺信息页，如图 3-19 所示。

图 3-18

图 3-19

店铺可分为普通店铺和旺铺两种。如果是旺铺，卖家就可以使用更多的装修模板装修自己的店铺，同时可以参加更多的淘宝活动及获得淘宝更多的辅助工具。反观亚马逊，账号级别的设定逻辑本质上与淘宝是一样的，亚马逊的专业卖家也是在付费升级以后，可以在后台使用更多的功能，获得亚马逊官方更多的技术及流量支持。个人卖家账号与专业卖家账号的具体区别，如图 3-20 所示。

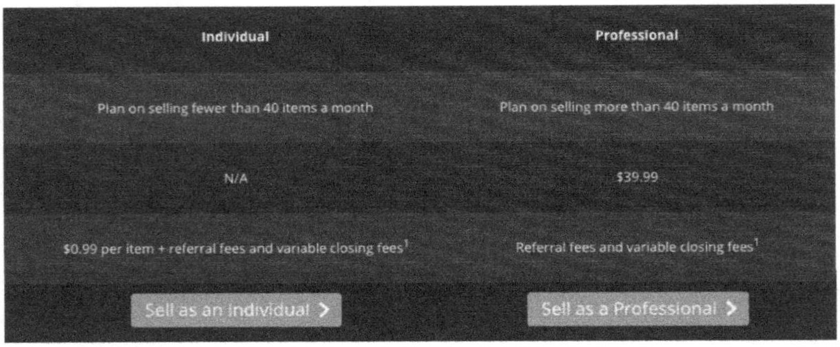

图 3-20

（1）Individual Level（个人卖家账号）。个人卖家账号的优势是无店铺佣金，但是每卖出一件产品，卖家需要支付 0.99 美元+产品销售佣金，没有促销功能和礼品服务、无法竞争特色卖家的权限、没有“黄金购物车”的竞争权限、没有店铺订单数据报告，上传产品只能通过手动逐一添加。

（2）Professional Level（专业卖家账号）。专业卖家账号是按月支付 39.99 美元的租金+产品销售佣金；拥有创建促销计划和礼品服务的功能；有机会通过店铺的良好表现成为特色卖家，进一步提高产品的曝光率和转化率；可以通过用户指标和竞争力的价格获得“黄金购物车”；如果卖家的 SKU（库存量单位）达到 100 个以上，可以借助批量上传功能来完成产品的添加，这样可以获得店铺及订单数的详尽报告，以此优化产品的 Listing。

通过个人卖家账号和专业卖家账号的优劣对比可知，如果有长期做店铺的计划，应将店铺升级为专业卖家账号，这样可以使用更多的营销手段及效率工具来提升店铺 ROI（投资回报率）。

注意：个人卖家账号和专业卖家账号是可以通过店铺后台的升降级机制进行灵活切换的，但切忌频繁操作，否则会造成二次审核；如果是以公司形式入驻亚马逊，可以在备齐资料之后，联系亚马逊的招商经理。

3.2.3 亚马逊店铺注册的流程

1. 注册所需的资料

在注册店铺之前，大家需要准备很多资料。这些资料包括独立的电脑及网络（建议使用 VPS 进行 IP 地址绑定)，美国银行收款账号，电子邮箱(建议使用域名邮箱)，手机号码(收取店铺激活验证码)，个人身份证(如果是公司注册店铺，需要提供公司的营业执照)，银行对账单或信用卡账单(如果是公司注册店铺，需要提供公司的对公账号银行对账单)，双币信用卡(VISA/MASTER/JCB/AE 标示，激活状态且开通网络支付功能，用来激活卖家账号、扣除店铺月租、广告支出及其他所需的平台费用)。

2．账号注册步骤(以美国站为例)

(1)店铺注册入口。首先打开亚马逊官网(http://www.amazon.com/)，单击首页搜索框下面的“Sell”按钮，如图 3-21 所示。

图 3-21

或者在页面的底部，如图 3-22 所示，找到“Sell on Amazon”的选项，选择即可。

图 3-22

店铺注册链接，如图 3-23 所示，单击“Start selling”按钮开始注册账号，需要注意的是，通过这个按钮注册的卖家账号是自动加入专业卖家销售计划的，请留意按钮下方的内容，其已明确说明专业卖家销售计划月租费用为 39.99 美元。

图 3-23

大家继续浏览页面会发现，在页面底部还有一个同样醒目的按钮“Start selling”，其下方的内容为“Sign up to become an individual seller”，如图 3-24 所示。通过这个链接注册的账号是个人卖家账号，此账号不会收取 39.99 美元的月租费用，但会有除产品销售佣金以外 0.99 美元的附加费用。

图 3-24

（2）账号信息创建。注册账号界面，如图 3-25 所示，卖家可填写注册信息：Your name（姓名）、E-mail（邮箱）、Password（密码）、Re-enter password（再次输入密码），填写完毕，单击“Next”（下一步）按钮，进入下一个页面。

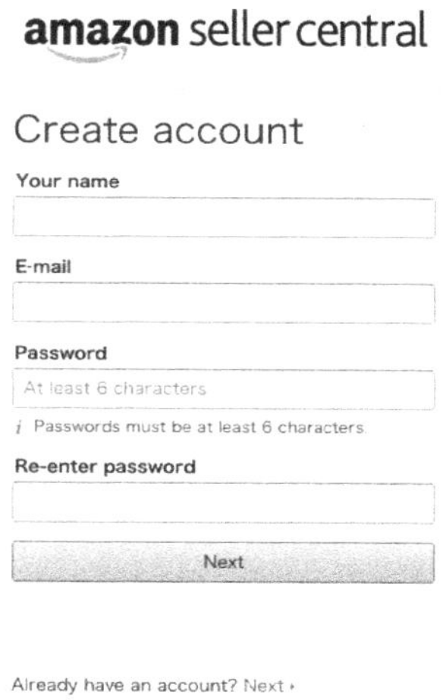

图 3-25

所有信息必须使用拼音或者英文填写，姓名与身份证上名字的拼音应保持一致，否则会导致审核失败。

在 Legal name（法定姓名）页面，如图 3-26 所示，需要填写个人全名，如果是以公司名义注册，应填写公司名称。填写完毕，勾选“I have read and accepted the terms and conditions of the Amazon Services Business Solutions Agreement”复选框，即“同意平台卖家协议”，然后单击“Next”按钮，进入下一页。

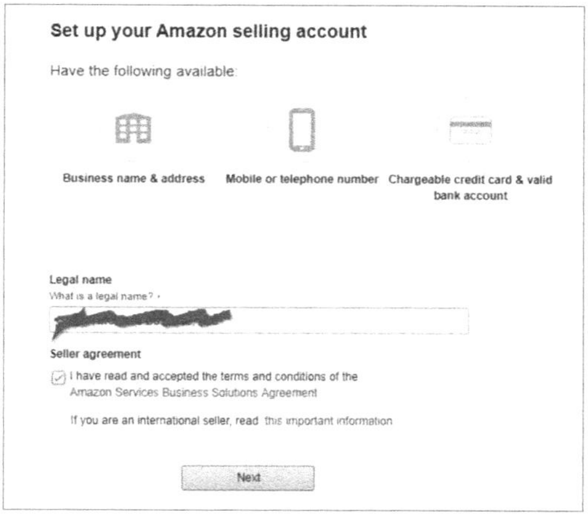

图 3-26

（3）基础信息填写。卖家基础信息填写界面，如图 3-27 所示，需要输入卖家的基本信息。

图 3-27

Display name：即店铺名称，也就是在亚马逊平台上展现给买家的店名，这个店名完全自定义，可以是公司名称、品牌名称，唯一的原则就是不能侵权。如果有需要，后期还可以在卖家后台中进行更改，但改动不宜过于频繁。

Address：即地址，国外地址信息的填写规则是从小到大，此处可以填写具体的门牌号、小区、街道等信息，要求真实且和账单地址保持一致。

Address line 2：同样是地址信息，此处可以填写区、县、地级市等方面的信息，要求同上。

City/Town：即市/城镇。

State/Province/Region：即州/地区/省份。

Postal/ZIP code：即地区邮编。

Country：即国家/地区，从下拉框中选择“China”（中国）。

Phone number：即电话号码，用于账号激活验证、平台客服沟通等，在下拉框中选择“China”，并填入常用的手机号码。

基础信息填写完毕，单击“Save & Continue”按钮，进入身份验证页面，此时系统会发送一条包含 4 位数的 PIN 码短信至预留的手机号码上，同时弹出如图 3-28 所示的 PIN 码激活验证页面。

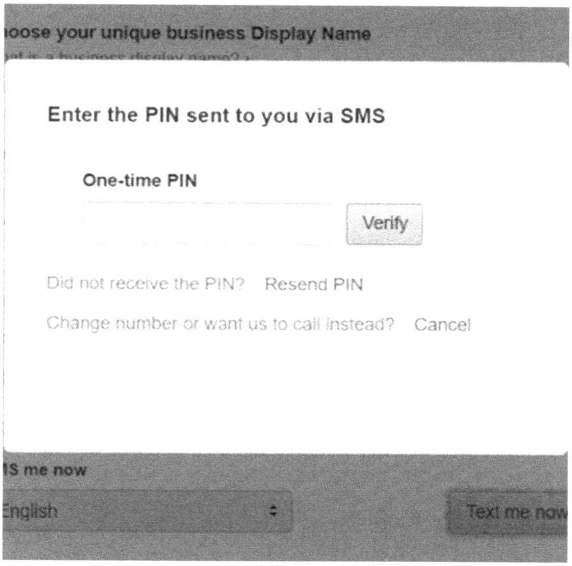

图 3-28

在此输入短信中的 PIN 码，激活完成，账号验证通过，系统将直接切换至如图 3-29 所示的页面，单击“Next”按钮，进入 Billing/Deposit 信息填写页面。

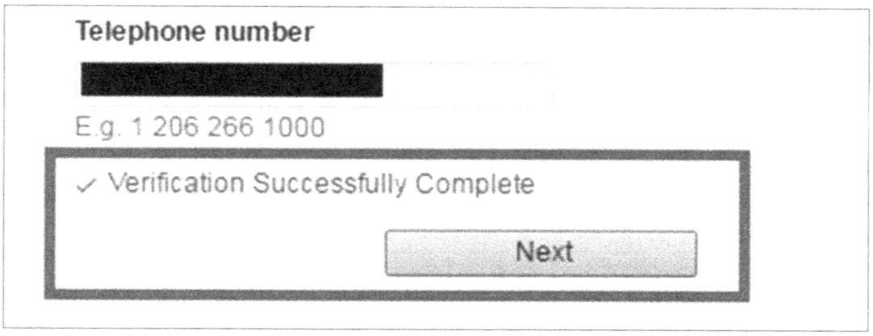

图 3-29

（4）付款及收款信息填写。在如图 3-30 所示的收付款信息界面中，需要完成信用卡和收款银行账号信息的填写。

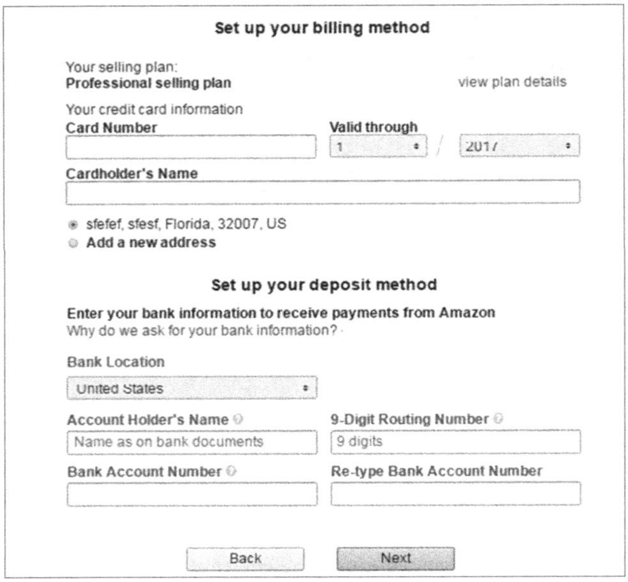

图 3-30

第一部分，Set up your billing method，即信用卡信息的填写，具体包括以下几项内容。

Card Number：信用卡卡号，填写用于扣款和激活验证的信用卡卡号（VISA/MASTER均可）、激活状态、可用额度等。

Valid through：信用卡到期日。

Cardholder's Name：持卡人姓名。

注意：信用卡持卡人与卖家账号注册人无须为同一人；卖家个人及公司账号都可以使用个人信用卡。

第二部分，Set up your deposit method，即收款银行账号信息的填写，具体包括以下几项内容。

Bank Location：银行账号所属国家。

Account Holder's Name：银行户名。理论上，银行户名应与账号注册信息名称相同，但如果利用第三方工具（如 PingPong）收款的卖家，其银行户名与店铺名称保持一致即可。

9-Digit Routing Number：9 位数的银行识别码，是全球统一的金融系统专属代码，可登录收款工具官网或者联系收款银行进行查询。

Bank Account Number：收款银行账号。

Re-type Bank Account Number：再次输入收款银行账号。

上文所述为亚马逊账号注册过程中的必填选项，卖家需提前准备好相关收款银行账号。

注意：亚马逊于 2018 年年中上线了自己的国际收款系统，我国国内的卖家可以在后台信息中心进行收款银行账号的设置，直接输入国内银行卡信息；在指定打款日期，亚马逊平台会自行进行货币转换，然后将货款款项汇入卖家国内银行账号；因为卖家收到的是人民币，所以就避免了每年 5 万美元的外汇兑换额度，省去了操作和兑换上的烦琐流程。

至此，店铺收款信息填写完毕，单击“Next”按钮进入“Tax Information”页面，如图 3-31 所示。

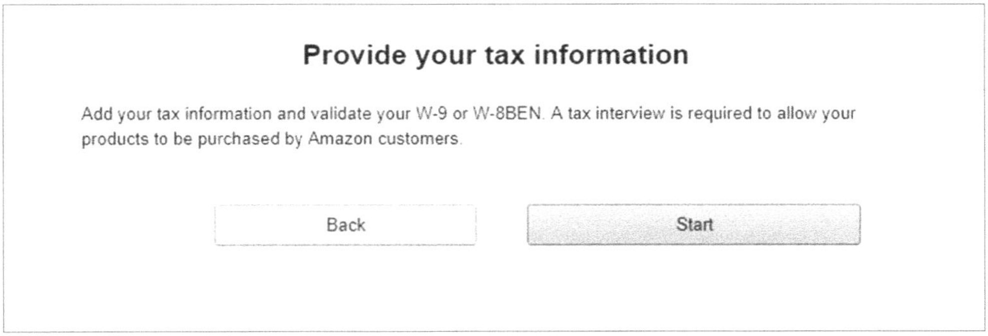

图 3-31

（5）免税申请表填写。美国相关法律规定，非美国公民在亚马逊平台开店运营是免税的，但必须如实填写税务申报信息进行零申报。填写免税申请表如下所述。

在“Tax Information”页面单击“Start”（开始）按钮，进入“Tax Information Interview”信息填写页面，如图 3-32 所示，第一个选项直接选择“No”，其他信息如图 3-33 所示，具体包含以下几项内容。

Type of beneficial owner：受益人，按照实际注册情况填写即可。

Permanent address：永久地址，与之前的地址保持一致即可。

Mailing address：收件地址，可以选择第一项“Same as permanent address”，然后单击“Save and continue”（保存并继续）按钮提交信息。

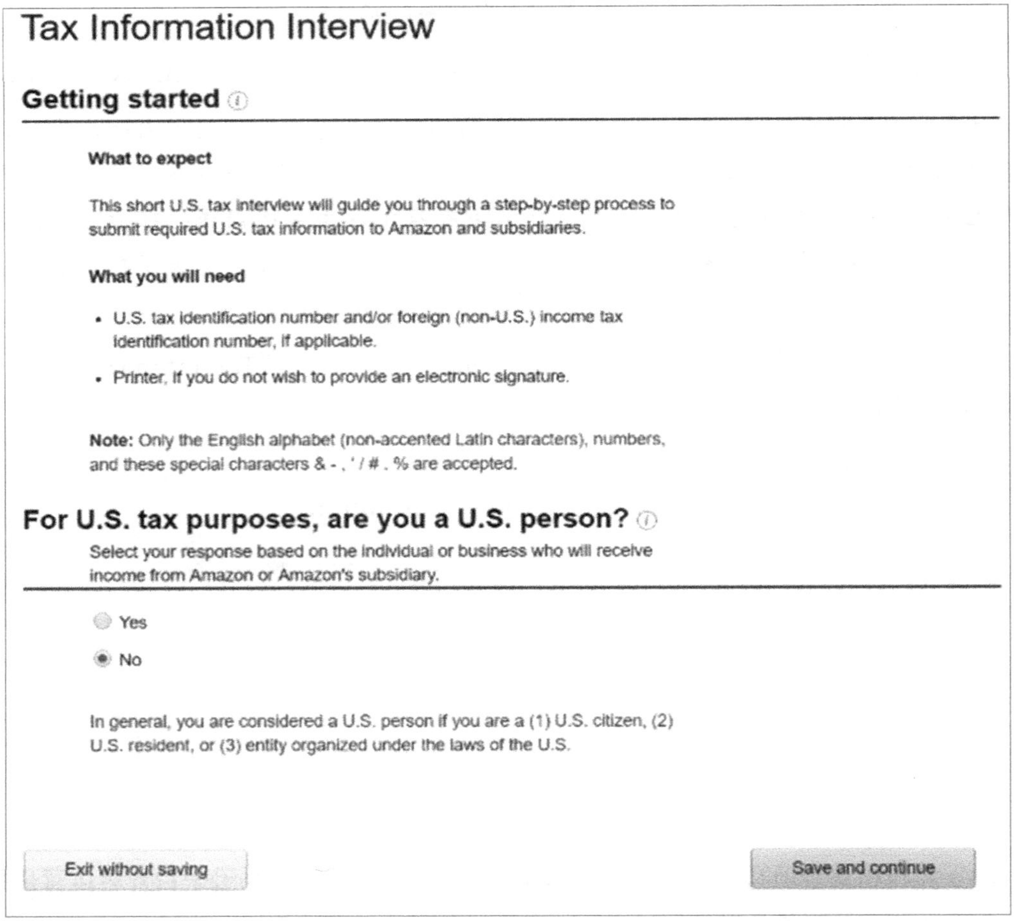

Tax Information Interview
Getting started
What to expect
This short U.S. tax interview will guide you through a step-by-step process to submit required U.S. tax information to Amazon and subsidiaries.
What you will need
U.S. tax identification number and/or foreign (non-U.S.) income tax identification number, if applicable.
Printer, if you do not wish to provide an electronic signature.
Note: Only the English alphabet (non-accented Latin characters), numbers, and these special characters & - , ' / # . % are accepted.
For U.S. tax purposes, are you a U.S. person?
Select your response based on the individual or business who will receive income from Amazon or Amazon's subsidiary.
Yes
No
In general, you are considered a U.S. person if you are a (1) U.S. citizen, (2) U.S. resident, or (3) entity organized under the laws of the U.S.
Exit without saving
Save and continue

图 3-32

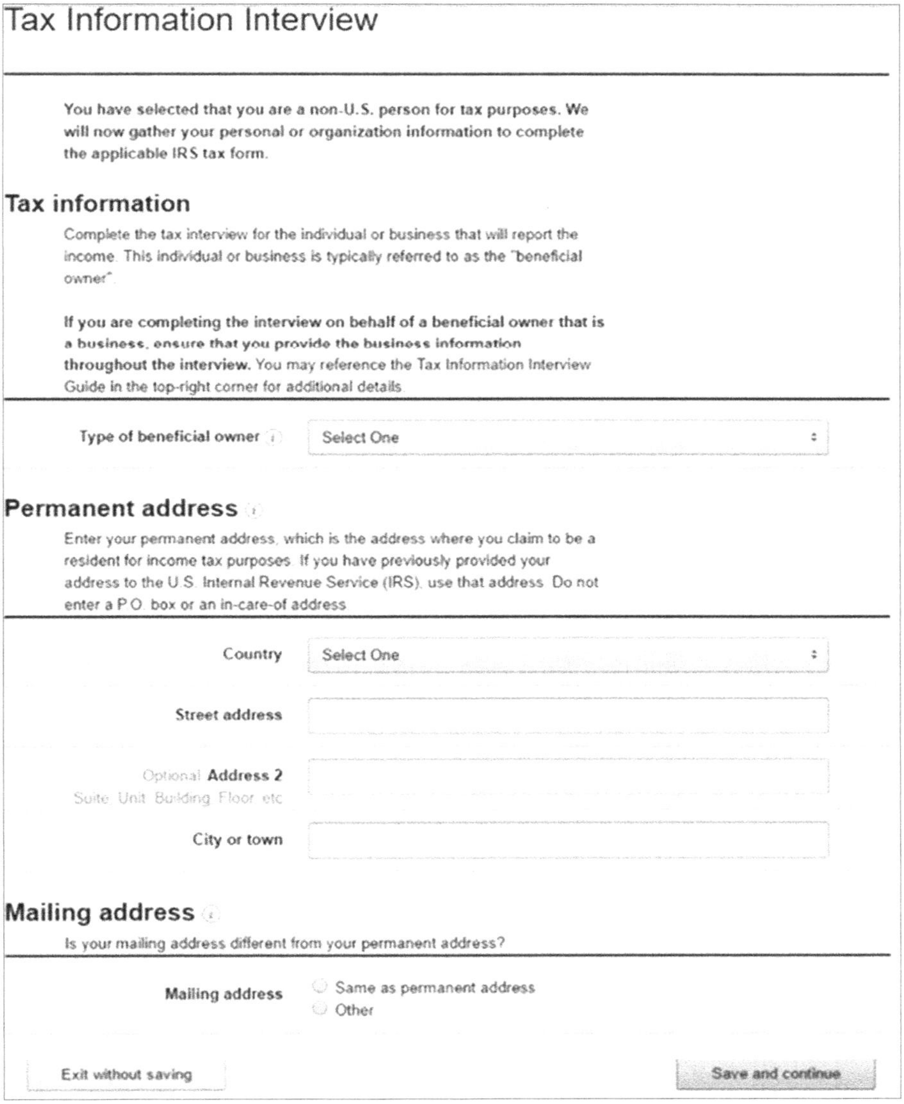
Tax Information Interview
You have selected that you are a non-U.S. person for tax purposes. We will now gather your personal or organization information to complete the applicable IRS tax form.
Tax information
Complete the tax interview for the individual or business that will report the income. This individual or business is typically referred to as the "beneficial owner".
If you are completing the interview on behalf of a beneficial owner that is a business, ensure that you provide the business information throughout the interview. You may reference the Tax Information Interview Guide in the top-right corner for additional details.
Type of beneficial owner
Select One
Permanent address
Enter your permanent address, which is the address where you claim to be a resident for income tax purposes. If you have previously provided your address to the U.S. Internal Revenue Service (IRS), use that address. Do not enter a P.O. box or an in-care-of address.
Country
Select One
Street address
Optional Address 2
Suite, Unit, Building, Floor, etc.
City or town
Mailing address
Is your mailing address different from your permanent address?
Mailing address
Same as permanent address
Other
Exit without saving
Save and continue

图 3-33

W-8BEN 免税协议文件生成预览文件，如图 3-34 所示，确认信息填写无误后，单击“Save and continue”按钮。

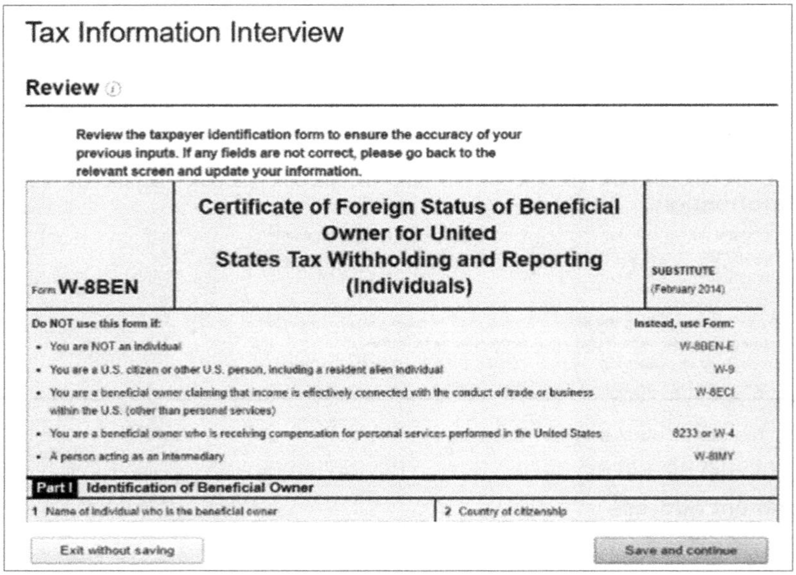

图 3-34

进入电子签名协议签署页面，如图 3-35 所示，选择第一项“I consent to provide my electronic signature”。

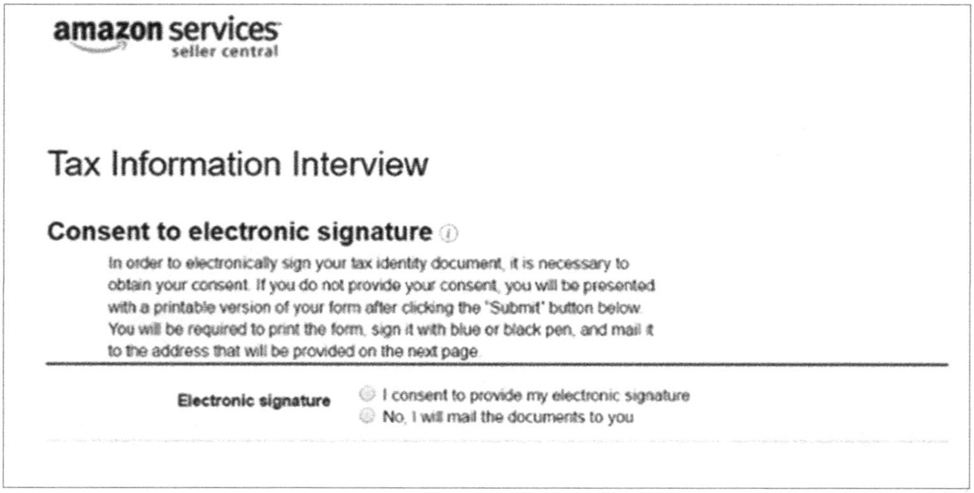

图 3-35

在签名栏填写法定代表人的姓名，然后单击“Submit”（提交）按钮，如图 3-36 所示。

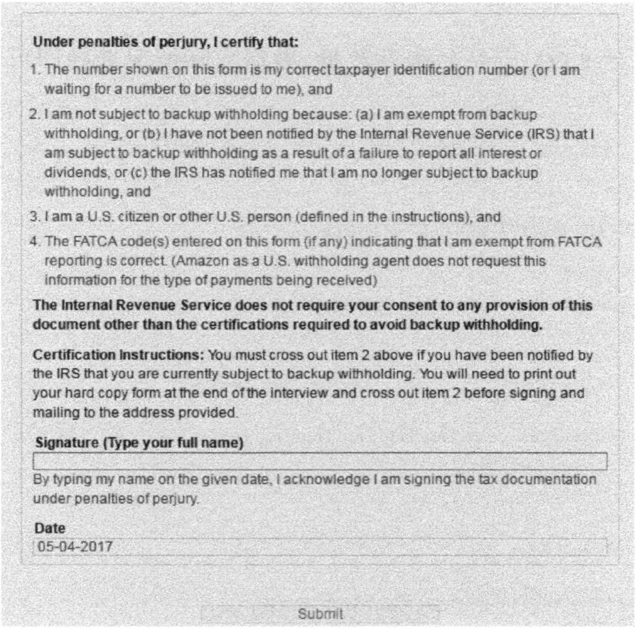

Under penalties of perjury, I certify that:

1. The number shown on this form is my correct taxpayer identification number (or I am waiting for a number to be issued to me), and
2. I am not subject to backup withholding because: (a) I am exempt from backup withholding, or (b) I have not been notified by the Internal Revenue Service (IRS) that I am subject to backup withholding as a result of a failure to report all interest or dividends, or (c) the IRS has notified me that I am no longer subject to backup withholding, and
3. I am a U.S. citizen or other U.S. person (defined in the instructions), and
4. The FATCA code(s) entered on this form (if any) indicating that I am exempt from FATCA reporting is correct. (Amazon as a U.S. withholding agent does not request this information for the type of payments being received)

The Internal Revenue Service does not require your consent to any provision of this document other than the certifications required to avoid backup withholding.

Certification Instructions: You must cross out item 2 above if you have been notified by the IRS that you are currently subject to backup withholding. You will need to print out your hard copy form at the end of the interview and cross out item 2 before signing and mailing to the address provided.

Signature (Type your full name)

By typing my name on the given date, I acknowledge I am signing the tax documentation under penalties of perjury.

Date

05-04-2017

Submit

图 3-36

进入税务信息预览页面，单击“Exit interview”按钮，免税申报完成，如图 3-37 所示。

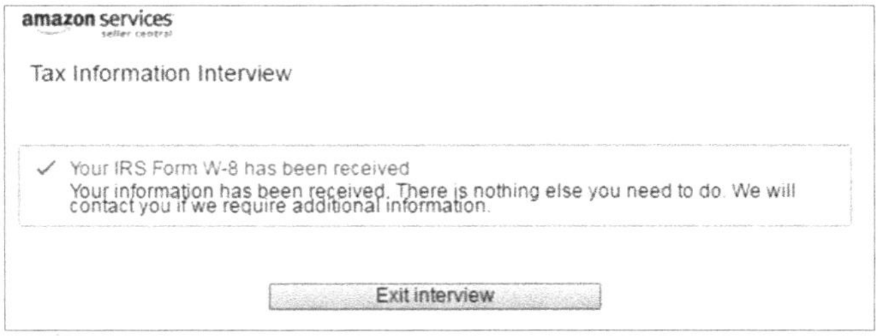

图 3-37

注意：从 2016 年开始，世界各地政府开始研究和督促电商税收法案的执行。欧洲一些国家，包括德国、英国率先对亚马逊卖家实行了税收措施；美国电商已步入了全面征税的时代；我国也已陆续出台了与电子商务相关的法律法规，开启了电商税改的新局面。

（6）店铺背景调查。图 3-38 所示页面为 “Tell us about your products”，即公司及品牌背景了解。

调查的内容包括 UPC、产品品牌及数量，根据实际情况选择即可，然后单击“Next”按钮进入下一页。

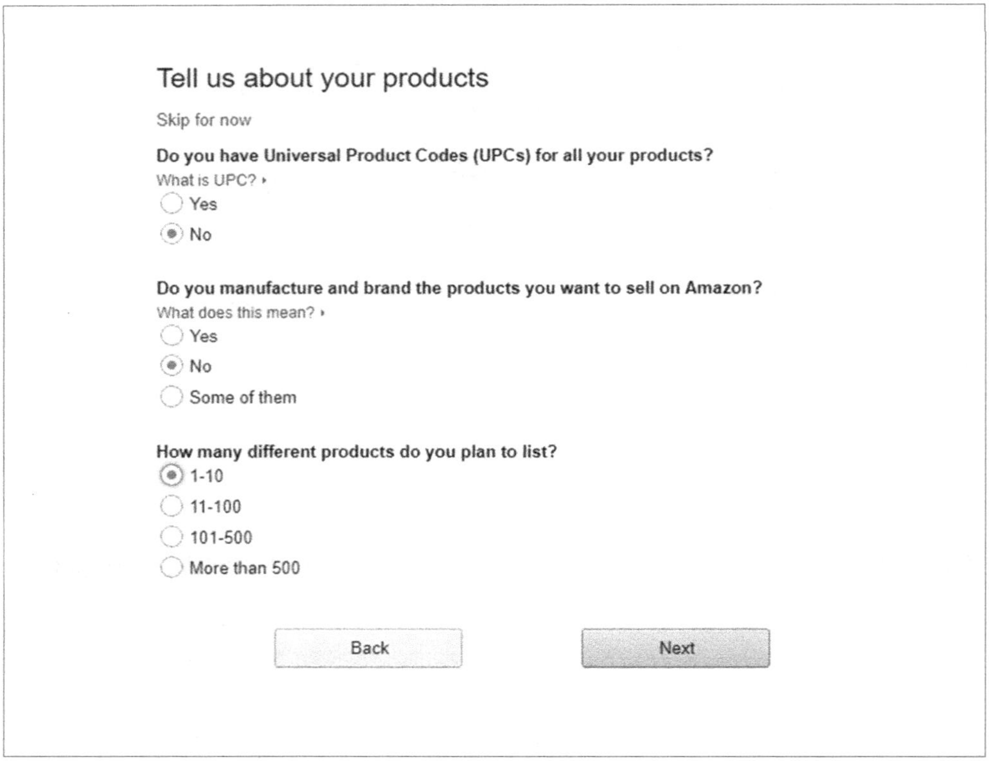

图 3-38

图 3-39 所示页面为“Tell us about your product categories”，即产品分类选择界面，选择所要售卖的产品分类，如户外运动类、美妆类、宠物用品类、生活用品类等。

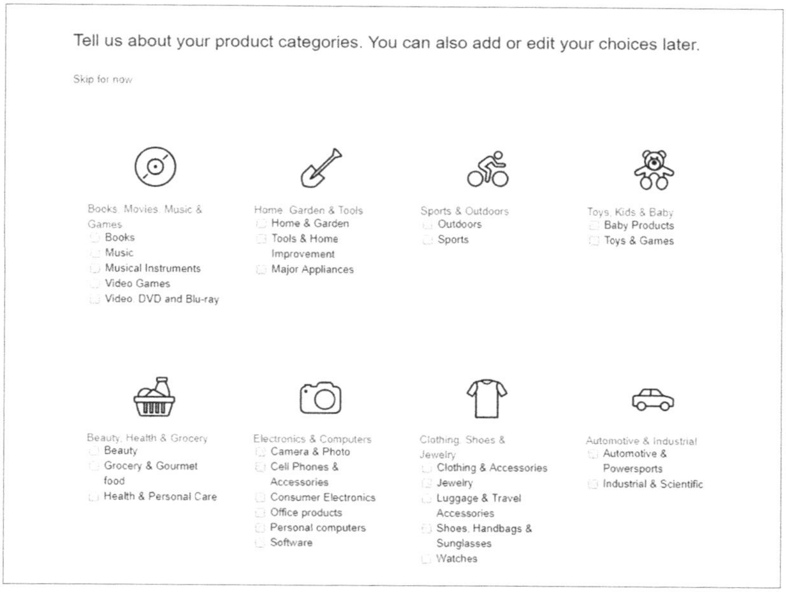

图 3-39

（7）身份信息审核。Identity Verification，即身份信息审核，如图 3-40 所示。

图 3-40

早期此项审核多半是放在亚马逊店铺账号注册完成以后，但随着亚马逊政策的调整，其被提前到了注册店铺的最后一步。审核的信息包含以下几项内容。

First name：名字。

Last name：姓。

Date of birth：出生日期。

Identity information：在下拉框中选择 ID，输入身份证号。

Expiration date：证件有效期。

Country of issue：在下拉框中选择 “China”。

填写完毕，单击“Submit”按钮提交，进入文件资料审核页面。

Identity document，即审核资料提交，如图 3-41 所示，卖家应分别提交两种文件资料。

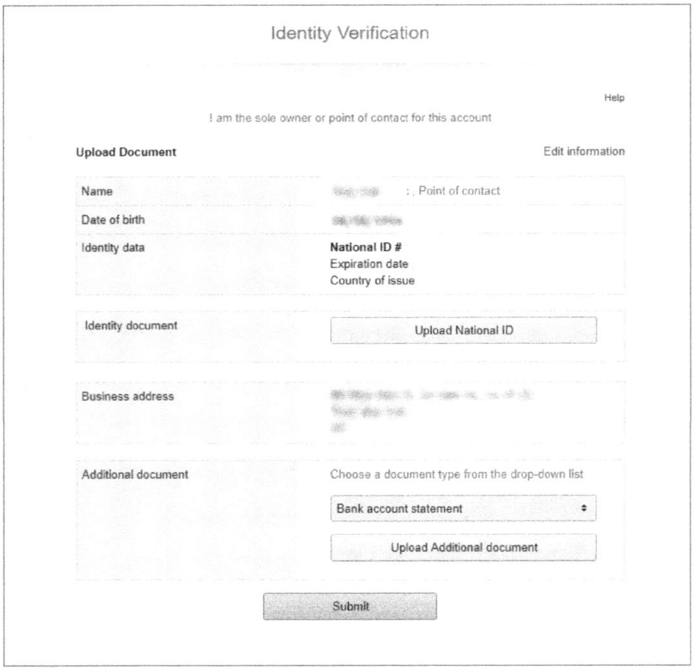

图 3-41

其一，是身份证正反两面的扫描文件。一般为了提高通过率，卖家可附上手持身份证的照片。

其二，Bank account statement，即银行对账单。在下拉框中选择文件类型，可以是银行流水，也可以是信用卡账单，任选其一拍照即可，完成后，单击“Submit”按钮提交。

提交的资料应符合要求，包括个人信息保持一致、文件大小限制及清晰度等，如图 3-42 所示。

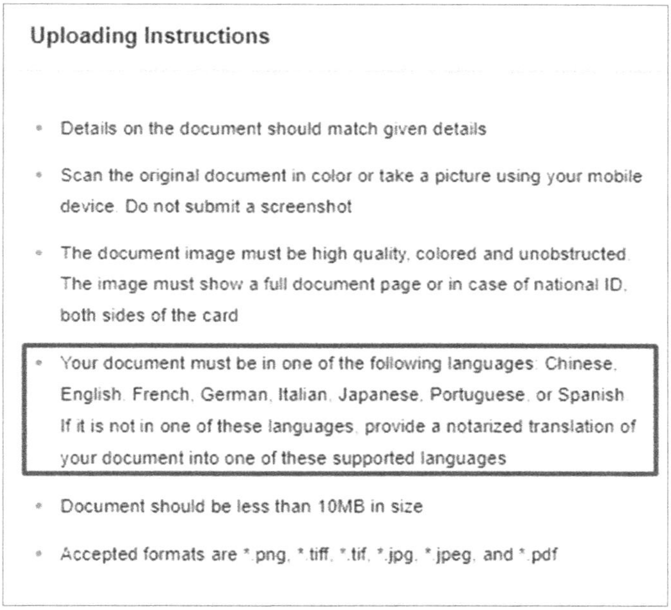

Uploading Instructions
Details on the document should match given details
Scan the original document in color or take a picture using your mobile device. Do not submit a screenshot
The document image must be high quality, colored and unobstructed. The image must show a full document page or in case of national ID, both sides of the card
Your document must be in one of the following languages: Chinese, English, French, German, Italian, Japanese, Portuguese, or Spanish. If it is not in one of these languages, provide a notarized translation of your document into one of these supported languages
Document should be less than 10MB in size
Accepted formats are *.png, *.tiff, *.tif, *.jpg, *.jpeg, and *.pdf

图 3-42

至此，亚马逊的账号注册完毕。账号审核通知，如图 3-43 所示。

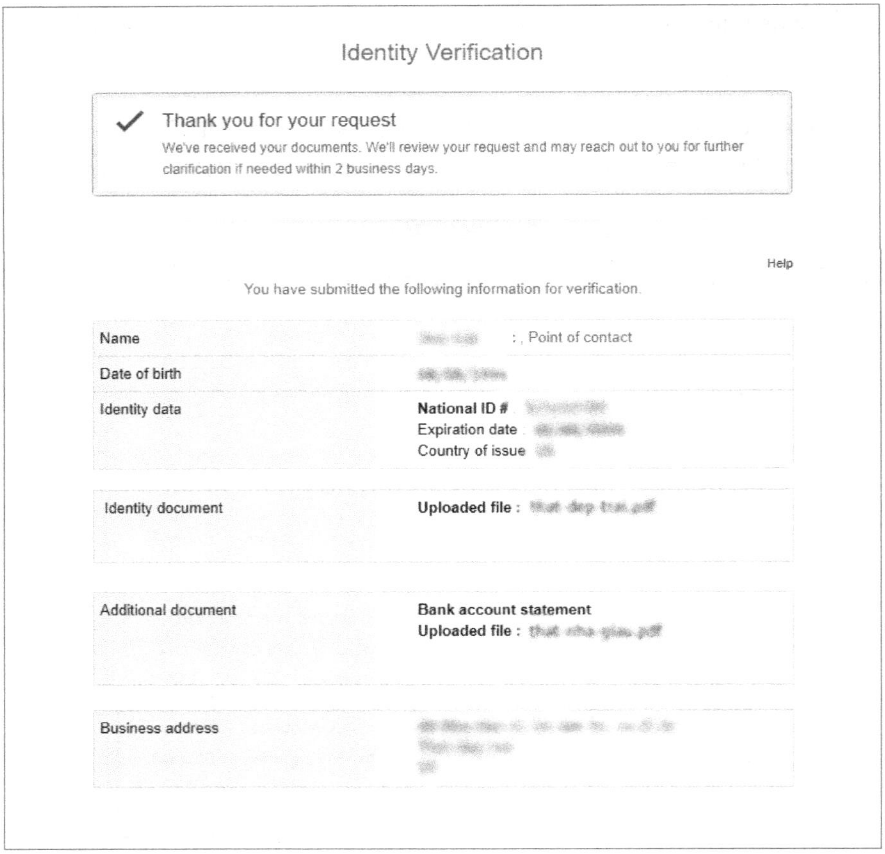

图 3-43

注意：账号注册审核期一般为 2 个工作日，如果资料无误，最快当天可审核完毕。请留意注册时使用的邮箱，审核通过，亚马逊会以邮件的方式通知卖家。

第 4 章

亚马逊店铺后台的基础操作详解

所有的电商平台本质上的结构和操作逻辑大体一致，不同之处在于页面信息展示的细节和后台操作的具体规范。下文中笔者以亚马逊美国站（http://www.amazon.com/）为例，详细介绍亚马逊店铺的具体操作。

4.1 亚马逊网站前台页面布局

4.1.1 亚马逊平台的整体概况

1．买家购物首页

首先打开亚马逊美国站的首页，如图 4-1 所示，这是供买家购物使用的页面，数以亿计的产品以产品列表的形式在网站内向消费者展示。亚马逊首页的布局相对国内的电商平台而言更加简洁，这也是亚马逊网站的一贯风格。国内的电商平台（如淘宝网）在打开以后，消费者所能看到的信息大部分都是广告和商品。而在亚马逊上，除了几个用于促销宣传的 Banner（广告横幅），其他的展示内容都是与消费者相关的，如消费者的浏览记录、喜欢的产品推荐、今日优惠等。这也从侧面体现了国内外消费者不同的购物行为倾向。

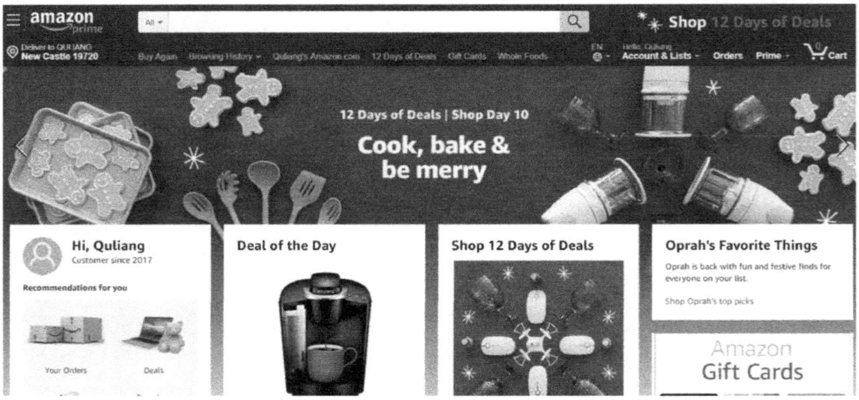

图 4-1

2．购物搜索框

网站的最顶端是亚马逊的站内搜索，单击“All”按钮可以选择品类，然后输入要查询的产品的关键词，单击搜索按钮进入相应的产品列表，如图 4-2 所示。

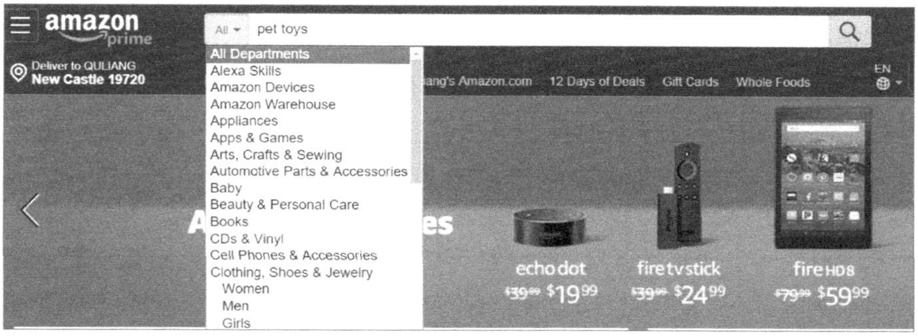

图 4-2

3. 频道快捷入口

搜索框的下面就是亚马逊的频道入口，如“Day of Deals”“Gift Card”“Whole Foods”（即秒杀优惠、礼品卡、全食超市）等。如果消费者登录了自己的买家账号，还会显示其个人的“浏览历史”和“过往订单”。

4. 买家账号操作

频道入口的右侧是买家账号的操作区域，包括“网站语言切换”、“买家账号信息管理”、“订单列表”、“会员办理”（Prime）、“购物车”（Cart）。单击“Account & Lists”按钮就可以登录买家账号并进行买家账号信息的管理。大家可以看到，这里还有一个卖家账号申请入口“Start a Selling Account”，如图 4-3 所示。

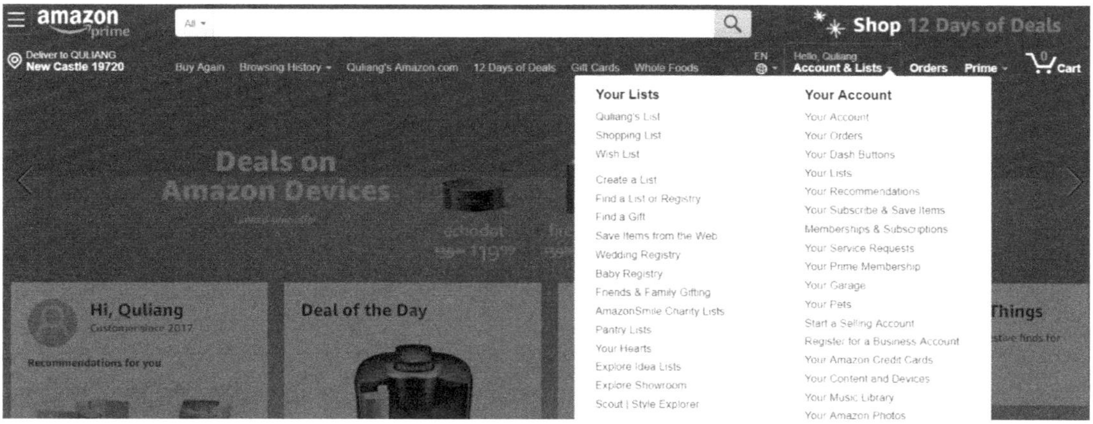

图 4-3

5. 其他信息

继续往下浏览，展示的是一些产品的推荐信息，类似于淘宝平台的“猜你喜欢”，如图 4-4 所示。

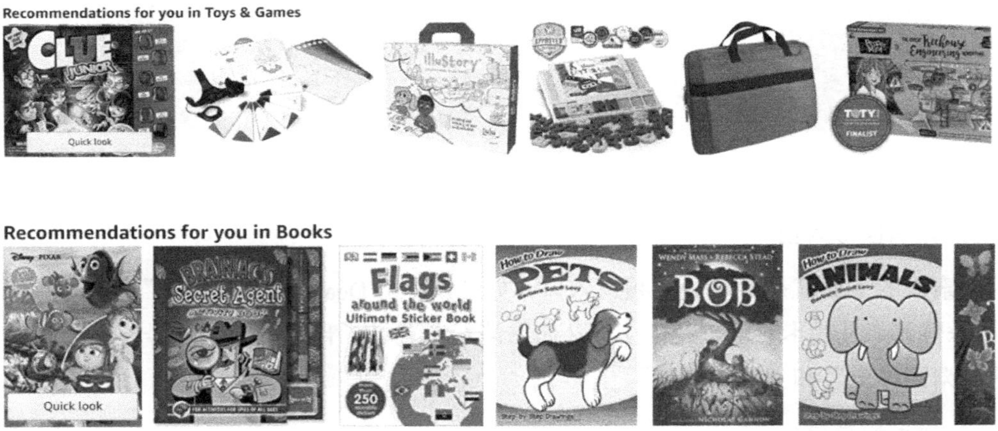

图 4-4

亚马逊首页的底部还有两个栏目。首先是亚马逊电商平台业务介绍“Get to Know Us”及各种服务的卖家入驻申请“Make Money with Us”，在这里还有语言翻译和站点切换的入口，如图 4-5 所示。

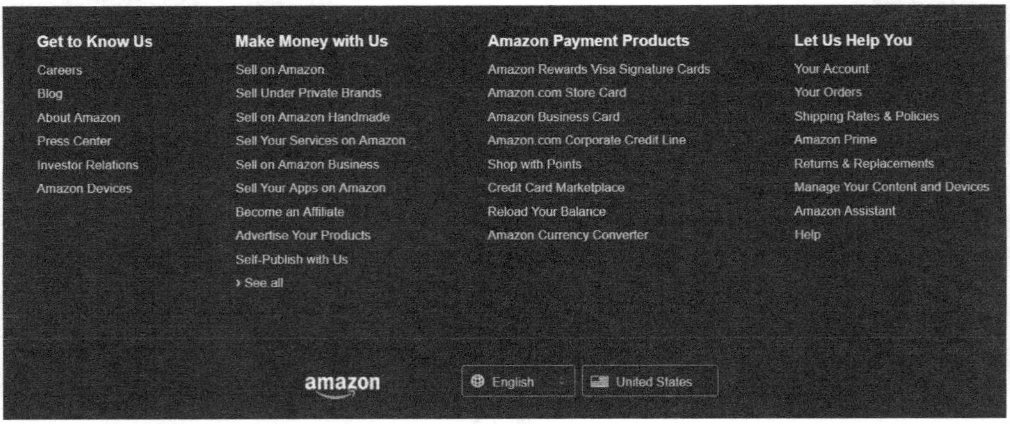

图 4-5

其次是亚马逊的业务列表，其业务上基本上已经深入各行各业，包括电商业务、媒体业务、广告业务、生鲜业务、大数据等。

4.1.2　亚马逊平台的店铺页面

提到店铺页面，很多做过国内电商（如淘宝、天猫等电商平台）的朋友应该深有感触，一到节假日（如“双 11”、“双 12”、圣诞、元旦等），美工就累得筋疲力尽，因为要进行店铺的装修。而亚马逊则与之不同，它是一个“重产品，轻店铺”的平台，也就是说没有完整意义的店铺的概念，网站上都是产品，而“品牌店铺管理”也是近年来才慢慢开放的一项功能，之前是不存在的。大家都是将产品以列表的形式展示在店铺首页，如图 4-6 所示。

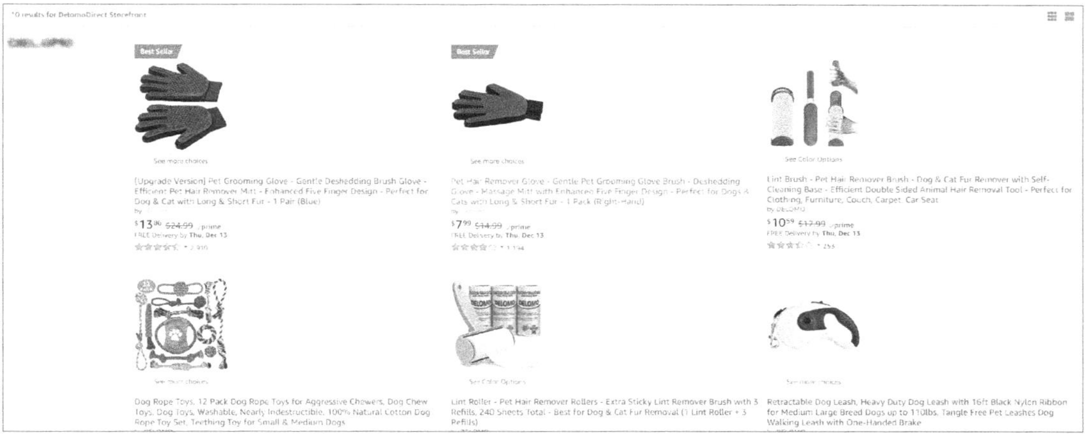

图 4-6

既然没有店铺的概念，如果想要进入同行业的卖家店铺，可通过以下操作实现。

第一步，通过首页的搜索框输入关键词查询，进入产品列表，如图 4-7 所示。

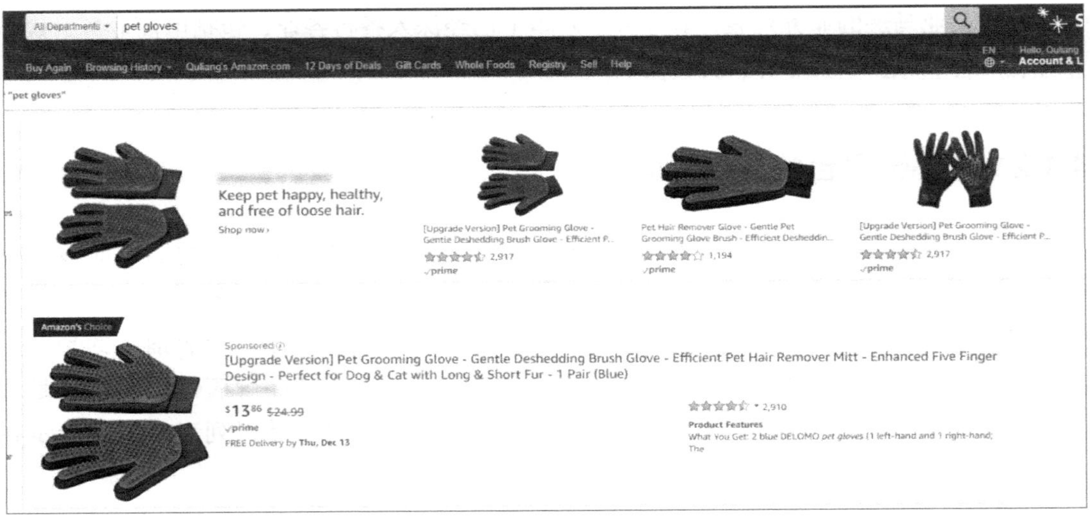

图 4-7

第二步，单击目标产品，进入 Listing 页面，如图 4-8 所示。

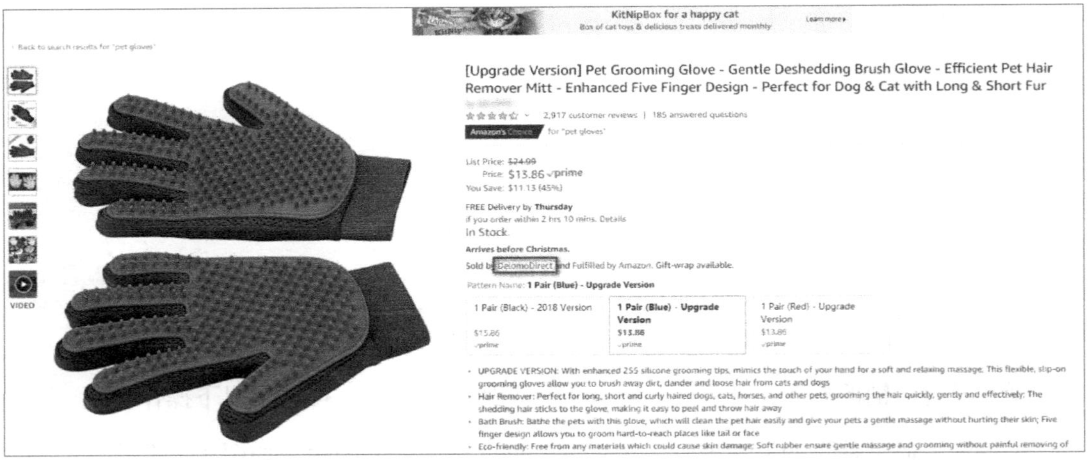

图 4-8

第三步，单击“Sold by”后面的卖家名称进入卖家信息展示页面，如图 4-9 所示。

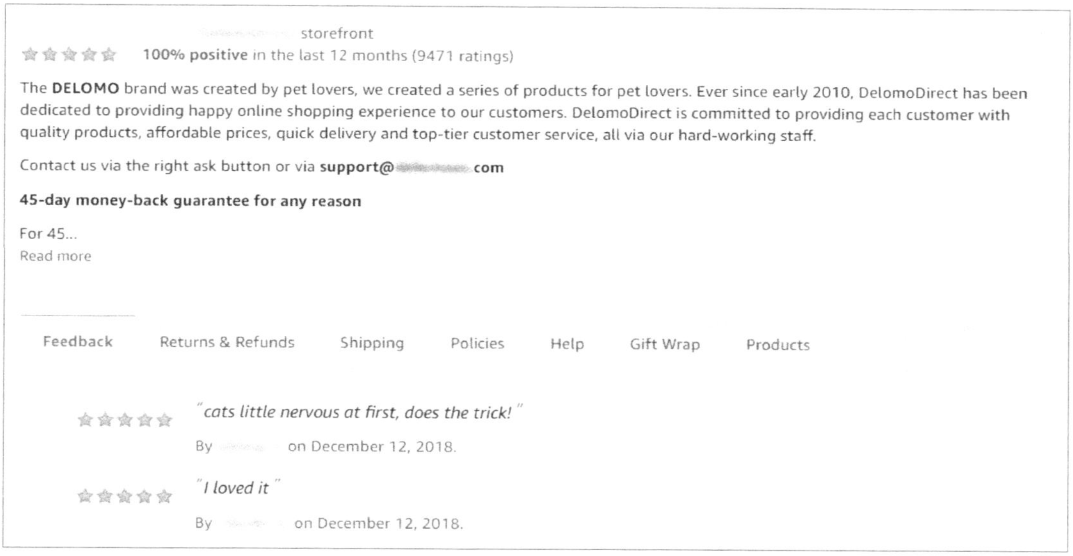

图 4-9

第四步，单击“店名+storefront”链接进入卖家店铺页面，如图 4-10 所示。

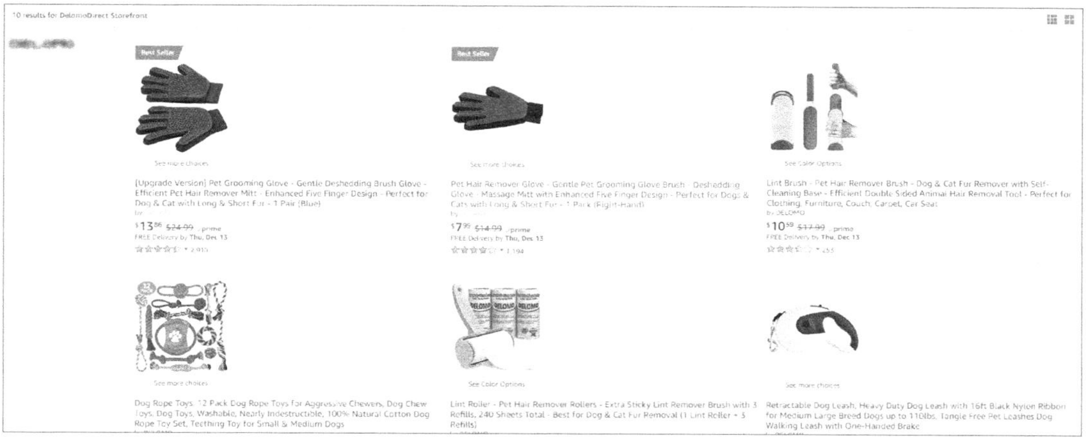

图 4-10

大家可以看到，亚马逊店铺页面的展示形式就是产品的列表，与国内电商平台的店铺首页完全是两种不同的风格。

4.1.3 亚马逊平台的产品 Listing 页面

产品 Listing 页面就是大家在亚马逊平台上传的产品页面，整体的布局分为左、中、右三部分，如图 4-11 所示。

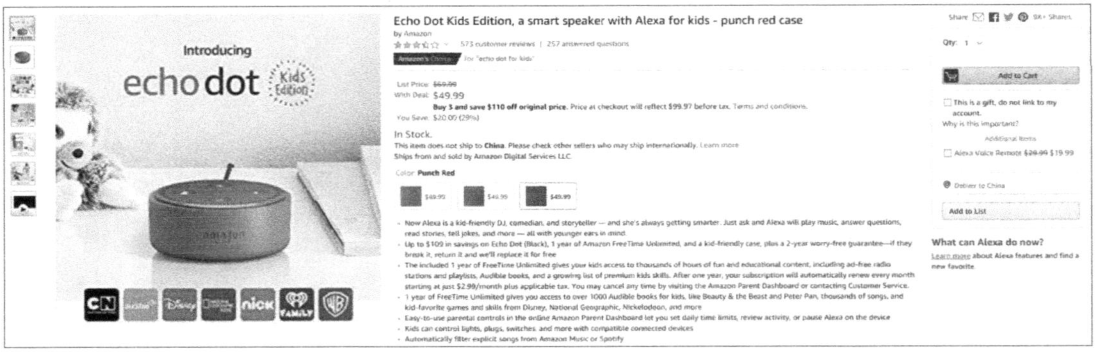

图 4-11

1. 产品图片

产品的图片展示在页面左侧，大家可以看到，此处除了有图片的展示功能，还有视频的展示功能，这类似于国内电商平台的“主图视频”，但目前这项功能仅对部分品牌卖家开放，未来所有的卖家或许都可以使用这项功能，如图 4-12 所示。

图 4-12

2. 产品标题

产品的标题，即产品的名称。紧挨着标题的是产品的品牌，如图 4-13 所示，这个是亚马逊的官方产品，因此显示的是“by Amazon”。

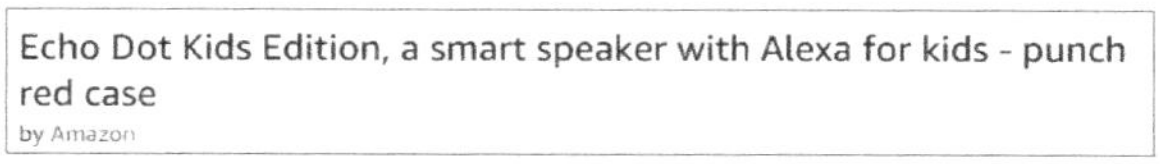

图 4-13

3. 产品的评价与问答

亚马逊平台不显示产品销量，大家只能看到买家对产品的累计评价，也就是“customer reviews”，以及买家的互动问答“answered questions”，这类似于淘宝的“问大家”板块，如图 4-14 所示。

图 4-14

单击“customer reviews”按钮，可直接跳转到评价的具体内容页面，如图 4-15 所示。

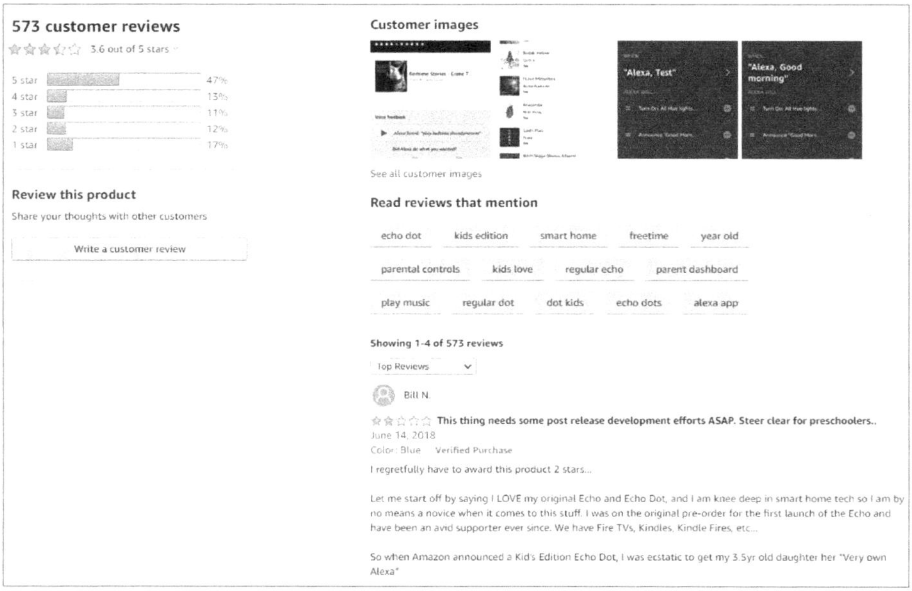

图 4-15

也可以单击“answered questions”按钮，直接跳转到问答的具体内容页面，如图 4-16 所示。

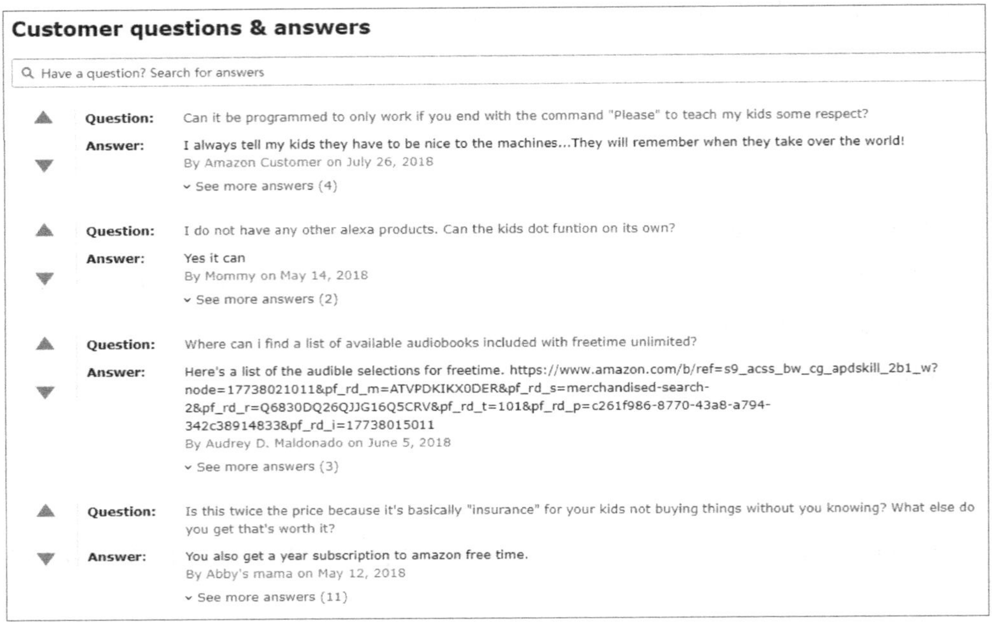

图 4-16

4. 官方打标

（1）Amazon’s Choice。“Amazon’s Choice”是亚马逊的 Echo 优选，如图 4-17 所示。前文已介绍过亚马逊的智能音响 Echo（Alexa），如果卖家产品的 Listing 在排名、销量、评价、店铺绩效等各个方面表现优异，就可以打标，并自动导入 Echo 的推荐产品库，只要买家对着 Echo 进行语音下单操作，卖家的产品就可以优先接单，第一时间通过亚马逊配送到买家手中，非常便利。

图 4-17

（2）Best Seller。“Best Seller”是亚马逊的畅销产品，也就是大家常说的“爆款”，通过系统评定进行打标，如图 4-18 所示。

图 4-18

5. 产品价格

“With Deal” 是活动期间的秒杀价格及一些物流的信息，如包邮和预计到货时间。这里强调一下价格旁边的“prime”标志，Prime 是亚马逊会员，该标志表示这个 Listing 支持 Prime 会员的优惠体系，如包邮、秒杀折扣等。要想获得这个标志，卖家必须加入亚马逊的 FBA 物流服务，自发货的 Listing 是无法打标的。亚马逊的产品价格如图 4-19 所示。

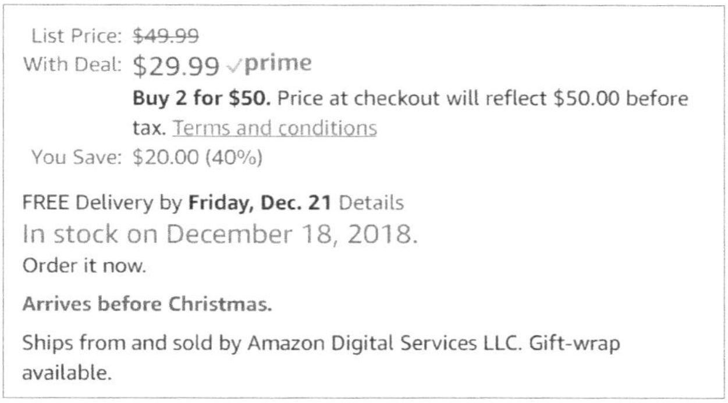

List Price: $49.99
With Deal: $29.99 prime
Buy 2 for $50. Price at checkout will reflect $50.00 before tax. Terms and conditions
You Save: $20.00 (40%)
FREE Delivery by Friday, Dec. 21 Details
In stock on December 18, 2018.
Order it now.
Arrives before Christmas.
Ships from and sold by Amazon Digital Services LLC. Gift-wrap available.

图 4-19

6. 产品属性

这一项内容与国内电商平台相似，一个 Listing 会有几个不同属性的 SKU，如不同的颜色、不同的大小及搭配套餐等，如图 4-20 所示。

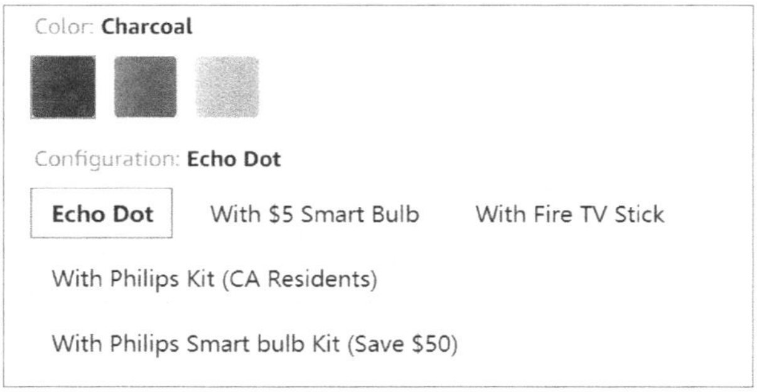

图 4-20

7. 产品优势

产品优势，即卖家提炼出产品 Listing 的特点，为买家提供参考，如图 4-21 所示。

- Meet the all-new Echo Dot - Our most popular smart speaker, with new fabric design, and improved speaker for richer and louder sound.
- Voice control your music - Stream songs from Amazon Music, Apple Music (coming soon), Spotify, Sirius XM, and others through the improved speaker for richer and louder sound.
- Bigger, Better Sound - Pair with a second Echo Dot (3rd gen) for rich, stereo sound. Fill your home with music with compatible Echo devices in different rooms.
- Ready to help - Ask Alexa to play music, answer questions, read the news, check the weather, set alarms, control compatible smart home devices, and more.
- Connect with others - Call and message almost anyone hands-free. Instantly drop in on other rooms in your home or make an announcement to every room with a compatible Echo device.
- Use another speaker - Connect to your own speakers over Bluetooth or with a 3.5 mm audio cable.
- Alexa has skills - With 50,000+ skills, Alexa is always getting smarter and adding new skills like tracking fitness, playing games, and more.
- Voice control your smart home - Turn on lights, adjust thermostats, lock doors, and more with compatible connected devices.

图 4-21

8. 产品详情描述

产品详情描述是对产品 Listing 进行更加具体的说明，格式可分为图片和文字两种。如果产品有品牌备案，可直接用“A+”图片页面来描述产品的 Listing 详情；新手卖家刚开始做店铺还没有品牌，只能用文字来描述产品的详情。产品详情描述，如图 4-22、图 4-23 所示。

图 4-22

Product description

Color:Black

Sony XB10 Portable Wireless Speaker with Bluetooth, Black

图 4-23

9．产品基本信息

产品基本信息是卖家通过后台上传产品后，亚马逊系统自动生成的信息，包括产品的尺寸、重量、ASIN、型号、评价、分类排名及上架日期等，如图 4-24 所示。

Product information

Color:Black

Product Dimensions	3.4 x 3.4 x 4.3 inches
Item Weight	11.4 ounces
Shipping Weight	12 ounces (View shipping rates and policies)
ASIN	B01N4TIRUD
Item model number	SRSXB10/BLK
Batteries	Lithium Metal batteries required. (included)
Customer Reviews	1,347 customer reviews 4.4 out of 5 stars
Best Sellers Rank	#85 in Electronics > Portable Audio & Video > MP3 & MP4 Player Accessories
Date first listed on Amazon	January 30, 2017

图 4-24

基本信息下方展示的是一些产品广告，为买家提供相关品类的产品，以供买家对比选择，如图 4-25 所示。

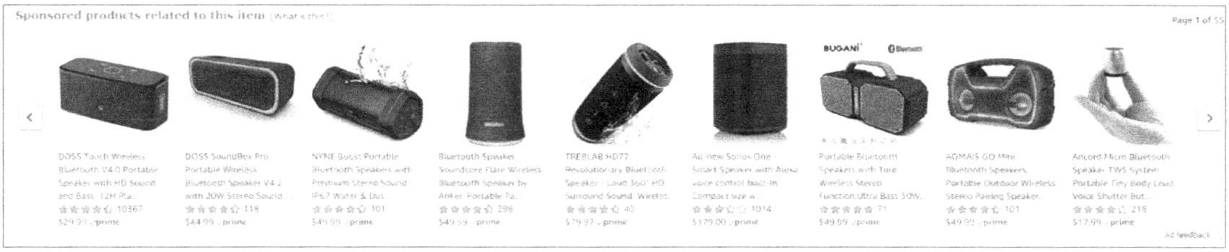

图 4-25

10．产品购物车

产品 Listing 的购物车展示在页面右侧。如果是新开设的店铺，基本是没有购物车这个按钮的，自从亚马逊修改了购物车获取的规则，笔者的线下课堂上也只有一个学员在开设店铺以后立即获得了购物车按钮，算是比较幸运的。

以上就是亚马逊网站 Listing 的页面布局，关于如何优化产品 Listing，大家可以参考本书第 6 章的相关内容。

4.2 亚马逊店铺的后台功能

在上文中笔者介绍了店铺注册的流程，在等待 1~3 天审核通过后，卖家就可以进入店铺后台进行操作了，亚马逊店铺后台登录地址为 http://sellercentral.amazon.com/（美国站），如图 4-26 所示。

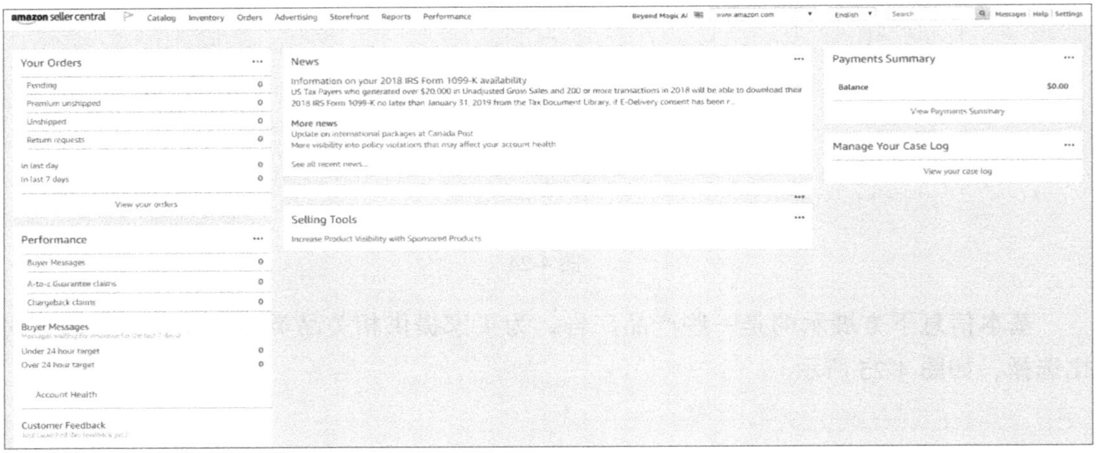

图 4-26

4.2.1 后台页面总览

亚马逊店铺后台页面看上去非常简洁，整体上是 1∶3 的结构布局，上面一排是主功能栏，如图 4-27 所示，下面为 3 个信息分栏。

信息分栏的最左侧是常用功能快捷显示，中间是亚马逊的官方政策通知或者相关规则公告，最右侧是店铺财务信息及与亚马逊相关的反馈处理。

图 4-27

因为后台的界面语言默认为英语，这对于英语不佳的卖家而言是一个障碍，不过没关系，在顶部工作区有一个语言的按钮，如有需要，大家可以在进行操作之前，先将语言切换为中文，如图 4-28 所示。

图 4-28

4.2.2　重要信息提醒

1．小红旗标志

在“amazon seller central”标志的旁边有一个不起眼的小红旗 标志，这里偶尔会有信息的提醒，如图 4-29 所示。

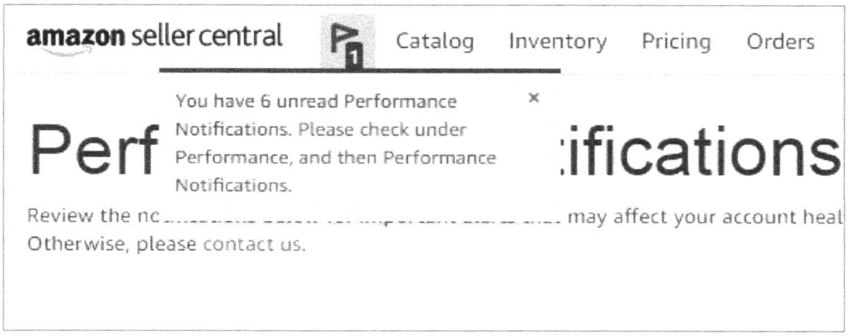

图 4-29

大家一定要特别注意，这里面的信息都是亚马逊官方发给卖家的，包括店铺账号的信息变动、Listing 的权限变更、店铺绩效的考核等。例如，在店铺注册成功后或者店铺状态改变时，这里就会显示此类信息，单击小红旗按钮即可查看消息内容，如图 4-30 所示。

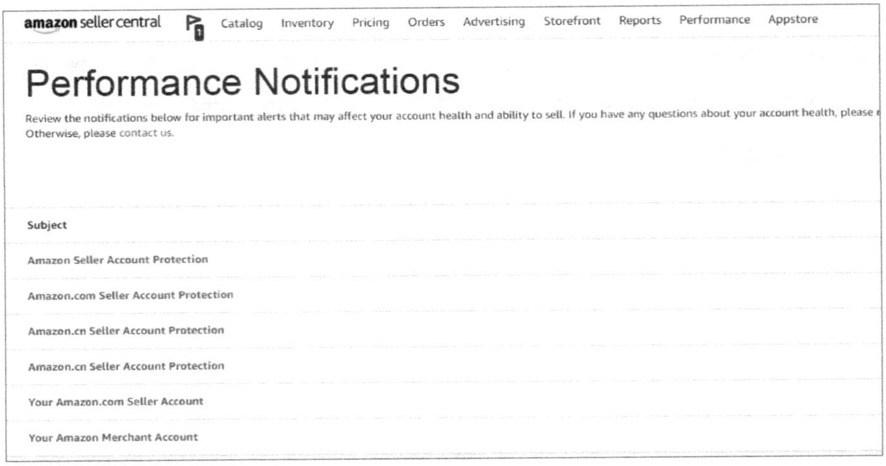

图 4-30

选择其中的一条信息“Amazon.com Seller Account Protection”，可以看到亚马逊官方发来的信息，是关于店铺信用卡信息绑定成功的通知，如图 4-31 所示。

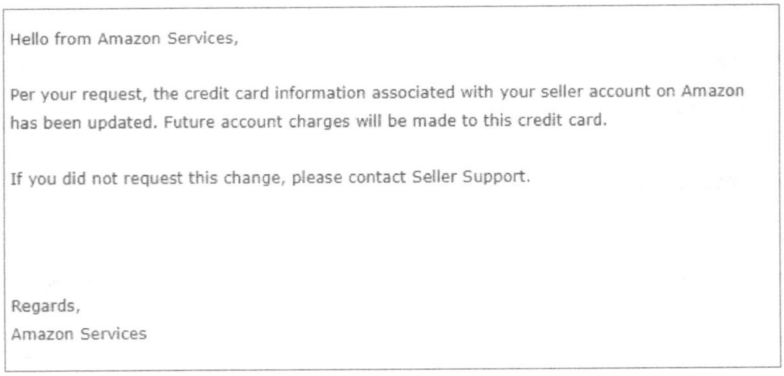
Hello from Amazon Services,

Per your request, the credit card information associated with your seller account on Amazon has been updated. Future account charges will be made to this credit card.

If you did not request this change, please contact Seller Support.

Regards,
Amazon Services

图 4-31

如果店铺账号出现了问题，也会收到亚马逊官方的邮件信息。除通知类的邮件以外，其他的信息都需要卖家及时回复，否则会对其账号的安全产生影响。

2. Messages（信息）

在后台页面的右侧，同样是信息，但这里显示的主要是买家的邮件信息，买家的一些售前询问、物流咨询或者投诉等都会出现在这里提醒卖家，这也是卖家每天工作的重点。如果有信息，卖家需要在 24 小时之内尽快回复买家。

4.2.3 Catalog （商品目录）

Catalog 工作区为卖家提供了一种新的方法来管理商品数据。商品数据对所有卖家而言是比较常见的属性信息，如商品的品牌名称、颜色属性、材料特质等，如图 4-32 所示。

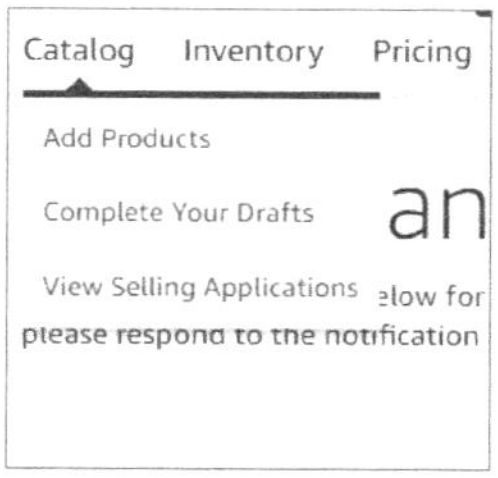

图 4-32

1. Add Products（添加商品）

Add Products，即添加商品，也就是产品 Listing 的上传入口，选择“Add Products”进入产品上传的操作界面，卖家可以在此进行产品的添加，如图 4-33 所示。

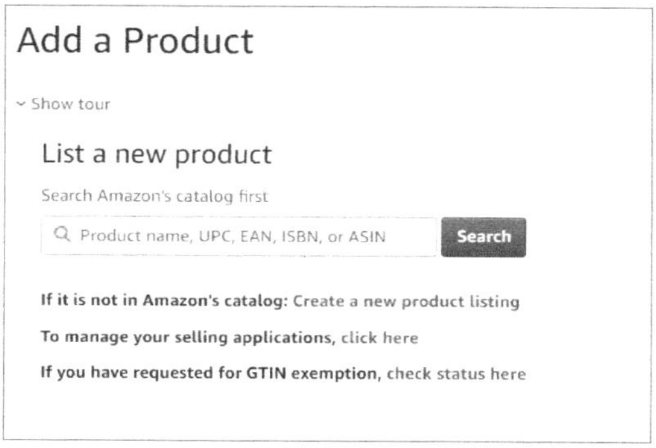

图 4-33

2. Complete Your Drafts（草稿）

Complete Your Drafts，即草稿或商品信息草稿，也就是 Listing 信息完善入口。卖家在上传商品信息时，不符合商品信息政策的所有商品信息均以草稿形式存储，以便卖家在方便时查看并编辑。在卖家提供缺失数据或更正无效数据之前，草稿将一直保存在卖家账号中，直到产品信息完善并提交审核处理。对草稿执行操作，可以使用以下方法。

（1）可编辑的关联字段。单击商品信息旁突出显示的属性字段，输入或编辑某个属性的数据。

选择某个字段旁边的问号符号，了解有关有效值的更多信息，单击相应字段旁边的“保存”按钮，保存编辑的内容。单击“保存 X 个值”按钮，可一次保存商品信息的多个属性值。（X 为整数）

（2）“添加新商品”工具。单击任意一个商品信息草稿旁边的“编辑草稿”按钮，系统随即会显示“添加新商品”页面，可为显示的所有属性提供有效值，单击“保存”按钮，卖家可以为已确认的属性及任何其他使用此表单的可选属性添加数据，重新上传草稿以进行处理。

（3）为多个草稿添加数据（批量添加）。单击表格左侧的复选框，以选择多个商品信息。卖家可通过顶部的复选框来选择所有的商品信息。如图 4-34 所示，单击顶部显示的“Bulk action on X selected”按钮，即可实现“对 X 件选定商品执行批量操作”。（X 为选定的商品数量）

注意：仅当所有商品都有一个需要采取操作的共同属性时，该按钮才会显示。

为所有选定商品的常见属性编辑或输入数据，单击“保存”按钮。

注意：在保存更改前，卖家可以使用该页面左侧的搜索功能或属性筛选条件。

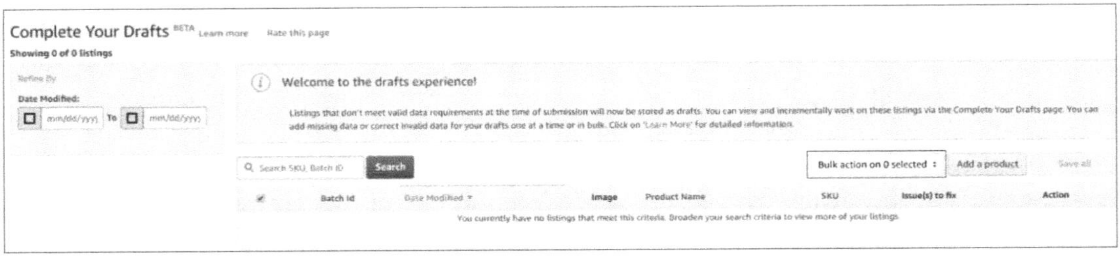

图 4-34

3. Selling applications（销售申请）

Selling applications，即销售申请，也就是常说的分类审核。卖家可以在此进行 Listing 的分类审核查询和申请，输入 Listing 的名称或 UPC 来搜索确认，如图 4-35 所示。

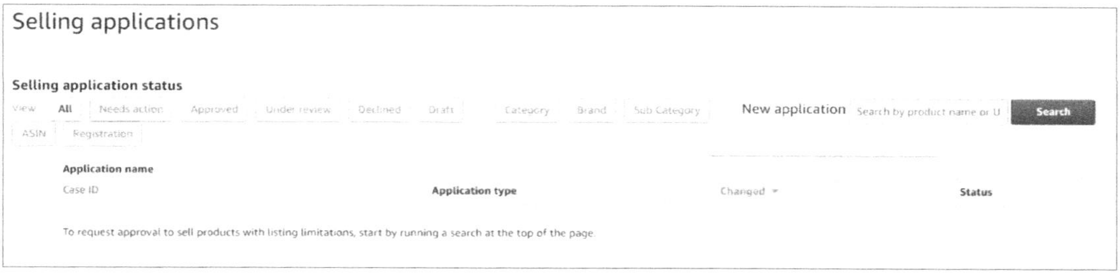

图 4-35

4.2.4 Inventory（库存）

库存管理模块包括以下几个工具，如图 4-36 所示。

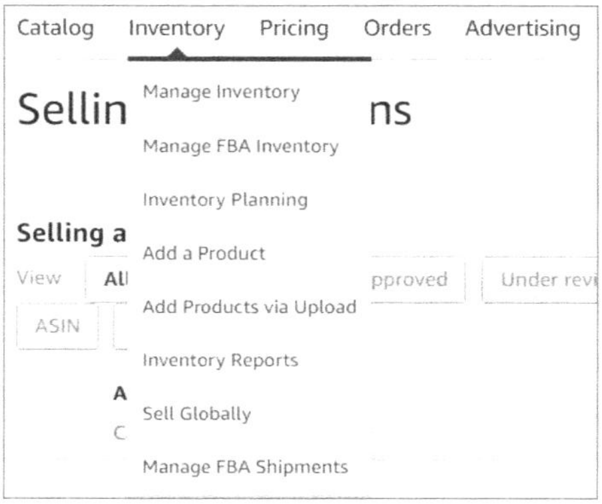

图 4-36

1. Manage Inventory（管理库存）

Manage Inventory，即管理库存，此页面展示的是店铺内已上传的所有产品 Listing，卖家可以对每一条 Listing 的信息进行再次编辑和完善，如图 4-37 所示。

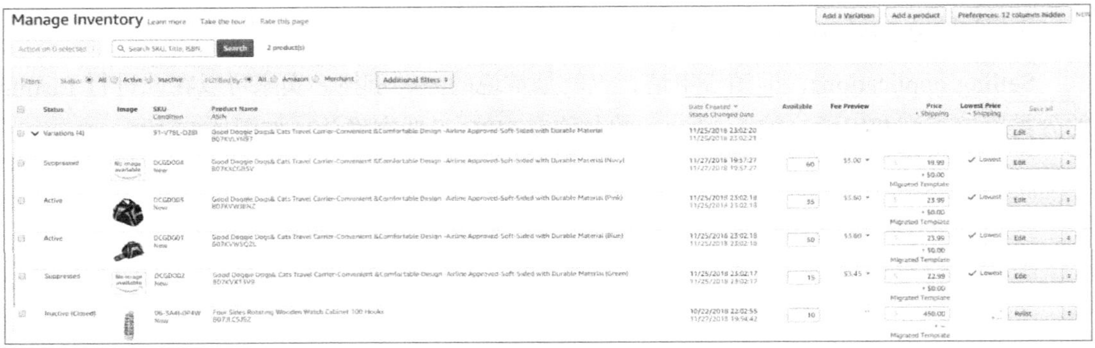

图 4-37

2．Manage FBA Inventory（管理 FBA 库存）

Manage FBA Inventory，即管理亚马逊 FBA 库存，此页面展示的是所有已上传并存储在亚马逊 FBA 仓库中的产品 Listing。对 FBA 的产品 Listing，卖家是不能对库存数量进行操作的，仅能同步 FBA 中心的库存数据。

3．Inventory Planning（库存规划）

Inventory Planning，即库存规划，如图 4-38 所示，亚马逊每年都会在固定的时间（一般为 2 月），针对 Inventory Age（库龄）超过 12 个月的商品，征收一笔长期存储费，费用按照商品的体积和重量收取，体积越大，费用越高。因此，卖家应设置好库存的周转周期，并留意后台库存规划的数据报告。

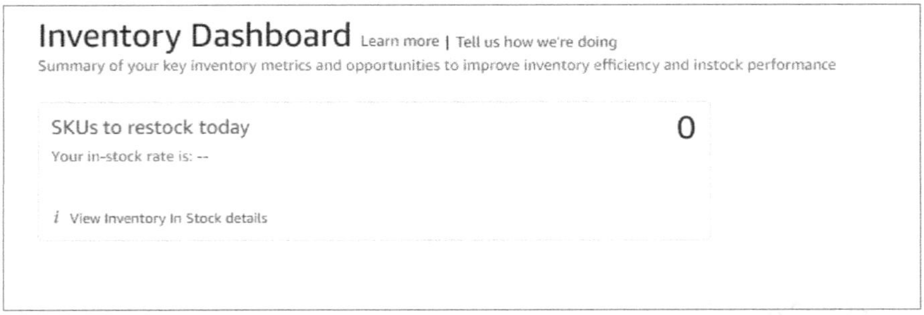

图 4-38

4．Add a Product（添加新产品）

此知识点请参考本书第 6 章的相关内容。

5. Add Products via Upload（批量上传产品）

此知识点请参考本书第 6 章的相关内容。

6. Inventory Reports（库存报告）

Inventory Reports，即库存报告，如图 4-39 所示，在此页面中可以生成库存产品的相应状态报告。

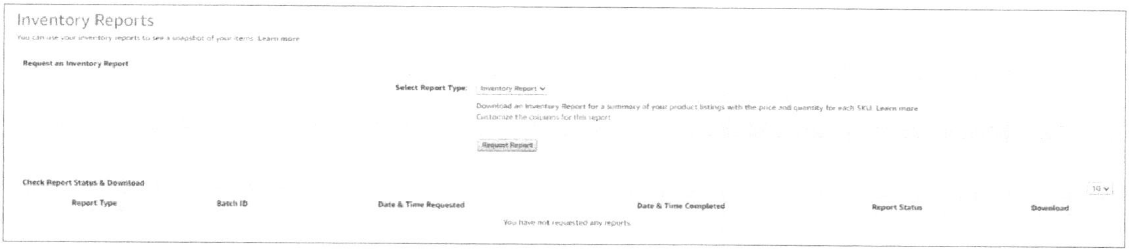

图 4-39

7. Sell Globally（全球销售）

Sell Globally，即全球销售，如图 4-40 所示，卖家可以在此进行亚马逊其他国家或地区站点的登录或自注册，包括欧洲、日本、印度、中国。

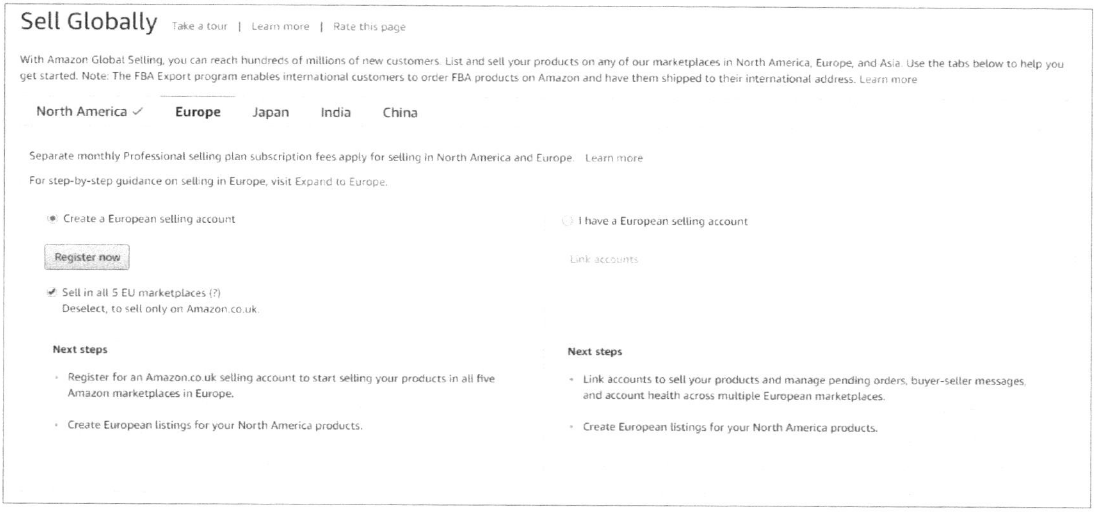

图 4-40

8. Manage FBA Shipments（FBA 货件的管理）

Manage FBA Shipments，即 FBA 货件的管理，如图 4-41 所示。

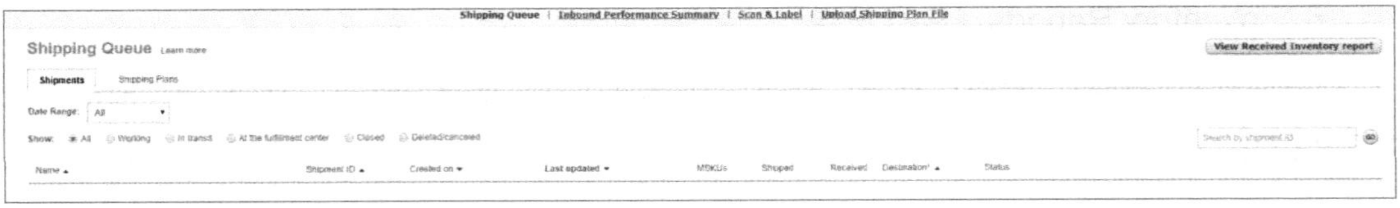

图 4-41

4.2.5 Pricing（价格管理）

亚马逊平台有数以百万计的第三方卖家，所有产品的信息数据都存储在亚马逊的云服务器上，同一个品牌、型号的玩具，可能会有几百个不同的报价。为了随时应对市场变化而调整价格以赢得“购物车”按钮，亚马逊适时推出了产品价格调整“神器”——自动定价系统，如图 4-42 所示。

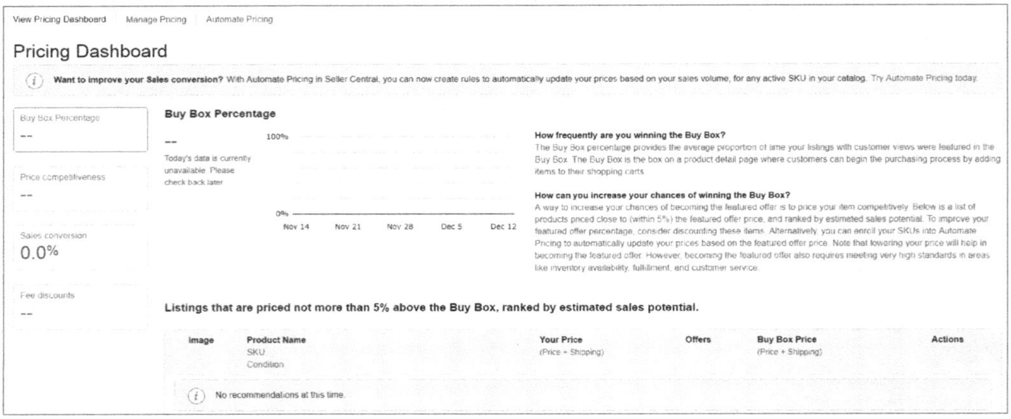

图 4-42

1. 自动定价系统的优势

自动定价系统允许卖家在后台随意调整产品 SKU 的价格以赢得“购物车”，卖家只需要设置好价格调整的上下限，不必再每次因为价格调整而重新对 SKU 进行操作，并且 SKU 可以指定，卖家也可以随时启用和停用定价规则。

2. 合理操作自动定价系统

自动定价系统的推出，虽然节省了卖家的时间，但是也让大家站在了同一条起跑线上，这就是技术带来的利与弊。如同淘宝平台一样，数据的公开产生了大量的工具，大家都在花钱用工具，也就相当于没有工具，最后大家的关注点还是应回归到买卖的本质上，即用户的需求及产品的质量和服务。

因此，大家应把更多的精力放在提高产品的质量和提升服务上，而不应过多依赖技术。

4.2.6 Orders（订单）

1. Manage Orders（订单管理）

Manage Orders，即订单管理，如图 4-43 所示，订单管理页面通过可自定义的视图显示卖家在所有销售渠道上的所有订单，包括卖家可以查看特定日期范围内的所有订单，也包括使用“搜索”和“高级搜索”功能筛选的特定类型的订单。

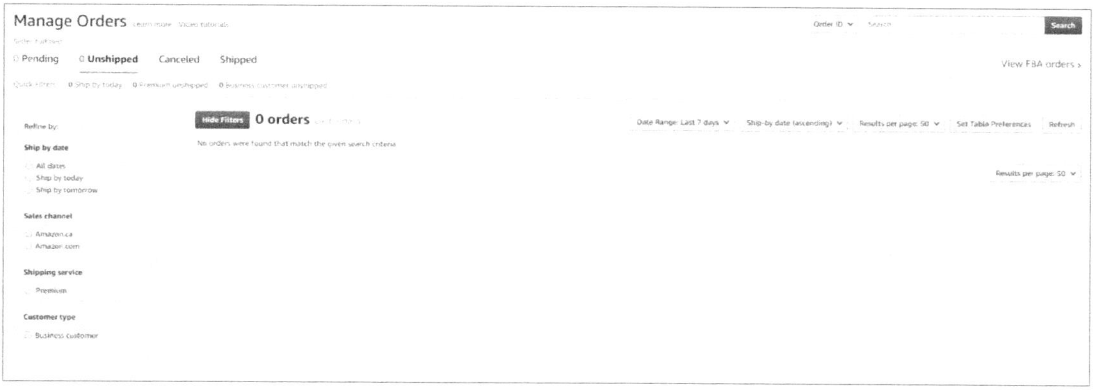

图 4-43

自发货订单和 FBA 发货订单是分开管理的，可以单击“View FBA orders”按钮进行切换。

（1）标准订单包含以下信息。

① Order ID（订单编号），单击后可跳转至“订单详情”页面。

② Type of Buyer（买家类型），包括 Prime、企业买家等标签。

③ Product Title（商品名称）。

④ QTY（订购的商品数量）。

⑤ ASIN。

⑥ SKU。

⑦ Contact Buyer（联系买家），通过站内信的链接联系买家。

⑧ Sales Channel（销售渠道）。

⑨ Fulfillment Method（配送方式）。

⑩ Billing Country（付费国家，仅限美国）。

（2）卖家自行配送订单的状态包含以下信息。

① Unshipped（未发货）。

② Pending（待发货）。

③ Shipped（已发货）。

④ Cancelled（已取消）。

⑤ Refund Applied（已申请退款）。

（3）亚马逊物流（FBA）的订单状态包含以下信息。

① Pending（等待中）。

② Payment Complete（付款完成）。

③ Complete（完成）。

④ Refund Applied（已申请退款）。

（4）多渠道配送的订单状态包含以下信息。

① Unfulfillable（无法补货）。

② Planning（正在规划）。

③ Shipping（配送）。

④ Complete（完成）。

⑤ Refund Applied（已申请退款）。

（5）卖家对订单可采取以下操作。

① Print Packing Slip（打印装箱单）。

② Confirm Shipment（确认发货）。

③ Buy Shipping（购买配送服务，中国卖家无法使用）。

④ Cancel Order（取消订单）。

⑤ Edit Shipment（编辑配送信息）。

⑥ Refund Order（订单退款）。

注意：

（1）由亚马逊配送的订单不会显示买家的电话号码，卖家只能在订单页面通过站内信的方式与买家进行沟通，而且买家的站内信地址也由亚马逊进行了信息屏蔽处理，这样设定的目的主要是为了防止买家受到恶意骚扰。

（2）由卖家自配送的订单，亚马逊会提供一个能够在配送期间联系到买家的临时电话号码。配送结束后，此电话号码将无法再联系到买家。

（3）卖家必须在下单之日起 30 日内向亚马逊确认订单发货。否则，亚马逊将自动取消订单，即使卖家已配送订单，也不会获得货款。在 30 日期限前的一周，“订单管理”中会出现警告消息（请在某年某月前确认发货，以免订单被取消），并且卖家会收到亚马逊的官方邮件通知。

（4）即使卖家只为订单中的一件商品确认了发货，亚马逊也会收取买家整个订单的款项。如果卖家没有确认整个订单，其“订单管理”中则会显示“迟发”状态，警告信息同样会出现在卖家账号的首页。

以上是关于亚马逊订单的一些官方规则，在实际的店铺运营中，自发货的处理时间一般为 1~3 天，物流运单号生效后卖家应及时更新店铺后台的订单发货信息，避免意外情况的出现。

2. Order Reports（订单报告）

Order Reports，即订单报告，如图 4-44 所示。订单报告是一种利用制表符分隔的文本文件，文件中列出了在所选时段内销售的所有商品。报告中包含卖家配送订单所需的买家信息，但不包含买家的账单地址及信用卡信息。

订单报告仅显示卖家所选时段内接收的卖家配送订单的信息，包括卖家已经取消或确认发货的订单。

订单报告的时间范围可以按照自定义的周期生成，也可以由卖家手动申请生成。

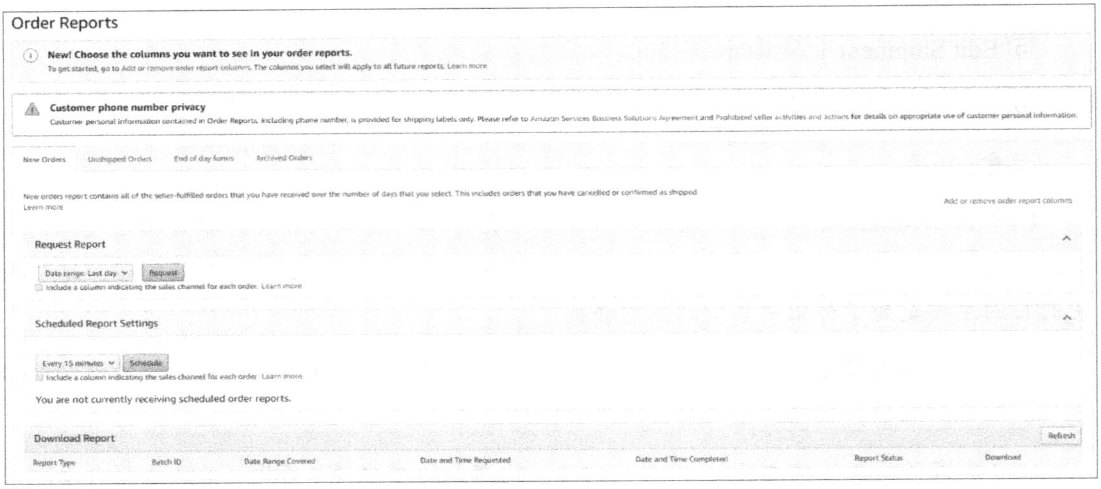

图 4-44

3. Upload Order Related Files（批量发货信息）

Upload Order Related Files，即批量发货信息，如图 4-45 所示，这项功能类似于 Listing 的批量上传，也是一个官方工具。卖家可以按照以下步骤下载、编辑并批量上传，配送确认。

第一步，下载“配送确认模板”并保存副本。查看“说明”和“定义”选项卡，尤其是“重要的注释”和格式指南（“可接受值”）。

第二步，选择“配送确认”选项卡，然后输入准确的配送信息。将所有列设置为“文本”格式（包括配送日期），以防止 Excel 中数字“0”的错误删除操作。按以下格式输入“配送日期”：DD-MM-YYYY。

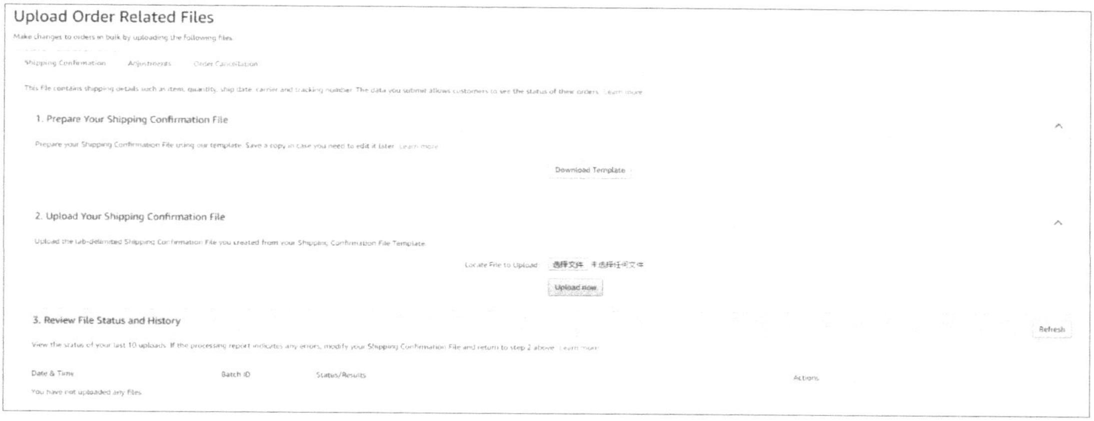

图 4-45

第三步，更新已经存在的配送信息时，卖家可根据想要的结果从以下选项中选择：“覆盖已经存在的数据”，新数据将覆盖或替代现有数据，如追踪编码字段中的新数据将覆盖追踪编码中的现有数据；“不要覆盖已经存在的数据”，空字段不会覆盖现有数据或使其无效，如将追踪编码留空，可保留之前上传的数据（将不被覆盖或作废）；“删除已经存在的数据”，输入“Null”，如在“追踪字段”中输入“Null”，可删除并令之前上传的数据作废。

注意：如果一份订单中包含多种商品或多件商品，且将订单拆分为多个货件，那么在每个配送确认记录中应包含以下字段：“订单编号”“订单商品编号”“数量”“配送日期”。

第四步，完成操作后，请单击“另存为”按钮，并从文件类型列表中选择“文本（制表符分隔）（*.txt）”。如果出现一条警告，提醒“您所选的文件格式不支持包含多个工作表的工作簿”，请单击“是”按钮。

第五步，在卖家账号中的“订单”选项卡中，选择“上传订单相关文件”选项。

第六步，选择页面顶部的“配送确认”选项。

第七步，在“上传您的配送确认文件”下方，单击“浏览”按钮。

第八步，通过浏览找到保存文件的位置，选中此文件，然后单击“打开”按钮。

第九步，单击“立即上传”按钮将文件上传至亚马逊平台。

4. Manage Seller Fulfilled Returns（退货管理）

Manage Seller Fulfilled Returns，即退货管理，如图 4-46 所示，卖家可以在此页面管理退货订单，并可自由切换自发货及 FBA 发货的退货操作。

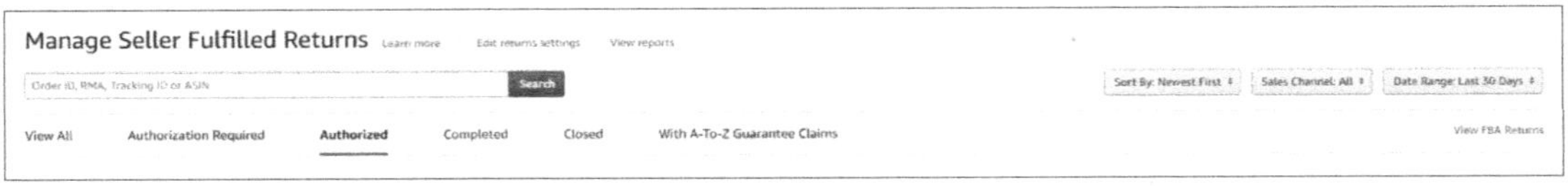

图 4-46

（1）自发货退货处理。买家提出退货申请后，卖家不可以取消，只可以进行关闭、同意、退款等操作，与买家进行协商解决，不可置之不理或恶意拒绝请求。

（2）FBA 退货处理，由亚马逊官方全权代理。亚马逊会检查退回货物的基本情况，并判定退货的责任方，进而按照流程对产品进行处置。

5. Manage SAFE-T Claims（投诉索赔）

Manage SAFE-T Claims，即投诉索赔，如图 4-47 所示。如果卖家对亚马逊向买家发放退款的决定有异议，并提起申诉，其可在此页面通过（SAFE-T）流程提出索赔。如果亚马逊确定卖家不是过错方，那么卖家可能会获得相应的赔偿，具体情况由亚马逊来决定。

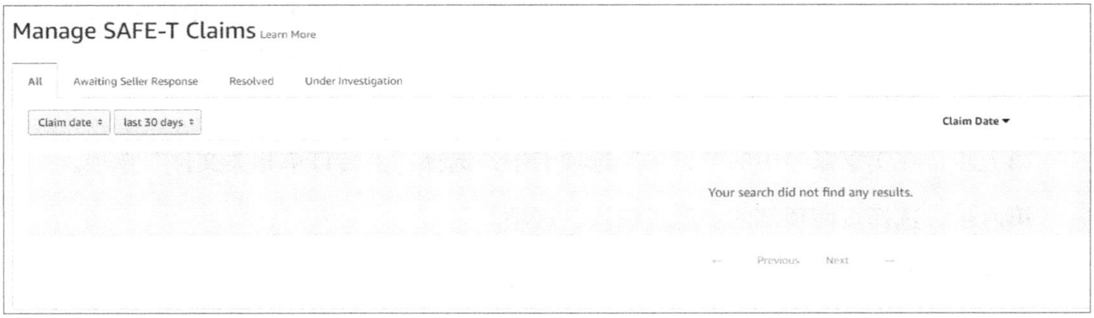

图 4-47

（1）卖家可获得赔偿的情况包括以下几个方面。

① 亚马逊确定买家存在滥用亚马逊退货或退款政策的行为，即恶意退货。

② 商品退还时已处于不可售状态，且亚马逊确定卖家没有过错。

③ 退还的商品与原商品存在重大差异，且亚马逊确定卖家没有过错。

④ 订单已退款但未退货，且亚马逊是过错方。

（2）赔偿的金额和限制的条件包括以下几个方面。

① 卖家必须在账号被收取退款费用后 1 个自然月内提出索赔。

② 单一订单的赔偿金额不得超过 5000 美元。

③ 本政策不适用于信用卡拒付索赔。

④ 在退货运输途中残损或丢失的订单不符合亚马逊赔偿的条件。

⑤ 如果因任何原因拒收退货的货件，则相应的订单不符合赔偿的条件。

⑥ 亚马逊商城交易保障索赔的订单不符合 SAFE-T 索赔的条件。（卖家可以对亚马逊商城交易保障索赔提出申诉）。

（3）卖家提出索赔的具体操作方法如下所述。

第一步，通过卖家平台的“Orders”选项卡，转至“Manage SAFE-T Claims”页面。

第二步，单击页面右上角的“File a new SAFE-T Claim”按钮。

第三步，输入退货所对应的订单编号，然后单击“Check Eligibility”按钮。

第四步，如果订单符合要求，请继续执行下一步的操作；如果不符合要求，请选择符合要求的卖家自配送 Prime 订单或即时预付费退货订单来提交索赔。

注意：SAFE-T 索赔不会对卖家的绩效指标产生不利影响。

第五步，选择卖家提出索赔的原因。

第六步，卖家在索赔中应详细说明要求亚马逊进行赔偿的原因。例如，退回商品的状况不可接受等。

第七步，附上所有必要的证明文件，然后单击“Submit SAFE-T Claims”按钮。之后卖家将收到一封确认索赔申请的电子邮件。

注意：卖家将在提出索赔后的 7 日内收到有关决定的处理邮件，并可以在“Manage SAFE-T Claims 索赔”页面中追踪索赔状态。

4.2.7 Advertising（广告）

Advertising，即广告，如图 4-48 所示，卖家可以在这个页面管理各种促销及广告活动，此知识点请参考本书第 8 章的相关内容。

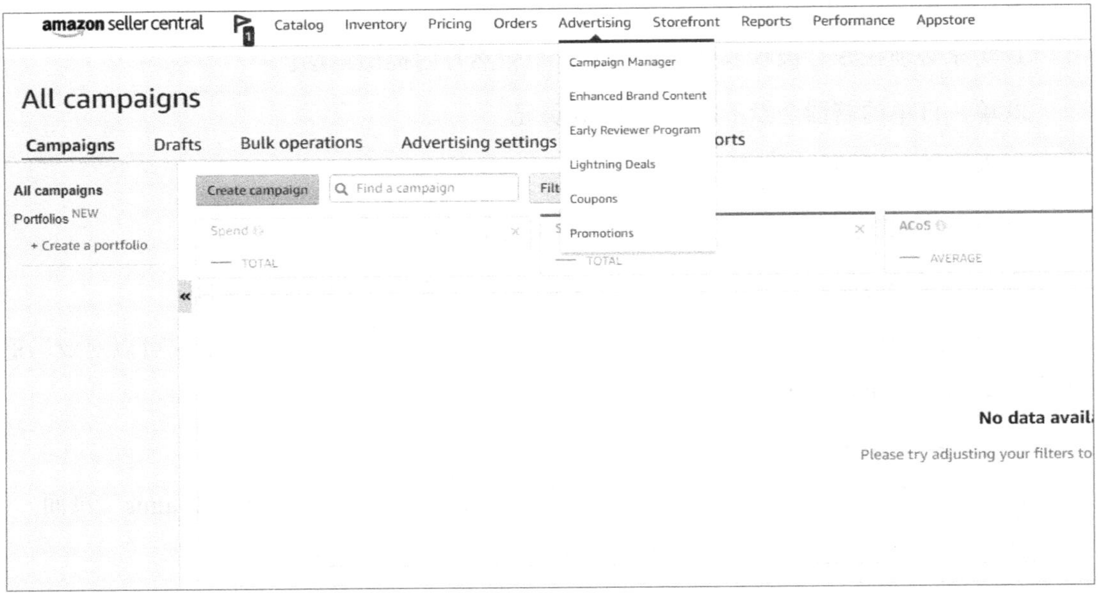

图 4-48

4.2.8 Storefront（店铺）

Storefront，即店铺，如图 4-49 所示，亚马逊会向卖家提供创建自己品牌的页面，类似于淘宝的店铺首页。卖家可以用精美的图片来展示自己的产品，提升品牌影响力，前提是其产品应有专属的美国商标，且在亚马逊进行了品牌备案并通过了审核。

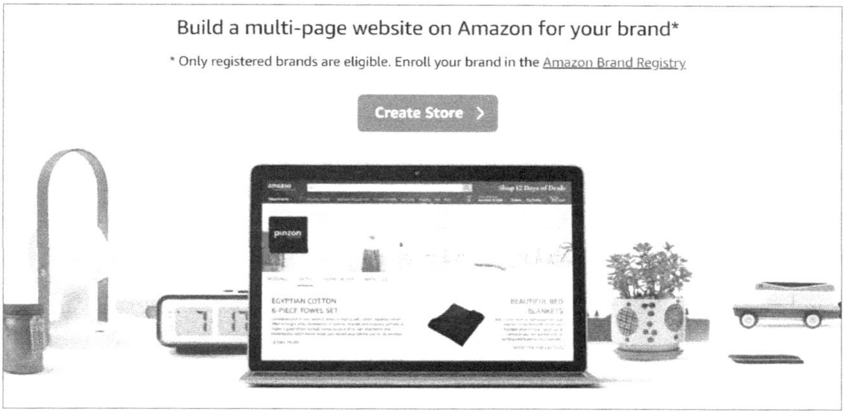

图 4-49

如果卖家已经在亚马逊平台完成了品牌备案，这个工作区将被激活，接着卖家就可以进行品牌店铺的装修和管理了，如图 4-50 所示。

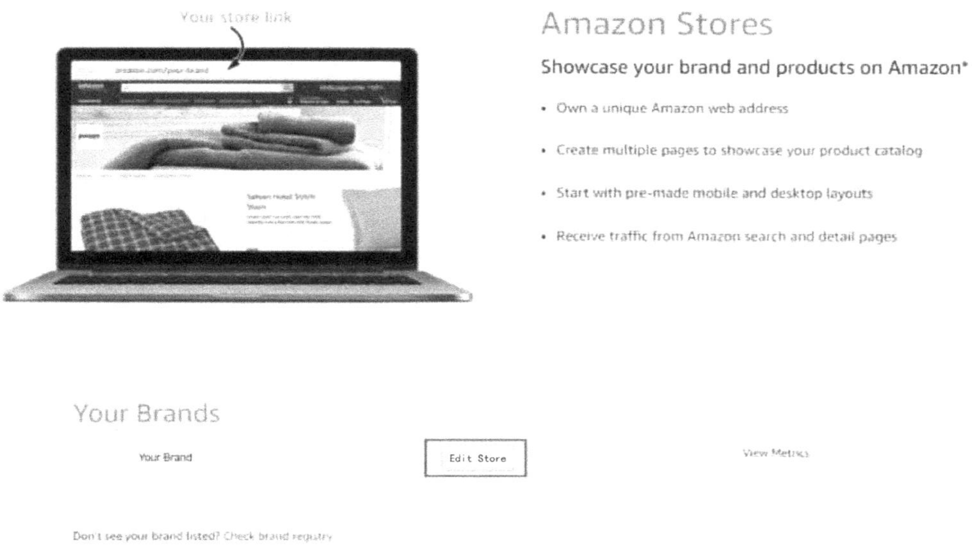

图 4-50

单击“Edit Store”按钮进入品牌店铺的装修界面，如图 4-51 所示，卖家可以上传品牌 Logo、宣传横幅图片，可以设计店铺的展现形式。

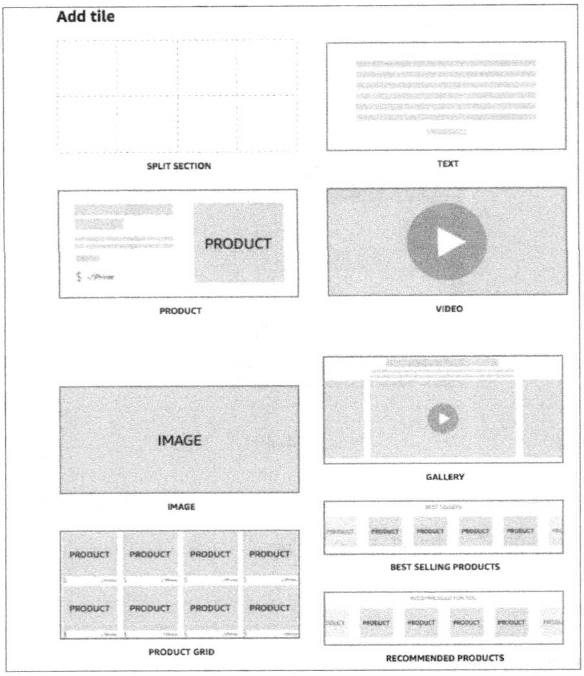

图 4-51

4.2.9 Reports（数据报告）

Reports，即数据报告，如图 4-52 所示，其具体包含以下几个模块。

图 4-52

1. Payments（付款详情）

Payments，即付款详情，如图 4-53 所示，此付款报告显示卖家账号的付款信息。

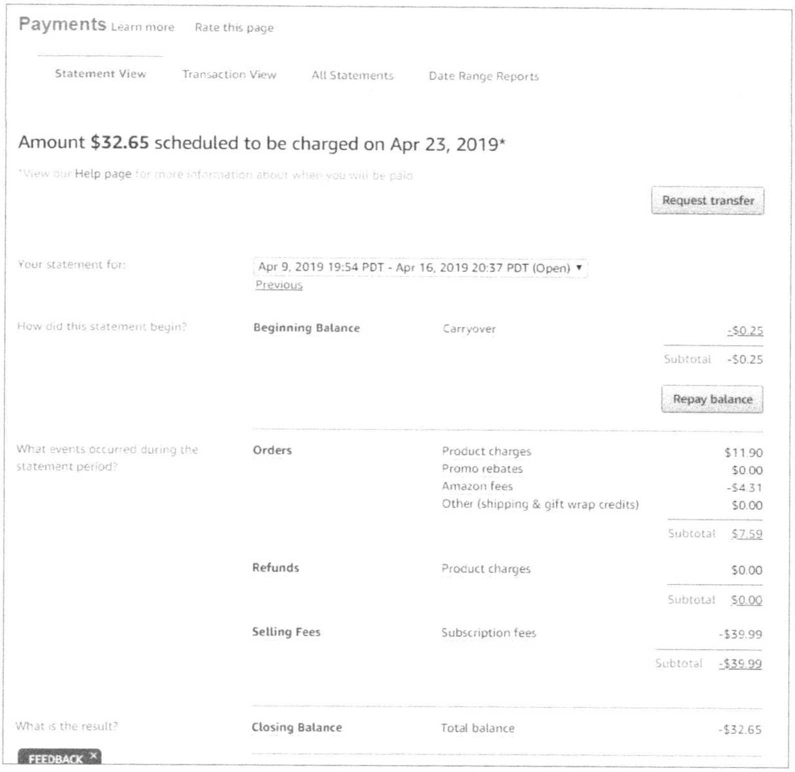

图 4-53

通过此报告可执行如下操作。

（1）Statement View，即结算一览，其包括以下几项内容。

① 查看包含起始结余、资金转账的日期、订单和退款总额的账号汇总。

② 查看特定订单的款项、费用和盘点。

③ 下载包含卖家所选日期范围内所有交易的结算报告。

（2）Transaction View，即交易一览。如图 4-54 所示，此页面显示自上个结算周期起至结算周期结束前一天的账号交易汇总。交易可以是订购、退款或亚马逊启动的款项收取或存入。

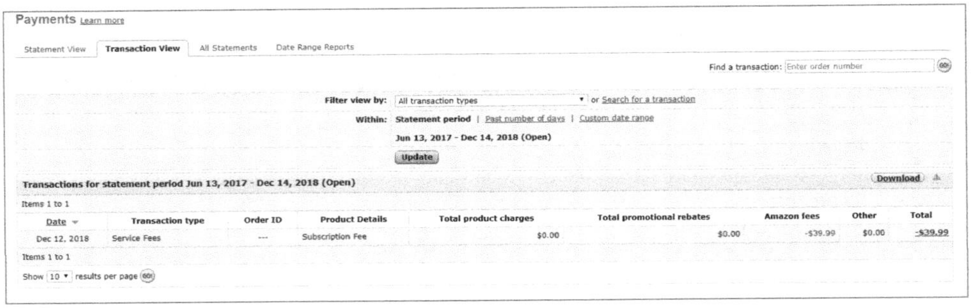

图 4-54

卖家也可以通过筛选的方式选取报告显示的交易类型，交易类型包括订单付款、退款、信用卡拒付退款、亚马逊商城交易保障退款、服务费用、通过亚马逊购买的运送服务、付款至亚马逊及其他。

（3）All Statements，即所有结算。在此页面中可汇总所有的结算报告，如图 4-55 所示。

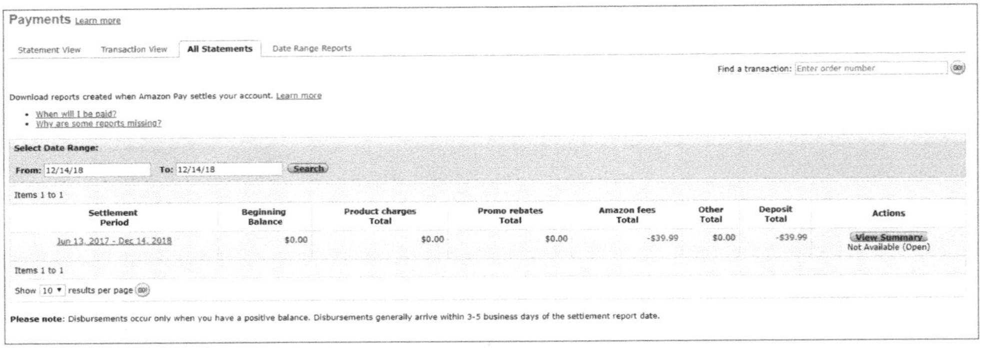

图 4-55

（4）Date Range Reports，即日期范围报告，使用此选项可选择显示交易的日期范围，具体包括以下几项内容。

① 结算周期：包含结算周期内的所有交易。

② 超出天数：从预设天数中选择。

③ 自定义日期范围：卖家自定义选择日期范围。

卖家在“交易一览”页面单击“Download”按钮，可下载订单和付款信息，详细了解付款报告，报告包括未在此页面中直接显示的商品信息和单项商品详情。

2. Amazon Selling Coach（销售指导）

Amazon Selling Coach，即销售指导，如图 4-56 所示，亚马逊系统会根据卖家店铺的经营情况，给予一些官方的销售建议，如产品的价格、库存周转的情况、产品 FBA 的发货情况等，卖家在平日的店铺维护中可以将其作为参考。

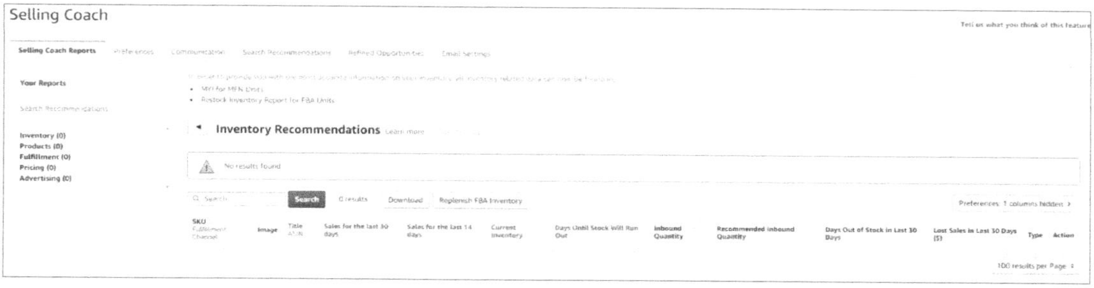

图 4-56

3. Business Reports（销售报告）

Business Reports，即销售报告，如图 4-57 所示，此页面为卖家呈现店铺销售的所有相关数据，页面左侧为数据导航栏，右侧为数据图表呈现区域。

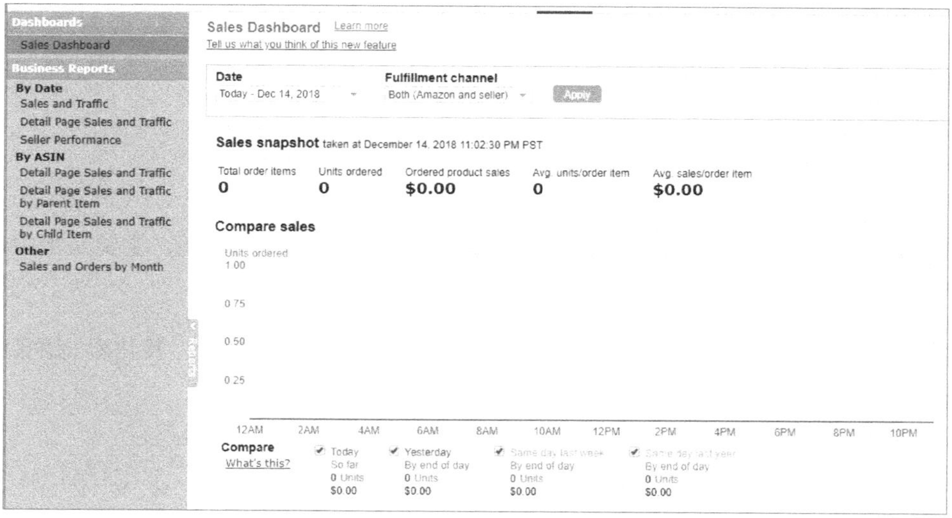

图 4-57

（1）Sales Dashboard，即销售数据看板，也是销售报告默认的界面首页，如图 4-58 所示。

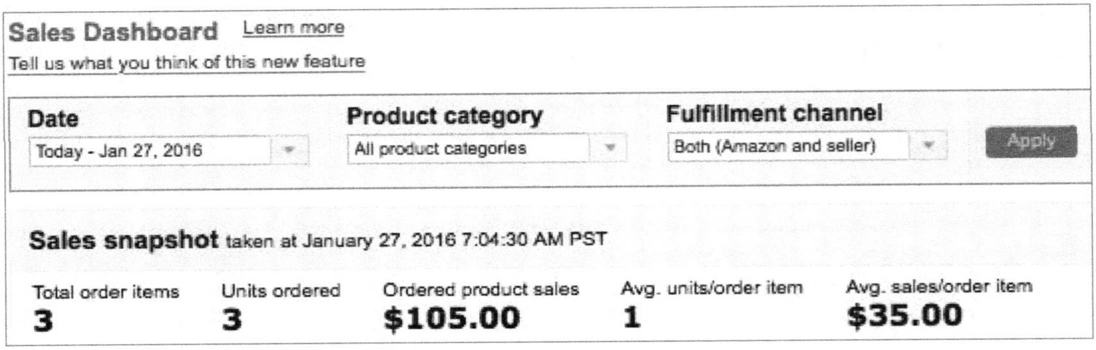

图 4-58

卖家可以自定义数据呈现的范围，包括销售时间、品类及配送方式，并让数据以可视化图表的方式呈现出来，如图 4-59 所示。

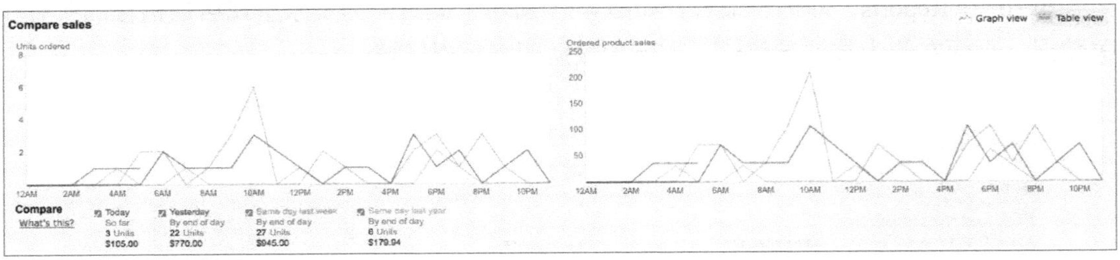

图 4-59

（2）By Date / By ASIN 是亚马逊提供的销售数据的不同展现维度，主要是集中展现具体的页面及产品 Listing 的各项销售指标，如图 4-60 所示。

卖家可以在此页面手动进行数据指标的自定义添加，包括访客量、转化率、销售额等，如图 4-61 所示。

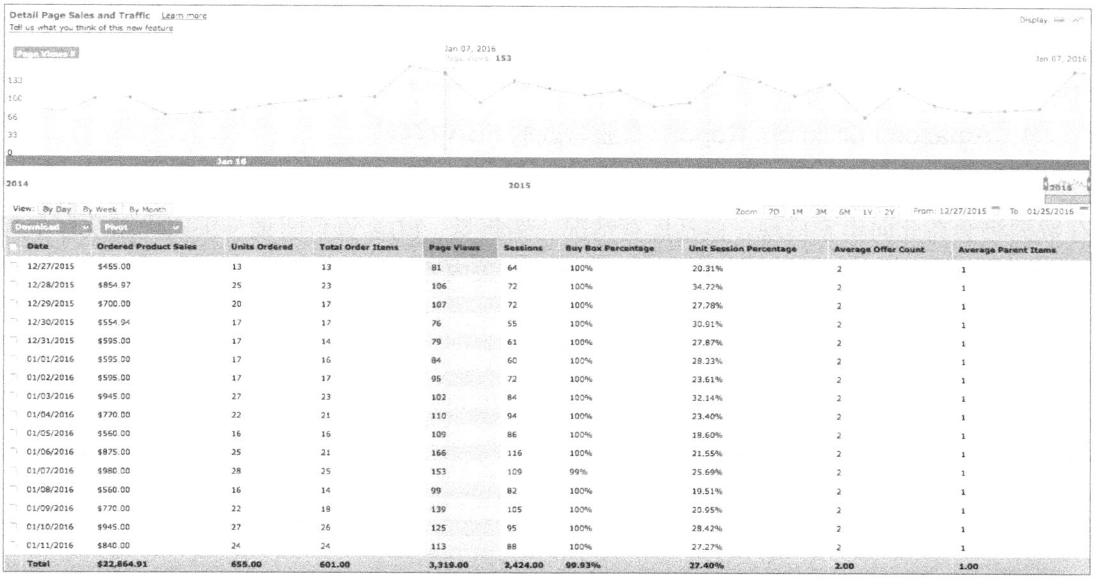

图 4-60

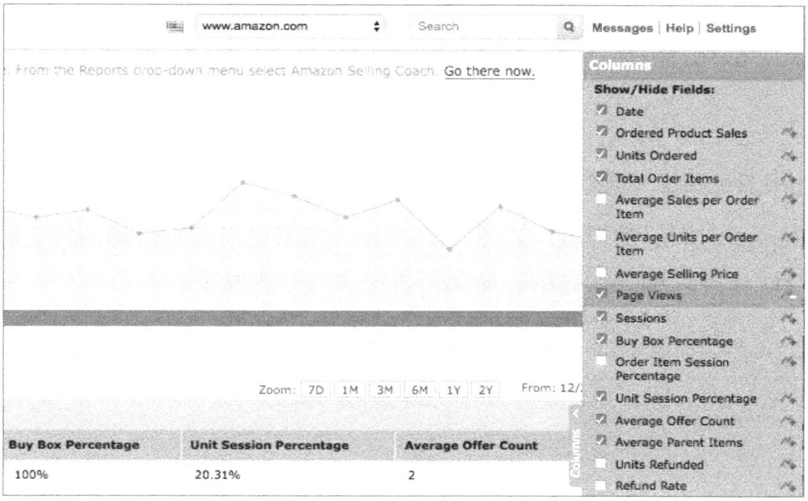

图 4-61

（3）业务报告术语表。业务报告中的专业术语，如 Page Views、Buy Box Precentage、Orders、Sessions 等，分别代表流量、购物车占比、订单及访客数据等含义，这些术语都是店铺报告中的重要指标。

更多的业务报告专业术语，大家可以在亚马逊卖家店铺后台的帮助功能栏中进行查找和了解，本书不再赘述。

4．Amazon Fulfillment Reports（亚马逊的 FBA 报告）

Amazon Fulfillment Reports，即亚马逊的 FBA 报告，如图 4-62 所示，FBA 详尽的库存数据将会在此向卖家呈现，包括库存情况、销售量、FBA 资费明细、买家优惠及订单移除详情。FBA 的具体操作请参考本书第 7 章的相关内容。

图 4-62

5．Return Reports（退款报告）

Return Reports，即退款报告，如图 4-63 所示，卖家可以查看店铺内特定时间段的退货情况，以便于统一整理和数据总结，避免退货情况的再次发生。

图 4-63

6. Tax Document Library（税务报告）

Tax Document Library，即税务报告，如图 4-64 所示，卖家可以在亚马逊平台上生成税务报告，核对缴税信息。对于我国国内的卖家来说，此处暂时不必考虑，但应关注美国的电商税务政策变动。

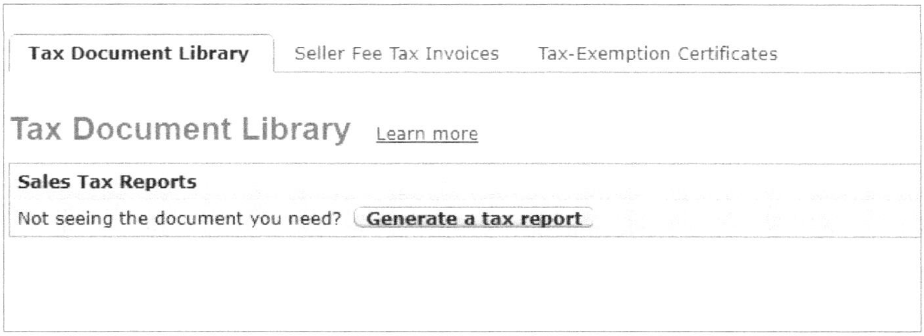

图 4-64

4.2.10 Performance（店铺绩效）

Performance，即店铺绩效，如图 4-65 所示，店铺绩效是亚马逊为了提升平台卖家的产品质量及服务质量而建立的行为约束考核机制，最终目的是更好地为买家提供优质的服务。

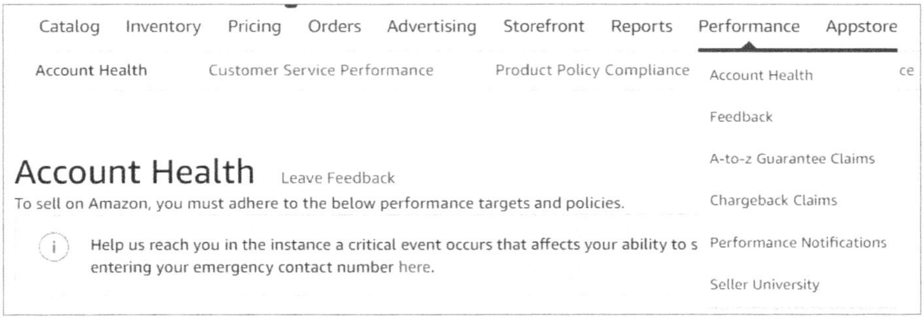

图 4-65

1. Account Health（账号状况）

Account Health，即账号状况，如图 4-66 所示，主要罗列了店铺考核的指标标准。

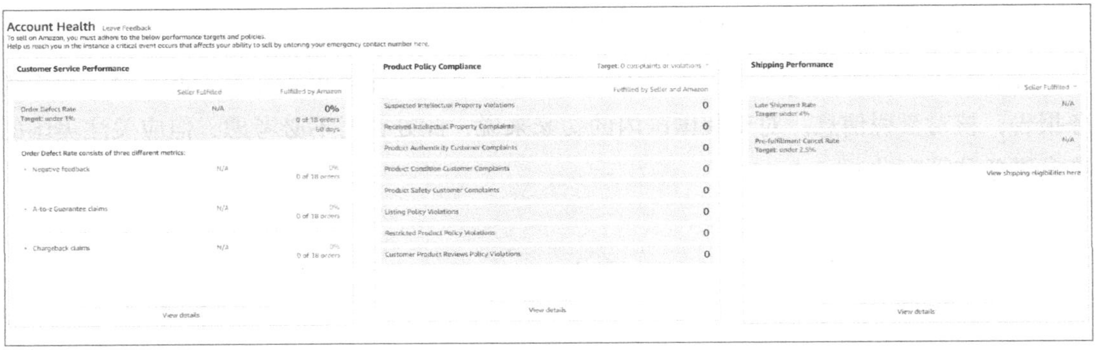

图 4-66

（1）Customer Service Performance，即用户服务绩效，这里包含一个非常重要的指标——Order Defect Rate，即订单缺陷率，按照亚马逊的规则，此项运营目标应低于 1%，同时其涵盖 3 个考核指标。

① Negative Feedback，即负面反馈。

② A-to-Z Guarantee Claims，即商城交易保障索赔。

③ Chargeback Claims，即信用卡拒付索赔。

（2）Product Policy Compliance，即商品政策合规性，如图 4-67 所示，其涵盖了 5 个具体的考核指标。

① Intellectual Property Complaints，即知识产权投诉。

② Product Authenticity Customer Complaints，即商品真实性买家投诉。

③ Product Condition Customer Complaints，即商品状况买家投诉。

④ Product Safety Customer Complaints，即商品安全买家投诉。

⑤ Listing Policy Violations，即商家政策违规。

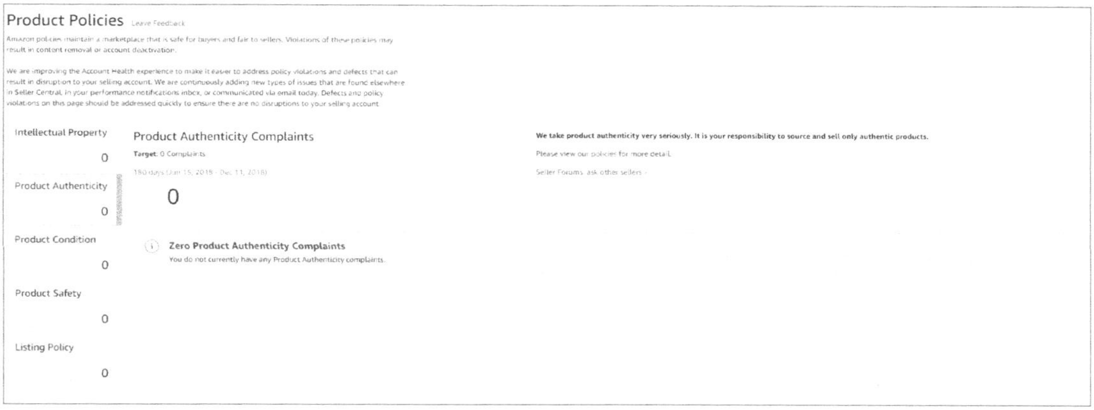

图 4-67

（3）Shipping Performance，即配送绩效，如图 4-68 所示。

图 4-68

配送绩效指标包含以下两个方面的内容。

① Late Shipment Rate，即迟发率，该指标应低于 4%。

② Pre-fulfillment Cancel Rate，即配送前取消率，该指标应低于 2.5%。

配送绩效指标仅针对卖家自发货有效，对亚马逊 FBA 发货则不适用。

2. Feedback（买家反馈）

Feedback，即买家反馈，也就是店铺评分，如图 4-69 所示。

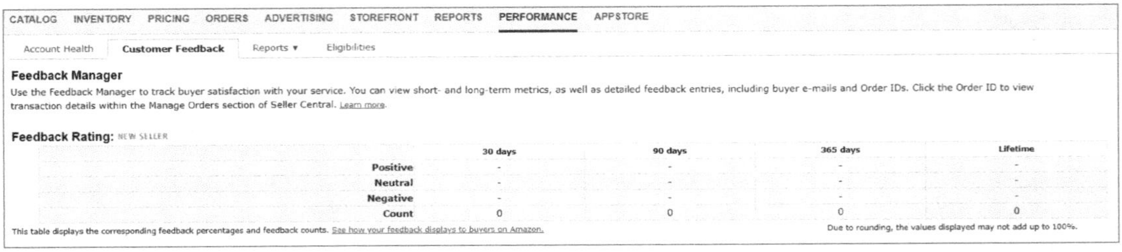

图 4-69

卖家使用反馈管理器可跟踪买家对服务的满意情况，在此操作界面，卖家可以查看短期和长期指标及详细的店铺反馈记录，包括买家的名称和订单编号。单击“订单编号”按钮，可在卖家账号的“订单管理”中查看交易详情。

（1）反馈的重要性。买家只能为每个订单提交一条反馈评论。反馈链接位于亚马逊平台的“Your Account”中的“Order Details”页面中，买家可以在订单确认 3 天后查看。

（2）反馈的评分等级。买家必须使用 5 星评级制来提供反馈，包括正面反馈（5 星或 4 星）、中立反馈（3 星）、负面反馈（2 星或 1 星）。

反馈百分比会四舍五入为最接近的整数，因此卖家的总分有时可能会合计为 99%，而不是 100%。例如，如果卖家获得 1002 条正面反馈、14 条中性反馈和 4 条负面反馈，那么在合计这 1020 条反馈的评级时，各个百分比将分别显示为 98%（由 0.982 四舍五入得出）、1%（由 0.014 四舍五入得出）和 0（由 0.004 四舍五入得出），其总计为 99%。

亚马逊会采用以下方法计算卖家的正面反馈百分比：正面反馈总和 ÷ 所有反馈总和 × 100%。例如，卖家的反馈情况如下所示：

不同的反馈评级：5、4、3、2、1；

每种反馈评级的条数：55、35、5、3、2；

所有正面反馈的总和为：55 + 35 = 90；

所有反馈的总和（1~5 星）为：55 + 35 + 5 + 3 + 2 = 100；

正面反馈百分比为 90 ÷ 100 × 100% = 90%。

亚马逊会按照 30 天、90 天、365 天和账号建立以来的时段范围汇总卖家的反馈。随着每个时段范围反馈的滚动变化，卖家累计的星级评定和正面反馈百分比也会相应地发生变化。有时卖家会认为其反馈被错误移除，其实该反馈只是被转移到了其他时段范围而已。

（3）向买家显示评级。如果在过去 12 个月内，卖家收到的所有买家反馈超过 10 条，买家将在“Offer Listings”页面上看到卖家 12 个月的反馈评级（X %）和自账号建立以来的反馈评级总数（Y 次评级），显示格式：“过去 12 个月 X %好评（共 Y 次评级）”。如果在过去 12 个月内，卖家收到的所有买家反馈少于 10 条，或者所有反馈都是上一年所得，那么买家将在“Offer Listings”页面上看到卖家自账户建立以来的反馈评级和反馈评级总数，显示格式为：“X %好评（共 Y 次评级）”。

（4）了解反馈管理器，反馈管理器包含两个表。

“Feedback Rating”表显示最近 12 个月的反馈评级，以及 30 天、90 天、365 天和自账号建立以来获得反馈的百分比及相应的实际反馈数量。

“Current Feedback”表依照收到反馈的日期排序，显示实际反馈的情况及其关联的订单编号和评级。在此表中，卖家可以执行以下操作：查看反馈详情、公开回复反馈、联系买家、请求移除错误的反馈（取决于具体问题）。

买家需要在确认订单后 90 日内提交反馈，同时可在提交反馈后 60 日内将其移除。如果买家的反馈违反了亚马逊的相关规定，亚马逊就会删除该反馈。

（5）卖家解决或回复买家反馈。如果买家在“买家反馈”中发布了负面反馈，卖家可以单独联系买家解决问题。为买家解决问题后，卖家可以请求买家更新负面反馈或将其移除。

注意：强迫或通过提供物质奖励请求买家移除或修改负面反馈是不允许的，这与国内部分淘宝商家的“好评返现”行为一样，都属于违规行为。

卖家联系买家处理负面反馈，应按照以下操作执行。

第一步，在“Orders”菜单下选择“Manage Orders”选项。

第二步，找到提交负面反馈的买家所下的订单。

第三步，在“Order Details”栏中，选择买家名称。

第四步，在“Contact Customer”页面执行以下操作：首先从“Subject”下拉菜单中，选择一个主题（如“Feedback Request”）；接着在“Message”区域，输入信息内容；最后使用“Add attachment”工具附上收据、证明文件等。

第五步，单击“Send E-mail”按钮将消息发送给买家。

注意：自最初发布反馈之日起，买家可以在 60 日内随时移除其针对卖家交易提供的反馈。

（6）回复买家反馈。对于不肯移除或修改负面反馈的买家，卖家可以在亚马逊网站上发布回复，但应注意以下几点。

① 所有的回复都会在网站上公开，卖家不要将此作为与买家沟通的方式。

② 在发布回复的内容中，卖家可以说明采取了哪些措施解决问题，回复不会更改反馈评分，但是其他买家在看到该买家的反馈时同时也可以看到卖家的解释。

③ 卖家回复负面反馈时，语言应简洁专业，即使买家评论语气不善，也不要以相似的语气和买家争论，否则会适得其反，为卖家带来不良影响。

卖家回复买家反馈，具体的操作步骤如下所述。

第一步，在卖家后台中，在“Performance”标题下单击“Feedback”按钮，找到并选择要回复的反馈对应的“Order ID”。

第二步，在“Manage Feedback”部分单击“Respond to Feedback”按钮，并输入回复内容。

第三步，单击“Submit”按钮提交即可。

卖家提交回复后，无法再对其进行编辑，但可将其移除。移除回复后，卖家则无法再次提交回复。此外，如果买家移除或修改买家反馈，卖家的回复也将被一并移除，此时卖家可提交新的回复。

卖家若要移除回复，应按以下操作执行。

第一步，在卖家后台中，在“Feedback”标题下单击“Performance”按钮，然后单击包含卖家回复的反馈对应的“Order ID”按钮。

第二步，找到要移除的评论，然后单击“Request Removal”按钮。

第三步，单击“Request Removal”按钮进行确认，或单击“Cancel”按钮取消请求。

3. A-to-Z Guarantee Claims（商城交易保障索赔）

A-to-Z Guarantee Claims，即商城交易保障索赔，如图 4-70 所示，亚马逊商城交易保障可为亚马逊平台的买家提供权益保护。买家保障涵盖卖家所售商品的及时配送及产品自身的状况。如果买家对这两方面不满意，其可以通过自助平台或致电客户服务人员向亚马逊反映问题。此时，亚马逊允许买家根据商城交易保障页面上列出的指南提出索赔。

图 4-70

卖家可以在“Performance”菜单下的商城交易保障索赔页面管理所有索赔，如图 4-71 所示。

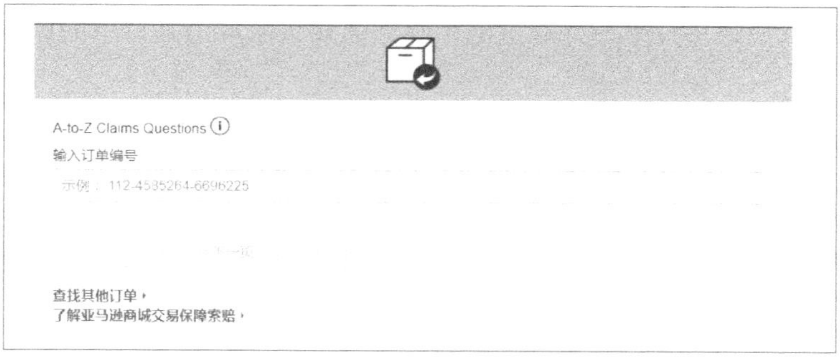

图 4-71

（1）卖家若对索赔提出异议，可按以下操作执行。

第一步，从“Performance”菜单中，选择“A-to-Z Guarantee Claims”选项。

第二步，在“Action Required”选项卡（默认处于打开状态）中，选择“Represent to Amazon”选项。

第三步，在文本框中输入陈述详情，并尽量包含可以帮助卖家更好了解情况的信息。

第四步，单击“Submit”按钮提交即可。

核实索赔的时间约为一周。

（2）为避免索赔的发生，卖家应注意以下几点。

① 配送服务。

卖家需要提供有效运单号，这既可以为货件提供追踪信息，又可以为买家带来良好的购物体验，因为买家可自行查看其货件的状态。未提供追踪信息不仅会影响卖家的有效追踪率，而且会降低卖家赢得索赔的概率。

卖家需要在后台按时确认发货。在预计发货日期前确认订单发货十分重要，这样买家可自行查看其货件的状态。未按时发货不仅会影响卖家的迟发率，而且同样会降低卖家赢得索赔的概率。

② 商品质量。

卖家应准确地描述商品，并提供清晰的图片，这样会消除买家对商品的不恰当的期望。卖家的商品必须与相应的 ASIN 匹配，并且卖家应标注清楚商品的状态。

卖家应及时取消缺货订单，并通过电子邮件通知买家取消其订单的原因，以免买家等待商品送达。

③ 优质服务。

卖家应在 24 小时内回复买家的咨询，以确保买家获得良好的购物体验。如果买家请求退货，卖家应指导买家提交退货请求。卖家未在 24 小时内回复，不仅会影响卖家的延迟回复率，还会增加买家提出索赔的概率。

卖家应主动为买家退款。如果买家请求退款，请立即退款，以避免买家提出索赔。

4．Chargeback Claims（信用卡拒付）

Chargeback Claims，即信用卡拒付，如图 4-72 所示，当持卡人针对其在亚马逊所下订单的费用联系银行并提出争议时，会出现信用卡拒付（又称费用争议）的情况。提出信用卡拒付的原因多种多样，如未收到订购的商品、未经授权使用信用卡等。

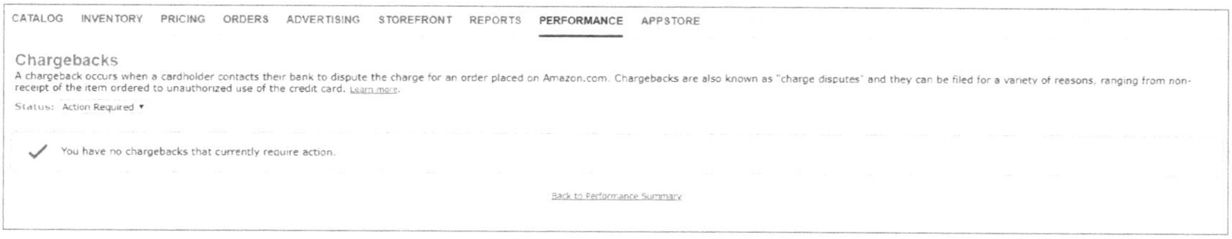

图 4-72

（1）信用卡拒付的解决方案。

由于服务等相关原因而针对卖家账号提出的信用卡拒付，需要卖家来处理。例如，买家未收到商品。亚马逊则负责处理任何与付款相关的欺诈性信用卡拒付。例如，盗取信用卡或其他付款欺诈企图。

（2）为避免信用卡拒付索赔，卖家应注意以下几点。

① 卖家应使用亚马逊官方提供的配送地址。如果卖家将订单商品发送至其他配送地址而导致出现争议，卖家需要自行承担责任。

② 卖家应使用提供有效追踪编码的配送方式。

③ 针对高价商品卖家应使用送达确认（需要签字）。

④ 卖家应记录订单的发货日期、所使用的配送方式及订单确认日期过后至少 6 个月内的任何可用追踪信息。

（3）如何应对信用卡拒付索赔。

当买家联系其信用卡公司请求信用卡拒付时，信用卡公司将联系亚马逊请求获取关于交易的详情。亚马逊将转而通过电子邮件联系卖家获取交易信息。

卖家可以通过以下两种方式之一对信用卡拒付索赔做出回应。

① 卖家可立即发起退款。

② 卖家可通过亚马逊向信用卡公司反映自身的情况。

注意：卖家必须在收到亚马逊电子邮件之日起 7 日内对任何信用卡拒付索赔做出回应。否则，亚马逊可能会从卖家的账号中扣除交易金额。此外，卖家还需要在请求中指定的时间期限内回复任何其他信息请求。

卖家若反映具体的情况，应按照官方的要求执行，具体操作如下所述。

第一步，在“Performance”菜单中选择“Chargeback Claims”选项。

第二步，单击“Represent your case”按钮。

注意：卖家还可以通过回复信用卡拒付电子邮件并附上所要求的信息来反映情况。

第三步，参阅“Review the Chargeback and Order Details”部分。

第四步，填写“Represent your case”部分。提供配送日期、所使用的配送方式及任何追踪信息。如果买家声称其收到的商品与在亚马逊平台看到的商品存在重大差异，此时卖家需要提供有关该商品的信息。卖家回复亚马逊的通知时，可将同买家的所有往来信件一同附上。

第五步，单击“Continue”按钮提交反馈。

亚马逊调查员会审查卖家提供的信息，创建支持文件（“申诉书”）并以卖家的名义将文件提交至发卡行。

最长可能需要 90 日（自向发卡行陈述对信用卡拒付的观点之日起）才能获得最终结果，极少数情况下可能需要更长时间。仅当卖家对信用卡拒付负有经济责任时，亚马逊才会通过电子邮件通知结果，并在电子邮件中说明具体原因。一般发卡行的决定为最终决定，并且卖家无权再就该决定提出申诉。

5. Performance Notifications（绩效通知）

Performance Notifications，即绩效通知，如图 4-73 所示，出现在这个版块里的信息多半是影响账号状况和销售能力的重要提醒。关于账号状况的任何疑问，卖家直接回复对应的官方通知即可。

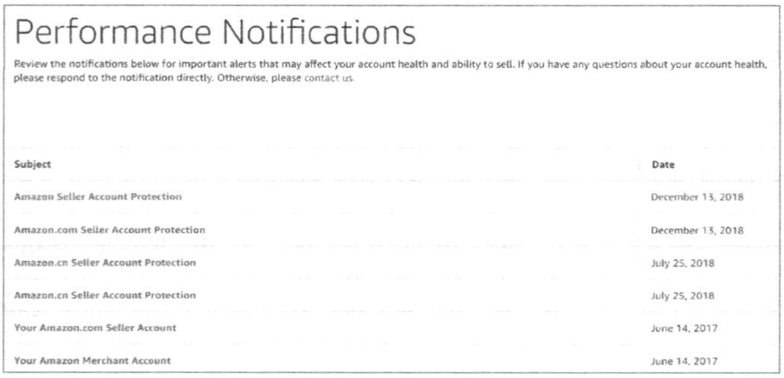

图 4-73

6．Seller University（卖家大学）

Seller University，即卖家大学，如图 4-74 所示，这是亚马逊官方为平台卖家提供的一个入门指导，便于卖家学习，其中包括一些官方的规则手册等。

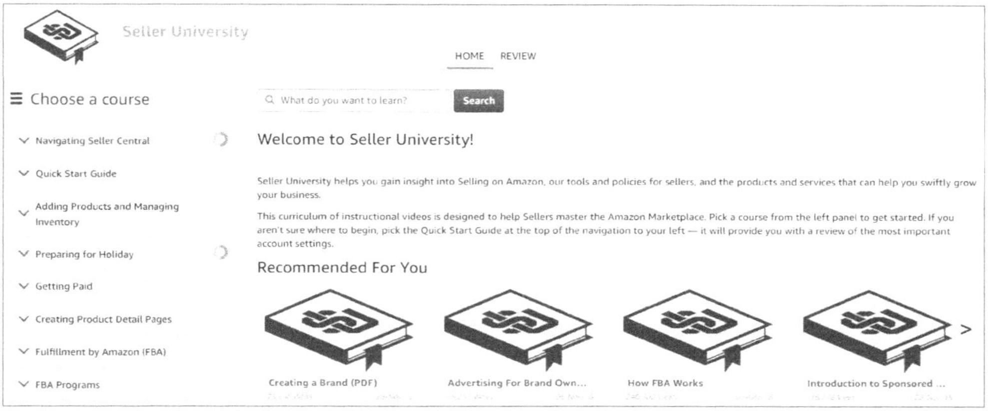

图 4-74

4.2.11　Appstore（店铺应用管理）

Appstore，即店铺应用管理，如图 4-75 所示。卖家可以选择并使用亚马逊或者第三方提供的相关店铺管理工具。

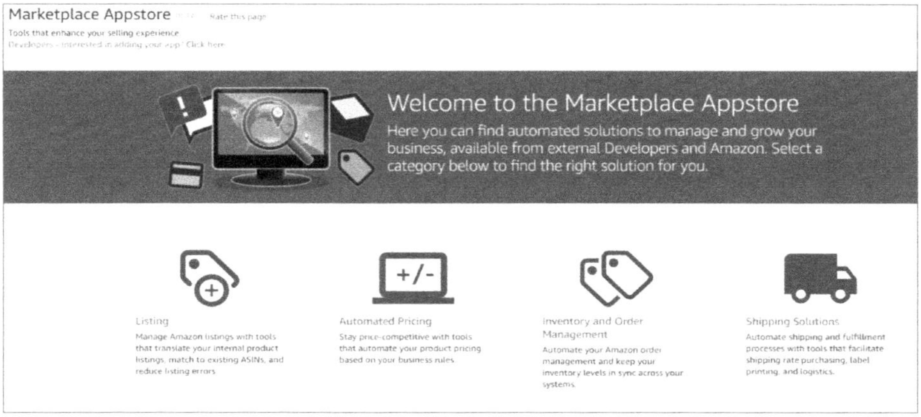

图 4-75

同时，如果卖家有技术研发的能力，也可以作为开发人员在店铺中添加自行研发的工具，如图 4-76 所示。

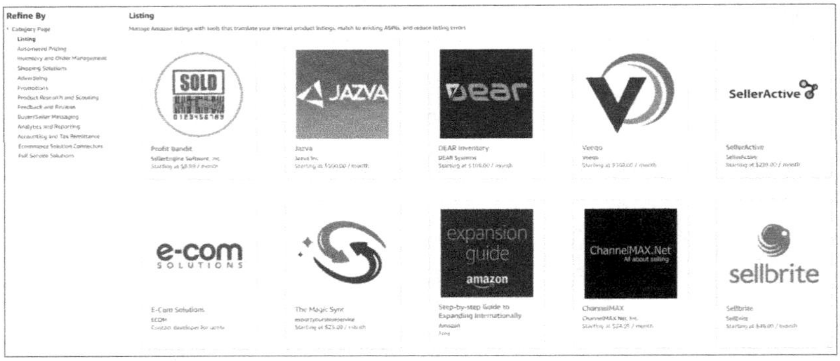

图 4-76

4.3 账号基本信息操作

4.3.1 Account Info（账号信息）

Account Info，即账号信息，如图 4-77 所示。选择“Account Info”选项进入操作界面，卖家可以在这个工作区进行各种店铺账号基础信息的设置和修改，如图 4-78 所示。

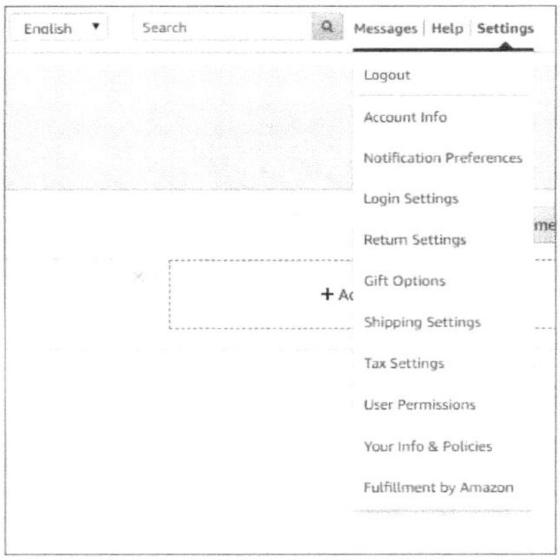

图 4-77

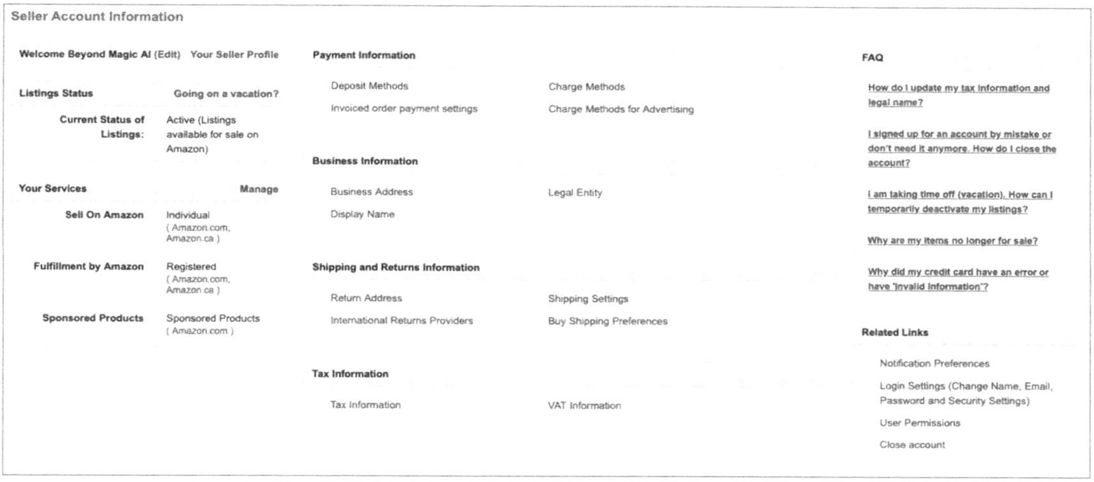

图 4-78

店铺信息的整体界面可分为如下几个板块。

1. Seller Information（店铺信息）

Seller Information，即店铺信息，卖家可以对店铺展示信息进行修改，不同的站点应分开进行编辑，如图 4-79 所示。店铺信息的内容包括 Display Name（店铺名称）、Storefront Link（店铺链接）、E-mail（客服邮箱）、Phone（客服电话）。

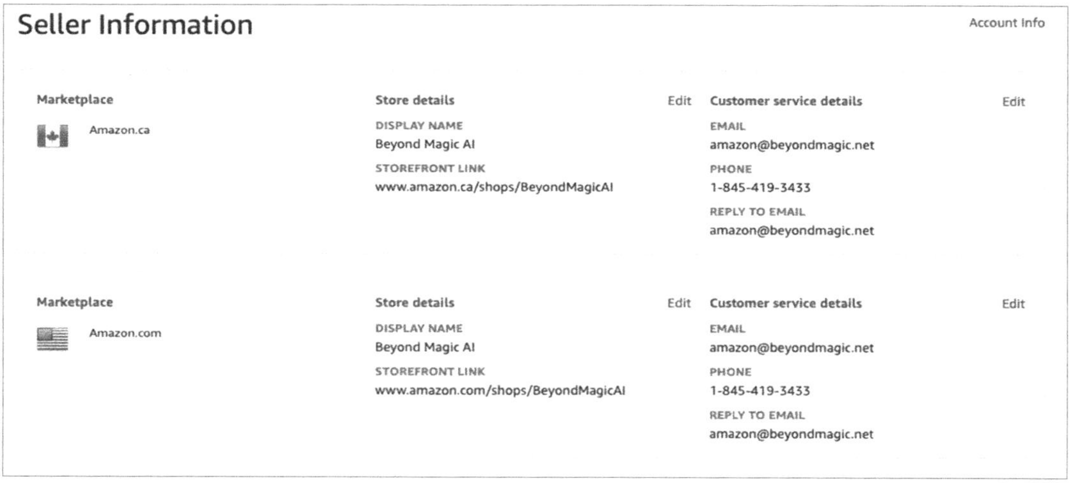

图 4-79

2. Listing Status（销售状态）

Listing Status，此处显示店铺 Listing 的销售状态，默认为“ACTIVE”。如果是“INACTIVE”，则代表店铺失去了销售权限，此时卖家需要联系客服人员以恢复权限。

3. My Services（卖家服务）

My Services，即卖家服务，卖家进入卖家服务的管理界面后，可看到店铺的销售计划，也可以在这里进行个人卖家销售计划和专业卖家销售计划的升降级管理，同时也可以进行 FBA、CPC 广告、B2B 市场的服务申请，如图 4-80 所示。

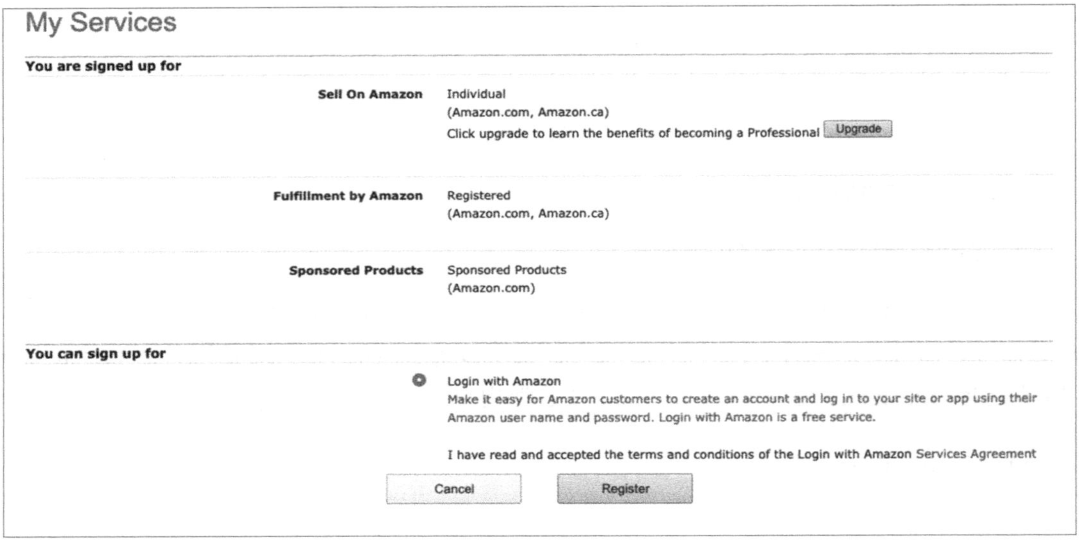

图 4-80

4. Payment Information（支付信息）

Payment Information，即支付信息，店铺相关的收付款设置都在此处进行，主要包括如下几个工具。

（1）Deposit Methods，即店铺收款信息。店铺收款信息在前期店铺注册的时候就已经填写完毕，此处可做修改，但建议大家不要轻易进行修改，只定期核对账号的收款情况即可。

（2）Charge Methods，即信用卡信息，用来扣月租金和其他站内相关的推广费用，如亚马逊的站内广告费用。

（3）Invoiced Orde Payment Settings，即店铺内订单的收款时效设置。默认收款时效为订单产生的 7 日内；另一种收款时效是发货后立即收款，时效较快，但亚马逊要扣除 1.5% 的手续费。卖家可以酌情选择适合自己的收款方式，如图 4-81 所示。

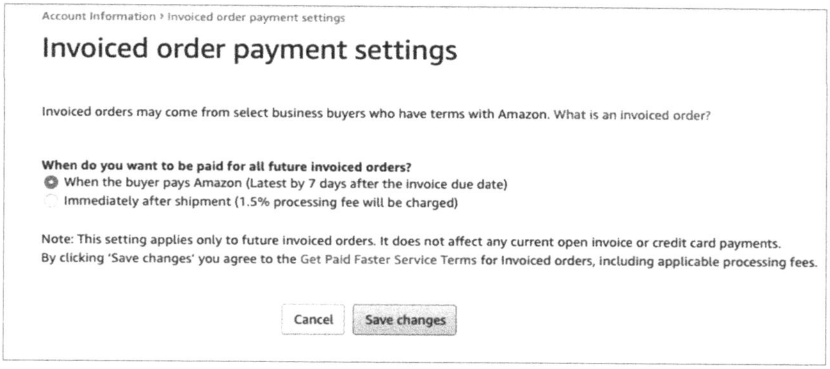

图 4-81

（4）Advertising Payment Method，即广告费用的支付方式，默认为从卖家亚马逊店铺的账款中扣除，卖家也可以选择直接从信用卡中扣除，如图 4-82 所示。

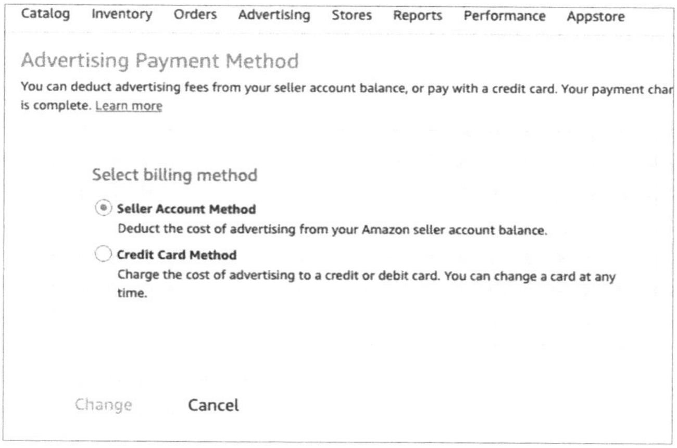

图 4-82

5. Business Information（店铺信息）

Business Information，即店铺信息的修改，包括名称等，其与 Seller Information 栏目里的设置相同，此处不再赘述。

6. Shipping and Returns Information（配送信息）

Shipping and Returns Information，即配送信息，此处可进行配送及退换货信息的编辑，具体操作详见本章第 4.3.5 节的相关内容。

7. Tax Information（税务信息）

Tax Information，即税务信息，本书第 3 章中已提到免税申请表的填写，此处不再赘述。

4.3.2 Notification Preferences（通知首选项）

1. Notification Options（通知设置）

Notification Options，即通知设置，卖家可以自定义收到亚马逊发送的邮件提醒信息，如订单提醒、退换货提醒、商品上架提醒、店铺报告等，单击信息通知选项后面对应的“Edit”按钮即可进入信息通知编辑模式，如图 4-83 所示。

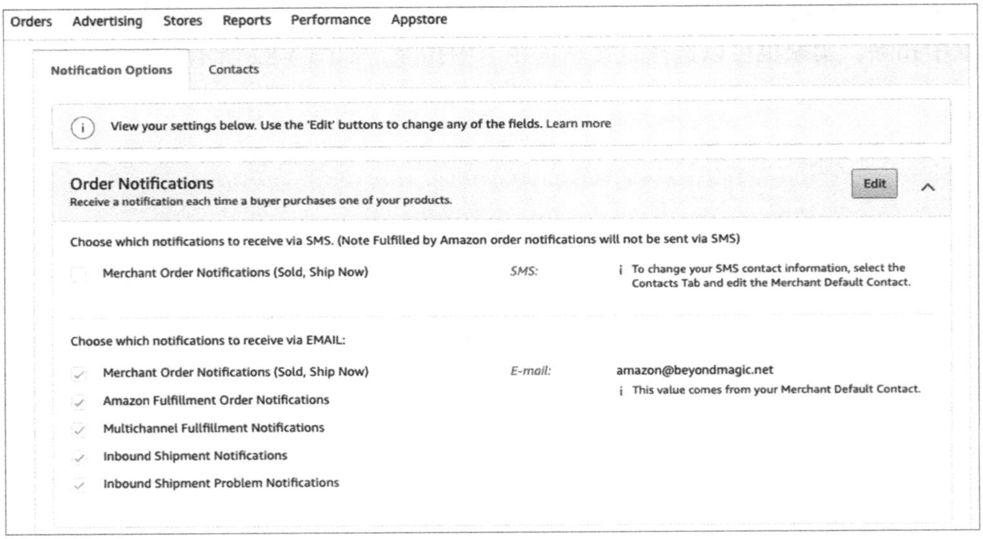

图 4-83

2. Contacts（联系信息）

Contacts，即联系信息，卖家可以对邮箱及电话等联系方式进行修改，如图 4-84 所示。

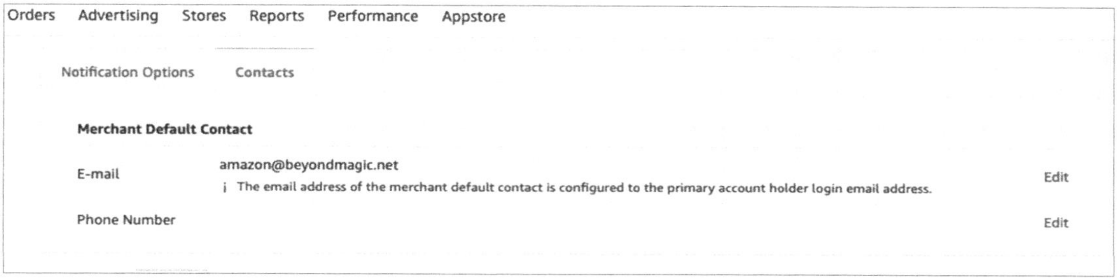

图 4-84

4.3.3　Login Settings（登录设置）

Login Settings，即登录设置，如图 4-85 所示，卖家可以在此对店铺的原始登录信息进行修改，上文提到的“Contacts”的修改也是跳转到此界面中进行的。登录设置包括姓名、邮箱、密码及二次登录验证的手机号码绑定等。

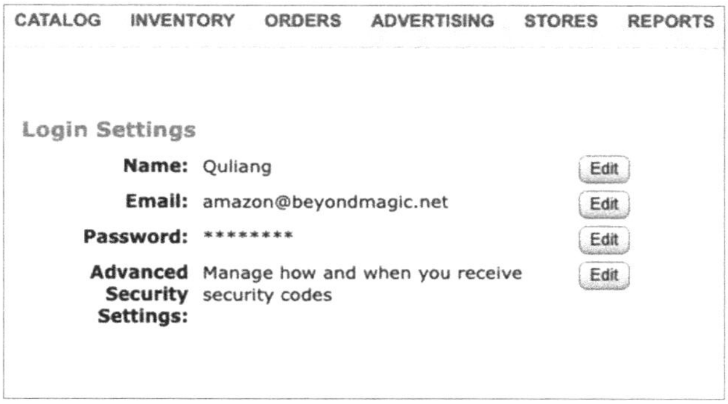

图 4-85

4.3.4　Returns Settings（退货设置）

Returns Settings，即退货设置，如图 4-86 所示，卖家可以设置退换货的规则，如果卖家的产品是 FBA 发货，按照亚马逊 2019 年的新政策，退换货的操作可以由亚马逊按照规则全权受理，这样可以节省卖家更多的时间。

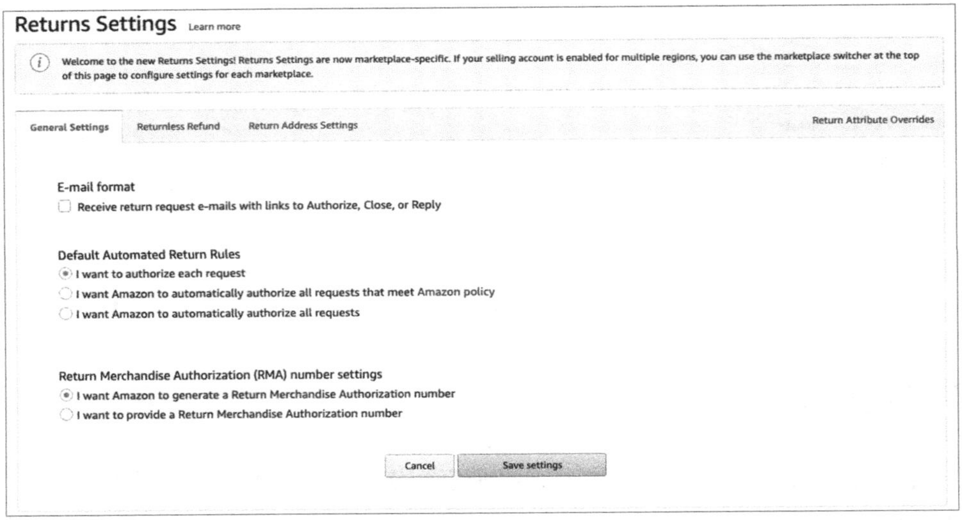

图 4-86

4.3.5 Shipping Settings（配送设置）

Shipping Settings，即配送设置，在运费设置界面，单击“Create New Shipping Template”按钮可创建新的运费模板，如图 4-87 所示。

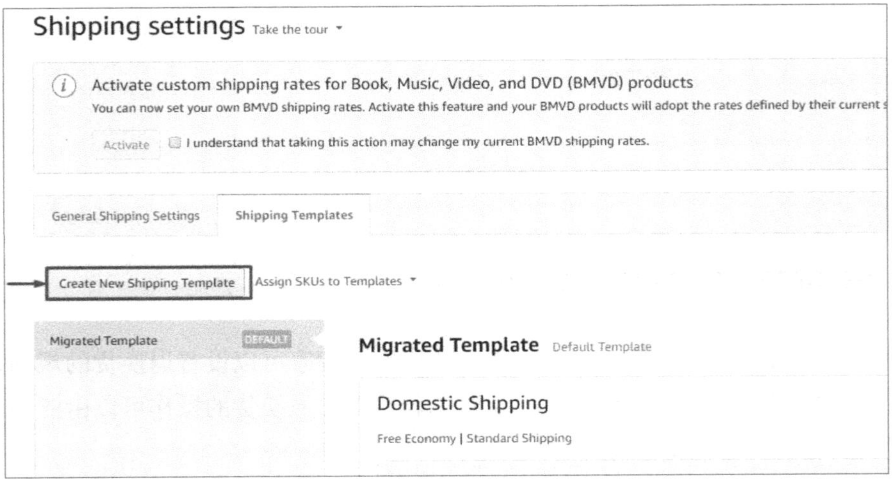

图 4-87

在运费模板中，卖家需要设置几个选项，如图 4-88 所示。

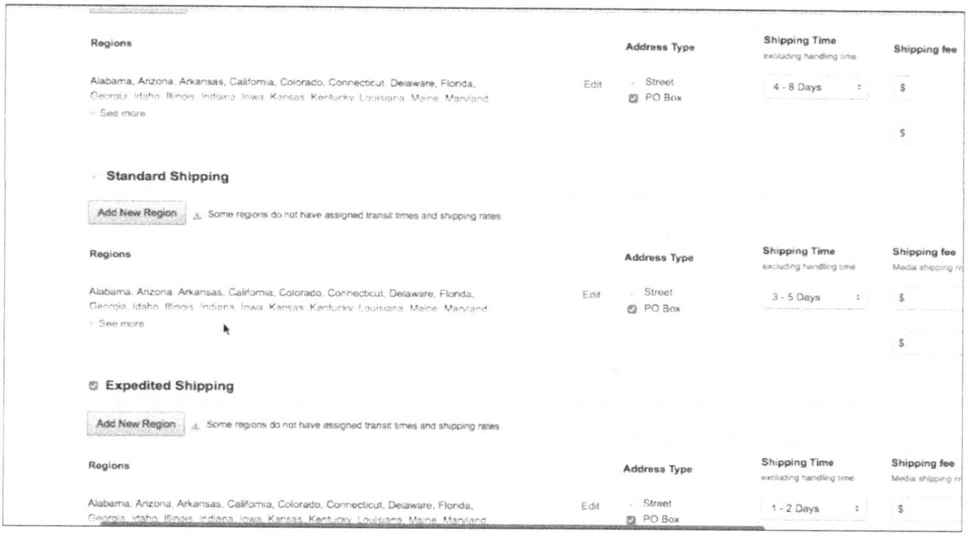

图 4-88

（1）可配送的区域：在亚马逊美国站，默认可配送至美国境内的任意有效地址，国际地址的配送需按卖家的实际可操作情况进行选择。

（2）可配送方式：自发货，从我国境内发货至美国，一般选择标准配送“Standard Shipping”；其他如次日达、快递方式、2 日达等不需要选择。

（3）可配送时间：默认为 12~28 天，此为配送时间，货物处理的时间一般为 2~3 天。

（4）运费价格：可根据卖家的实际情况填写，一般按照订单或者重量进行计算，类似于快递中的“首重+续重”的模式。

注意： 这里设置的运费时效仅对自发货产品订单生效，与 FBA 仓库中的产品订单没有关系。

4.3.6　User Permissions（用户权限）

User Permissions，即用户权限，如图 4-89 所示。在此页面，卖家可以添加店铺子账号以帮助主账号进行店铺的管理，主账号可以为子账号设置店铺的操作权限。对于团队或者公司而言，多人维护店铺将更加便利。

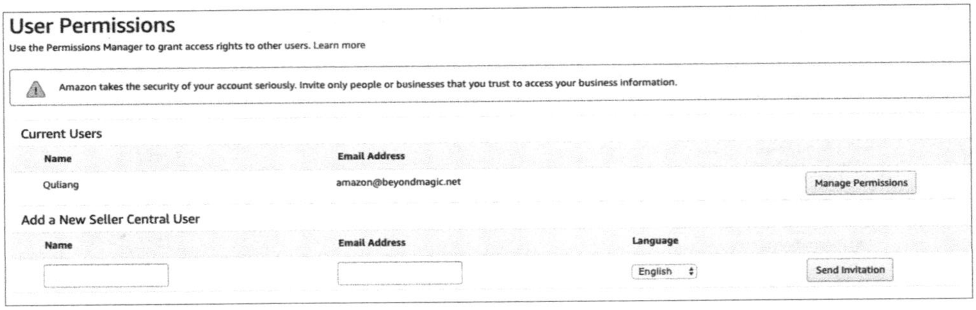

图 4-89

4.3.7 Info & Policies（信息和政策）

1. About Seller（卖家简介）

About Seller，即卖家简介，如图 4-90 所示，卖家可以向买家介绍公司的业务及品牌。例如，卖家可以介绍自己是如何开始创业的、自己店铺的理念是什么等。

注意：此处不得出现任何 URL（网址）的信息，也不得在任何部分加入卖家独立的网站链接，禁止一切企图将消费者导向亚马逊站外的行为。

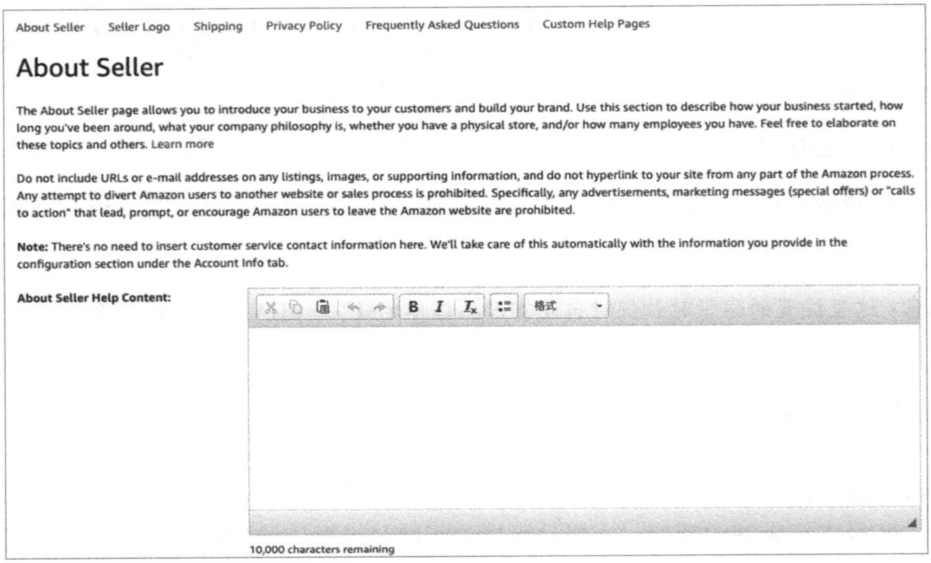

图 4-90

2. Seller Logo（品牌图标）

Seller Logo 即品牌图标，如图 4-91 所示，卖家可以上传自己产品专属的品牌图标，图标尺寸为 120px × 30px。

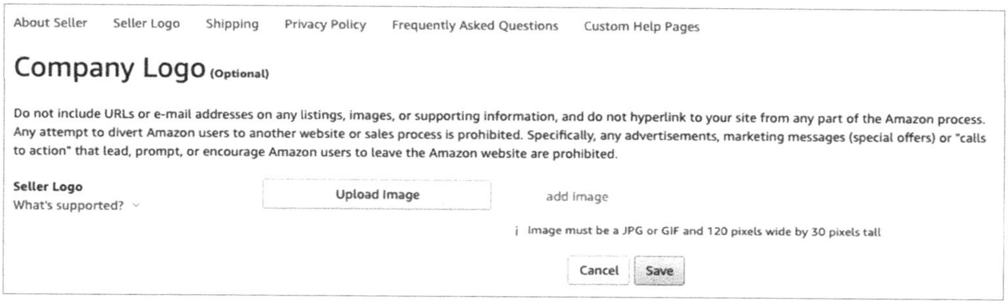

图 4-91

3. Shipping（配送说明）

Shipping，即配送说明，如图 4-92 所示，卖家可以编辑有关配送及运费的相关规则和内容，提前告知可为消费者提供的配送服务，以避免在订单配送过程中出现纰漏，引起买家不满。

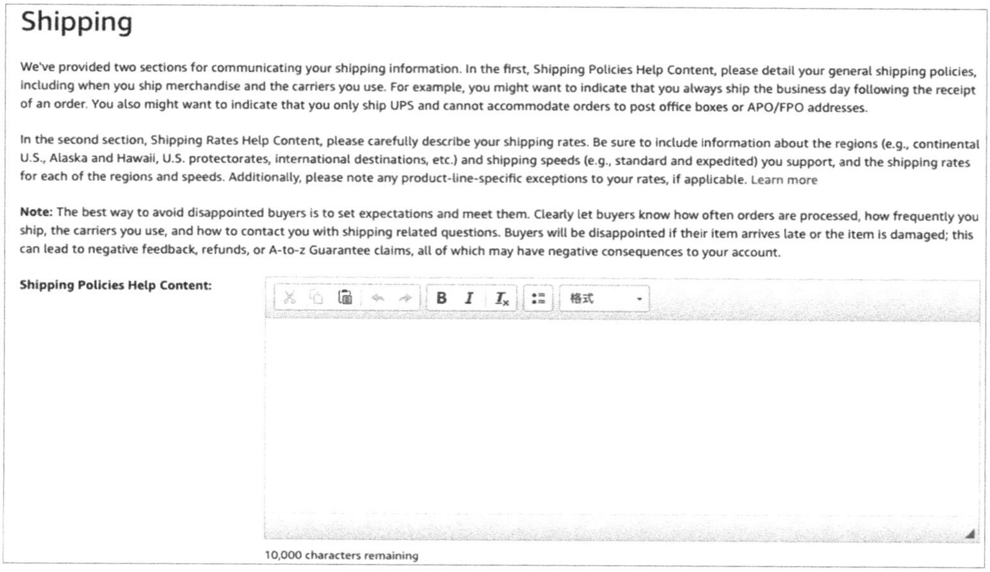

图 4-92

4. Privacy Policy（店铺的政策条款）

Privacy Policy，即店铺的政策条款，卖家可以再次编辑店铺的政策条款，但其内容不得违反亚马逊网站官方的相关规定，如图 4-93 所示。

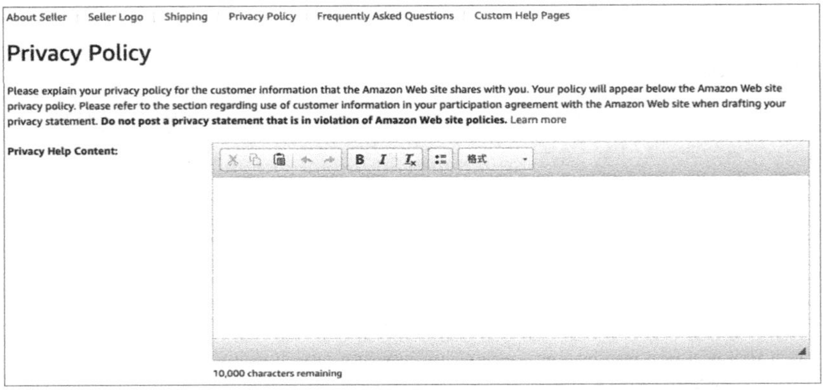

图 4-93

5. Frequently Asked Questions（店铺常见问题解答）

Frequently Asked Questions，即店铺常见问题解答，如图 4-94 所示，买家经常会问一些简单的问题，卖家可在此页面中编辑常见问题解答，统一展示给消费者，以节省在用户维护上所花费的时间。

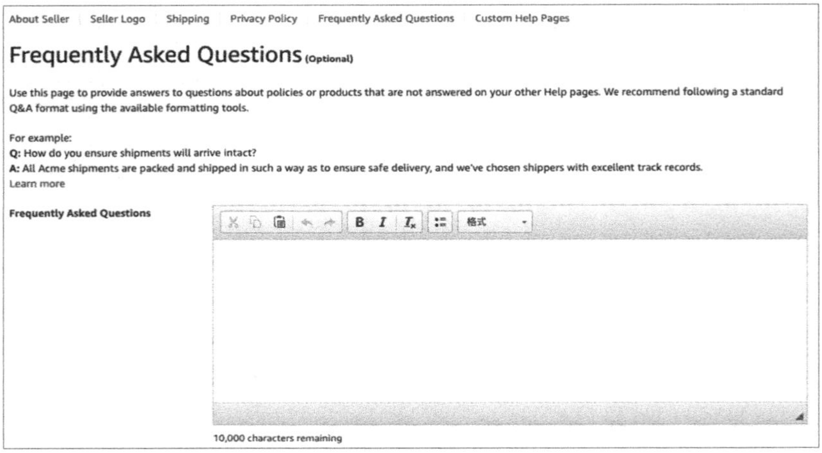

图 4-94

6. Custom Help Pages（用户帮助页面）

Custom Help Pages，即用户帮助页面，如图 4-95 所示，在此页面中，卖家可以自定义一个帮助页面以帮助买家解决订单等问题，例如可以再次附上退换货的说明、标签等。

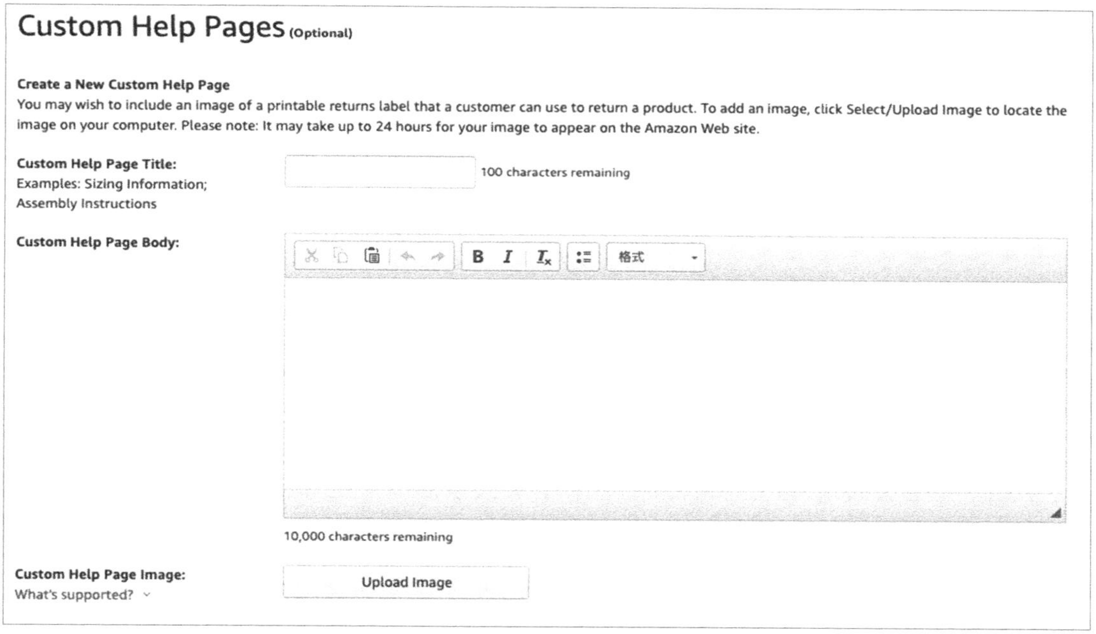

图 4-95

4.3.8 Fulfillment by Amazon（亚马逊物流）

Fulfillment by Amazon，即亚马逊物流，如图 4-96 所示，此页面为亚马逊物流选项设置入口，卖家可以提前设置 FBA 物流的默认选项，如产品包装贴标方设置、不可售商品自动移除设置、亚马逊物流商品条码首选项设置等。

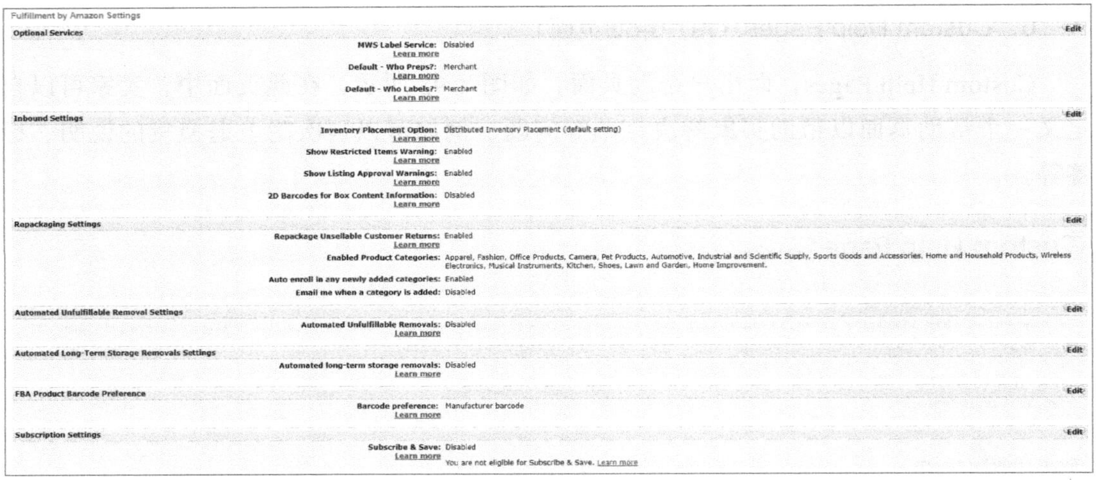

图 4-96

4.4 Help（官方帮助入口）

Help，即官方帮助入口，如图 4-97 所示，在搜索框中，直接输入要查找的问题，系统会从数据库中检索出相关问题供卖家参考。如果没有列出满意的答案，卖家可以单击“Contact Us”按钮直接向亚马逊客服人员提问，如图 4-98 所示。

卖家可以在正文提出问题，也可以附上相关的图片，邮箱默认为卖家的店铺注册账号，同时留下联系电话，将邮件发送给亚马逊客服人员即可。一般 24 小时内就会收到回复，卖家应注意查收邮件。

以上就是亚马逊店铺后台工作区的操作介绍，功能看起来很多，其实在平时店铺运营的过程中只有几个功能是比较常用的，熟能生巧，大家多多操作练习即可。

fba fee
Back
Rate this experience
Tools
Manage FBA Inventory
View and update your FBA product information, pricing information, inventory, availability, and other details about your FBA products.
Manage Returns
Manage return requests for inventory you fulfill yourself. For FBA, see FBA customer returns report
Search Results
Include forum answers
FBA features, services, and fees
FBA features As part of Fulfillment by Amazon (FBA), you have access to optional features and services to help you manage and grow your business. FBA fees cover the cost of storing ...
FBA Fulfillment Fees
On this page, you can select fulfillment fees for products you sell on Amazon or on other marketplaces using Multi-Channel Fulfillment. Fulfillment Fees for Orders on Amazon Learn how
FBA Label Service Fee
On this page you will learn how FBA's Label Service is charged and where to get information about enabling and disabling it for your eligible shipments. A fee of $0.20 is charged ...
FBA long-term storage fees
Note: Effective February 22, 2018, FBA fees have changed. For a complete list of changes, go to
Forums
Contact Us
Case Log

图 4-97

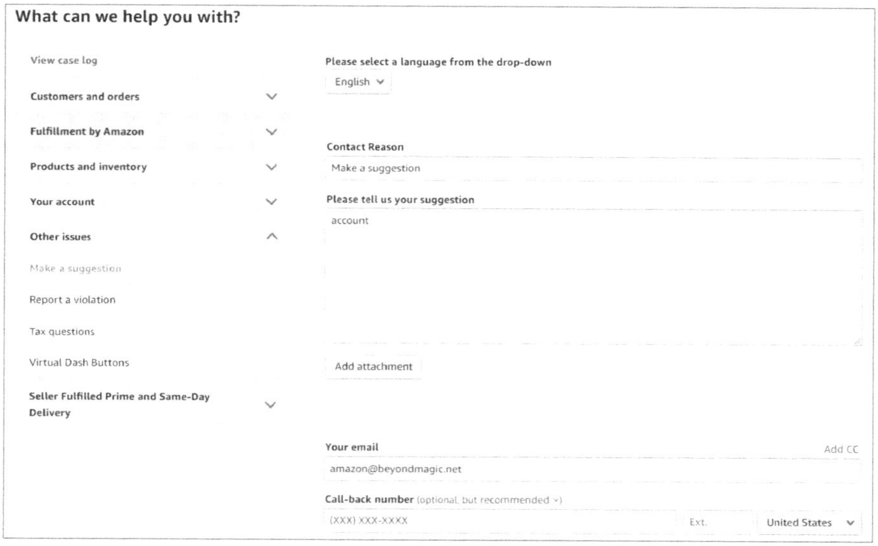
What can we help you with?
View case log
Customers and orders
Fulfillment by Amazon
Products and inventory
Your account
Other issues
Make a suggestion
Report a violation
Tax questions
Virtual Dash Buttons
Seller Fulfilled Prime and Same-Day Delivery
Please select a language from the drop-down
English
Contact Reason
Make a suggestion
Please tell us your suggestion
account
Add attachment
Your email
Add CC
amazon@beyondmagic.net
Call-back number (optional, but recommended)
(XXX) XXX-XXXX
Ext.
United States

图 4-98

第 5 章

产品为王——亚马逊选品策略

5.1　亚马逊的选品误区

对于中小卖家来讲，尤其是没有货源的新手卖家，到底卖什么产品应是大家首要解决的问题。圈子里流传这样一句话“7 分靠产品，3 分靠运营”，虽然这句话有点夸张，但足以看出选品的重要性，也应了那句老话“选择比努力更重要”，方向错了，再多努力也只会适得其反。下文将详细介绍经常用到的、错误的选品方式。

5.1.1　朋友的产品卖得好，也跟着一起卖

有一部分卖家自己是没有货源的，但在工作、生活中会积累一些人脉资源，于是在亚马逊开设店铺的时候，会优先考虑和利用自己身边的资源，这是一种选品的方向。这种选品方式通过人脉资源省去选品过程中所需要的建立信任的时间。但是大家应注意，别人的产品并不一定就适合在亚马逊上售卖，或者说不一定适合自己售卖。

例如，有人因为有做珠宝生意的朋友，拿货具有优势，所以想在亚马逊平台上卖珠宝产品，但亚马逊的分类审核规则已明确规定——珠宝暂时不对新手卖家开放，门槛要求也在逐年提高，包括开店时长、线下店铺经营经验、年度销售额、是否有品牌等方面的要求。

再如，在有“电子产品集散地”之称的深圳，有从事电子半成品的线下卖家想转型做亚马逊，众所周知，亚马逊的电商基础是 B2C，尽管现在已经开始整合和开展 B2B 的业务，但 B2C 仍是其主要推行的业务。因此，目前在亚马逊平台做半成品的销售并不是一个很好的时机，当然，如果卖家只是想做一下品牌的宣传和提升也是没问题的。

5.1.2　盲目跟风热卖，导致侵权

一个产品在平台上的销量高，给人的第一印象就是产品卖得好。尽管亚马逊没有销量数据，但分类畅销榜单的数据是完全开放的，大家可以看到什么产品销量好、上新产品热销数据等，如曾经畅销的卷发棒、指尖陀螺、平衡车、加湿器，还有每年都占据榜单的宠物按摩手套等。有的卖家可能就会盯着指标看，看哪个产品销量高就做哪个，这种方式在

2014年前后是可行的，但现在已不适用了。究其原因：其一，类似热门产品已经处于上升趋势，市场变幻莫测，其很可能将走下坡路；其二，潜在的侵权风险不容忽视，在TOP榜单里的产品多数都已经注册或正在申请专利，如果盲目跟卖，很可能会遭到卖家投诉，甚至会遭到亚马逊直接封店。产品的销量指标可以作为产品市场容量的参考，但不能完全以它为依据，毕竟一个潜力产品要考虑的因素非常多，包括但不限于高需求、低竞争、不违反平台规则，以及产品系列延展性等。

5.1.3 冷门、新品避开了红海，但未必是蓝海

众所周知，我国是制造业大国，是全球很多商品的源头，因此大家就存在这样的困扰：我能想到的产品，别人都开始在卖了。既然红海市场竞争如此激烈，不少卖家就会为了避开竞争刻意选择冷门的新品，即市场上很少或者根本就没人卖的产品。思路是对的，目的是避开竞争，但冷门的不一定就是蓝海的。

（1）冷门产品之所以被称为“冷门”，很可能就是市场容量有限，即使卖家费尽心思，销量可能也是寥寥无几，而且需要考虑产品的刚需特质、高频购买率等指标。

（2）新品开发成本过高。进入21世纪，现代科技迅猛发展，人类的物质生活已经非常丰富，卖家想要开发一款全新的产品需要花费更多的精力或资金，或许才会成功。

（3）市场成本更高。全新的产品意味着市场的空白，这不仅会增加整体推广运营的预算，而且会花费大量的时间让消费者接受并习惯使用新产品。

因此，目前采取的新品开发策略基本上是按照原有产品的微创新或者功能改进这两个方向进行的，这样可以有效地缩减开发周期和市场培育期，进行真正意义上的差异化竞争。

5.1.4 沉迷于销量指标，忽略了产品的季节性及迭代周期

上文提到，产品的销量指标可以为卖家选品提供参考，但切勿将其作为唯一的评判标准，尤其是季节性及本身销售周期较短的产品。季节性的产品，如2018年美国冬天特别冷，羽绒服销量非常好，但卖家在决定进货之前，需要先看看日期——冬天还有多

久，结合自身的备货及推广周期再做进一步分析。笔者有一个项目是做 LED 电子蜡烛的，这款产品是典型的季节性产品，平日的订单为 100~200 单，到第 4 季度的购物季，产品销量就会成倍增长，甚至每日可以达到 700~1000 单，因为蜡烛对于美国站的消费者来讲是刚需产品，尤其是在感恩节、圣诞节等节日里。因此，季节性的产品有以下几个问题需要卖家注意。

（1）季节性产品的竞争时间点比较集中，因此竞争会比较激烈，这就要求卖家应控制好价格、利润、成本，以提高产品销量为前提。

（2）季节性产品的销售周期有限，每年可能只有一个时间段会爆发，如在各种西方的节日较集中的第 4 季度里，产品销量才会增长，这就要求卖家应控制好 FBA 库存，切勿让过多的库存滞销，白白占用流动资金。

相对应季产品，生命周期短的产品也是卖家需要注意的。例如，随着电子技术的不断迭代，无线充电技术开始普及，手机数据线品类将会逐渐退出历史舞台；又如，手机电池技术一旦取得突破，有可能导致整个充电宝品类都会消失。其他品类产品也会或多或少面临类似的风险。因此，行业的整体趋势也是卖家需要多加留意的。

5.1.5 别忘了 ROI

ROI，即投资回报率。对于中小卖家而言，花费大量的时间进行选品就是为了找到一款门槛低、利润高的产品。如果一个产品无论卖多少单，都是以“回本”为目的，那就说明卖家在一开始选品时就出现了失误。

案例 1，如图 5-1 所示，这是一款无线蓝牙卡拉 OK 麦克风，产品的月销售量为 1500 台，每台的成本大约为 5 美元，采购足够 3 个月的销售量，卖家需要采购 4500 台，花费 22 500 美元，麦克风在亚马逊平台上的平均售价为 29 美元，亚马逊收取的佣金为 15%，每单的运费为 4 美元，广告费用暂定为销售价格的 30%。

12 个月以后，卖家的收入为 52.2 万美元，减去各种费用之后，卖家实际有 12.5 万美元的利润，利润率约为 24%。

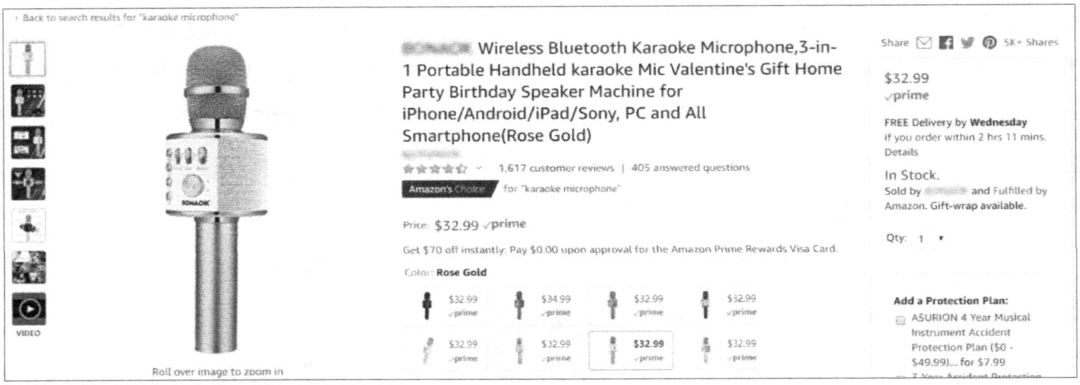

图 5-1

案例 2，如图 5-2 所示，这是一款鞋油，产品月销售量为 190 盒，每盒的成本大约为 1 美元，采购足够 3 个月的销售量，卖家需要采购 570 盒，花费 570 美元，鞋油在亚马逊平台上的平均售价为 9 美元，亚马逊的佣金为 12%，每单的运费为 2 美元，广告费用暂定为销售价格的 30%。

12 个月以后，卖家的收入约为 2 万美元，减去各种费用之后，卖家实际有 0.5 万美元的利润，利润率约为 25%。

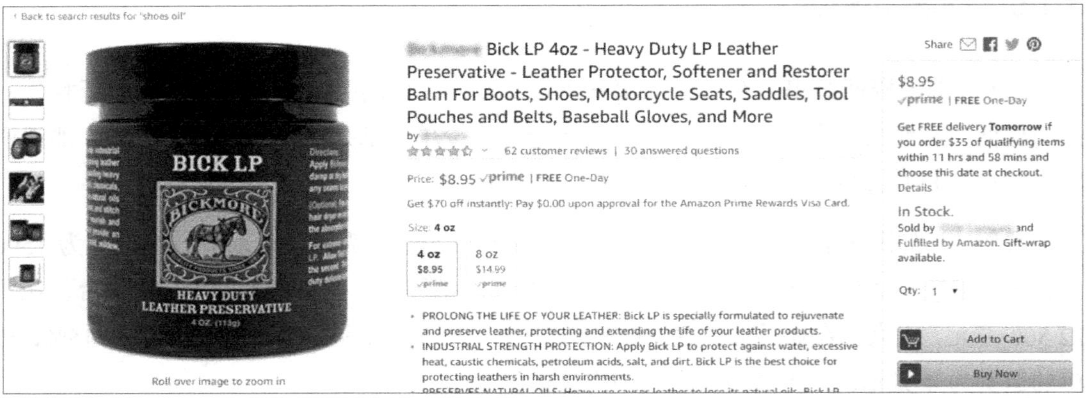

图 5-2

以上就是中小卖家常见的选品误区。接下来笔者就同大家分享一下全新的选品思路。

5.2　亚马逊的选品准则

选品犹如大海捞针，大家应先做好定位。所谓定位就是基础准则，具体包括如下几个方面。

5.2.1　高利润率的产品

目前，国内的电商平台整体的利润率都不高。其原因一方面是竞争太激烈，大部分行业的价格战已经进入白热化，微薄的利润难以支撑产品的质量和服务品质；另一方面是运营成本连续上升。笔者举一个简单的例子，以前某电商平台对店铺的营销推广服务都是整体打包一个价，如 30 元，现在是能拆分的都拆分，单独收钱，打包购买也可以，但价格翻倍。反观亚马逊，其在海外 20 多个国家和地区占有很高的电商市场份额，平台本身对价格战和恶意竞争是相当抵触的。因此，大家不要心存侥幸在亚马逊平台搞价格战，在保证产品利润的前提下，应不断提升产品品牌和服务质量，只有这样才能留住更多的用户。

有人可能会问，有多少利润才算是高利润率？一般平均利润率为 40%，这就算是比较基础的门槛了。当然，具体到品类、产品不一样，利润差距也会比较大。例如，珠宝首饰、金银钻石类产品的利润率较高，但不是所有人都能做的。

5.2.2　符合平台规则的产品

亚马逊平台有其基本规则——分类审核规则，即并不是所有的产品都可以上架亚马逊售卖。亚马逊对几十种产品都设有门槛。

1．奢侈品

奢侈品一般比较昂贵，而且鉴定的流程比较复杂、保养费用比较高，一旦发生纠纷，为亚马逊口碑带来的影响将会超过其他商品的影响。因此，奢侈品上架售卖的资质审核是比较严格的，其类目包括手表、艺术品、珠宝首饰等。

2．危险品

亚马逊作为全球知名的电商平台，为保护自身的品牌和购买者的权益，凡是有可能对消费者造成伤害的产品都被其归类到禁止销售的列表中。这些产品包括化妆品、食品，甚至包括小孩子的玩具和游戏道具等，尤其是使用了亚马逊 FBA 仓库的卖家，其产品入库的前提一定是经过了危险品登记核查。笔者有一个学员是卖刀具的，刀具在亚马逊上是可以售卖的，但是其售卖也是有地域限制的，在美国有一些州的法律规定不允许在网上购买此类商品。因此，这还要结合不同国家和地区的法律进行判定。

3. 收藏类商品

这个种类的产品对卖家的资质要求比较高，只允许专业人士从事。这类产品有着很高的质量保证要求，其中的代表产品如纪念币、艺术品等，如果这类产品被投诉"INAUTHENTIC"（虚假产品），后果是相当严重的。

以上是比较典型的几个受限的产品分类，更详尽的信息大家可以参考亚马逊后台的分类审核表，里面罗列了不同品类产品如何解除限制的相应规定。

5.2.3 重量小、不易碎、功能简单的产品

这项准则主要是基于跨境电商的物流环节，众所周知，物流的费用都是按照重量或者体积进行计算的。如果用亚马逊的 FBA，主要涉及两部分的费用，即头程的入库物流费与亚马逊 FBA 的物流操作费，因此选择重量小的产品不仅有利于卖家降低物流成本，而且也会降低产品易碎、易损坏的风险，特别是功能少的产品也可以减少售后的麻烦。但这也并非绝对，笔者有很多学员做家居类的产品，也做得很好，只不过物流的成本相对来说较高，这就需要强大的资金支持，毕竟发海运的话，回款时间会比较长。笔者也不建议大家选择食品类产品，虽然民以食为天，但食品的各种过关检测、本土检测、美国 FDA 检测非常烦琐，若再出现其他的变质问题，就会得不偿失，除非卖家在美国境内有品牌在运营，可以尝试入驻亚马逊来提升品牌知名度和拓展互联网销售渠道。

5.2.4 类目里是否有头部垄断品牌

这个问题决定了卖家做这类产品的运营费用和后期的增长"天花板"。国内各大电商平台，每年进行大促时，头部品牌的流量和销售额占据了 60%~70%，个别类目甚至达到 100%，亚马逊也是一样。只是在以产品为导向的体系下，质量的提高、服务的提升才能对品牌有正向的影响，否则尽管是品牌也一样会被其他优质的产品打败。亚马逊也存在品类的头部

品牌垄断现象，尤其是 3C 电子配件类、手机配件类产品，已经出现了一批全球知名度较高的品牌。有学员向笔者咨询：能否做手机壳、数据线等类目的产品。笔者建议不要去做，原因包括：一方面，资金量不足以与这些巨头竞争；另一方面，整体的品牌知名度缺乏竞争力。因此，如果一个品类里已有 5~10 个品牌的出现，就要尽量避免这个类目的操作，应把时间和精力转移到其他产品上，或许会有更大的收获。

5.2.5　类目同级产品排名不能过低

这条准则很容易理解，产品排名越靠前，流量曝光就会自然而然增多，更有助于订单的转化以提升销售额。一般的产品在品类排名为 3000 名之内算是比较靠前的，当然，大类目的排名还可以再放宽一些。同时还要注意一个问题，就是要配合排名和销量综合评估。例如，有人准备卖面膜，而竞品面膜在化妆品类中排名约为 1000 名，这说明产品整体是有一定市场需求的，但是如果销量仅仅为每月 100 单，这就需要认真考虑了，要综合评判到底是哪里的问题，是 Listing 转化的问题，还是产品本身的问题。

5.3　亚马逊的选品技巧

5.3.1　参考亚马逊站内 Listing 数据

1. Best Sellers（畅销品排行榜）

亚马逊平台内部的畅销品排行榜（http://www.amazon.com/gp/bestsellers）是大家最常用的选品工具之一，如图 5-3 所示。

不同分类的排行榜里都有近期热销的产品供大家参考，分析数据时应注意以下几点。

（1）售价为 25~40 美元的产品。

（2）评价数量低于 200 条的产品。

（3）评价星级为 4.3~4.9 的产品。

（4）大类目排名为 500~3000 名的产品。

（5）产品本身有改进的空间。

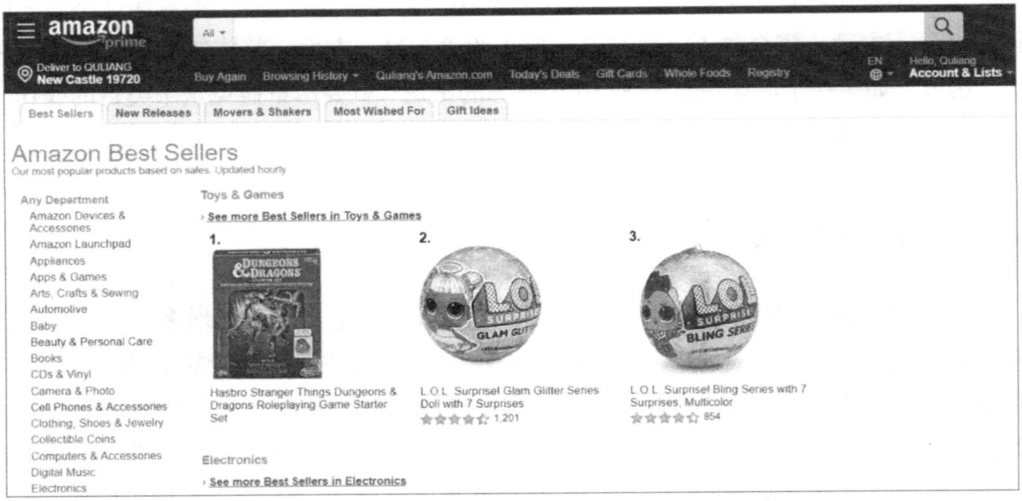

图 5-3

2. Search Results（站内搜索结果）

亚马逊推出自己的站内搜索系统之后，不但改变了人们的在线购物方式，同时也取代了一些大型网站的搜索引擎购物搜索的功能，让消费者从产生购物的想法到下订单购买，都可在亚马逊的平台上完成，形成了一个生态闭环。亚马逊站内搜索系统如图 5-4 所示。

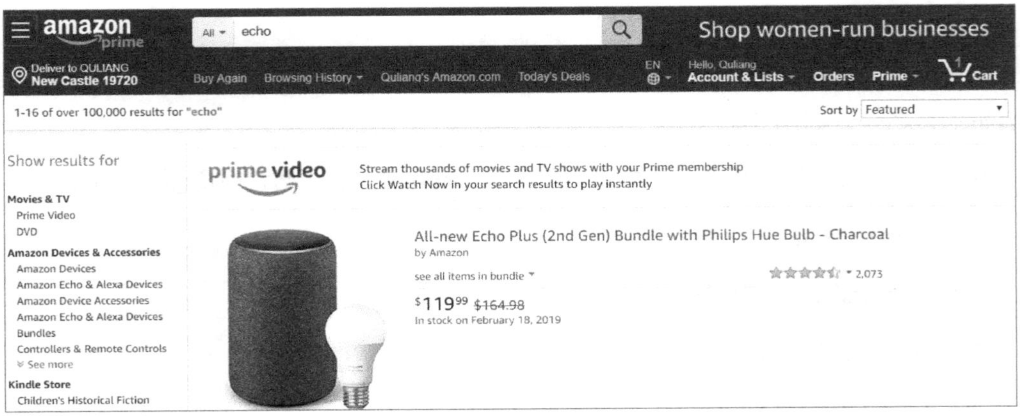

图 5-4

亚马逊平台搜索的数据结果也可以为选品提供参考。新品的开发阶段，大家可以通过不同的关键词找到对应的目标产品，包括大词、流量词、长尾关键词等。不能因为一两个大词的搜索结果就轻易放弃，大家必须知道不同词段有多少结果，这些数据一方面能够反映需求和供给的大概情况，另一方面也是了解潜在竞争对手的一种方式。

3．New Releases（新品排行）

新品排行榜单体现的是短时间内新上架 Listing 的排名，这个榜单有别于 Best Sellers。新品上架时间较短，且短期内各项数据指标表现都很好，上升趋势明显，其很有可能会成为后期潜在的畅销产品。因此，新品排行榜单有助于中小卖家抓住未来热点。亚马逊的新品排行如图 5-5 所示。

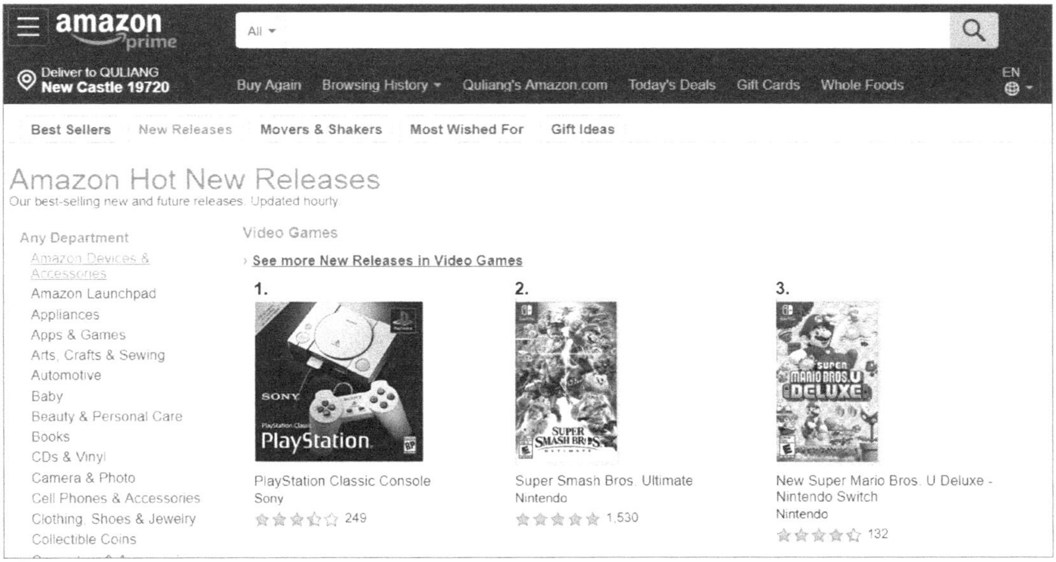

图 5-5

4．Most Wished For（愿望榜单）

消费者在亚马逊网站上所有的浏览和操作轨迹都会被亚马逊记录下来，亚马逊再通过对消费者的访问数据进行分析，形成愿望榜单，如图 5-6 所示。这些产品都是消费者曾经加入自己愿望榜单里的产品，当产品降价或者有优惠信息时，消费者都会第一时间收到亚马逊的推送邮件。这个榜单也可以发掘消费者未来的潜在需求，大家应留意。

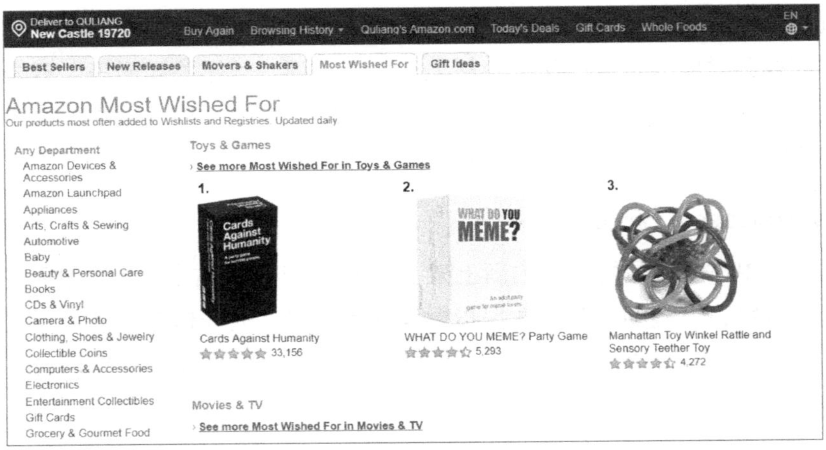

图 5-6

5. Gift Ideas（礼物方案）

亚马逊的礼物方案是每日更新的礼物推荐清单，主要是为家人、朋友送礼物时的一个选择，尤其是在旺季的时候，礼物产品的销量都会迎来一波大幅度地增长。亚马逊的礼物榜单如图 5-7 所示。

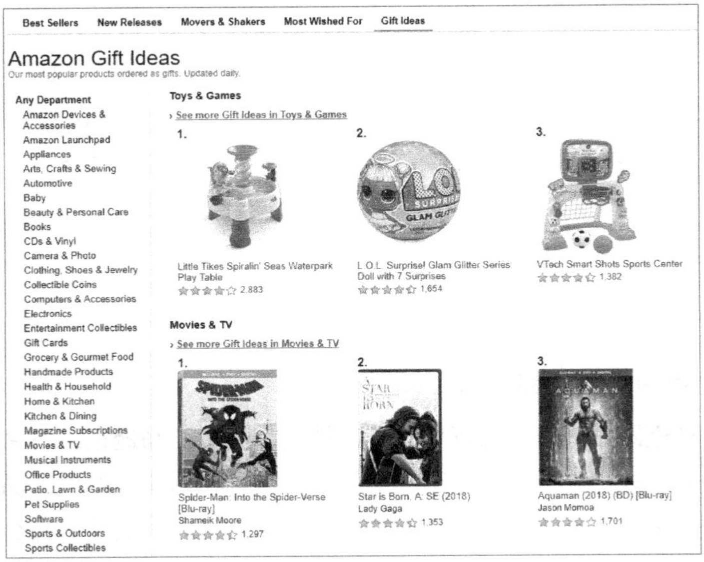

图 5-7

5.3.2　参考亚马逊站外数据

1．Google Trends（谷歌趋势）

在国内，大家平日在网上搜索资料时经常使用百度。众所周知，谷歌也是重要的搜索工具。就搜索引擎而言，谷歌在 PC 端的占有率约为 80%，在移动端的占有率约为 90%，全球的互联网用户大多在使用它，其每天的搜索次数高达几十亿。谷歌趋势是谷歌在 2006 年推出的一款免费在线搜索工具，它可以更好地挖掘搜索数据背后的价值，用户可以通过它来查看某个关键词在一定时间范围内的受欢迎程度和趋势。谷歌趋势的数据指标主要来自谷歌搜索、谷歌购物、YouTube、谷歌新闻和谷歌图片等谷歌“自家的”软件产品。

从选品的角度来讲，谷歌趋势对寻找利基是非常有用的，使用它一般就不会错过每个阶段的爆款产品了，如图 5-8 所示，大家可以看到 L.O.L Surprise 这款产品关键词的整体走势。

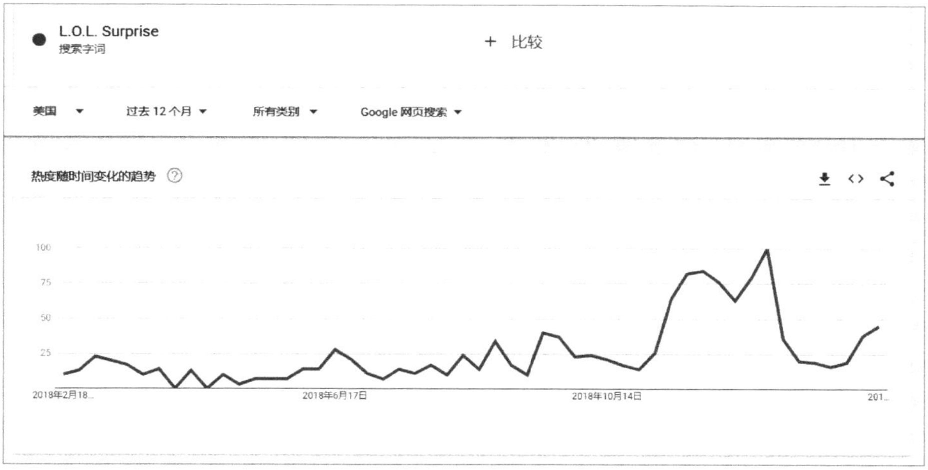

图 5-8

2．Walmart（沃尔玛）

沃尔玛是美国老牌的线下商超，在全球品牌榜名列前茅，尽管近几年由于亚马逊等电商平台的冲击，其店面的数量在减少，但其整体的业务能力还是不容小觑的。在美国，沃尔玛依然是消费者比较喜爱的线下商超。2018 年，沃尔玛的电商平台也在不断地进行革新，大家可以在其网站上的产品热卖榜查看近期的畅销品类，为选品做参考。沃尔玛电商平台的产品搜索页面如图 5-9 所示。

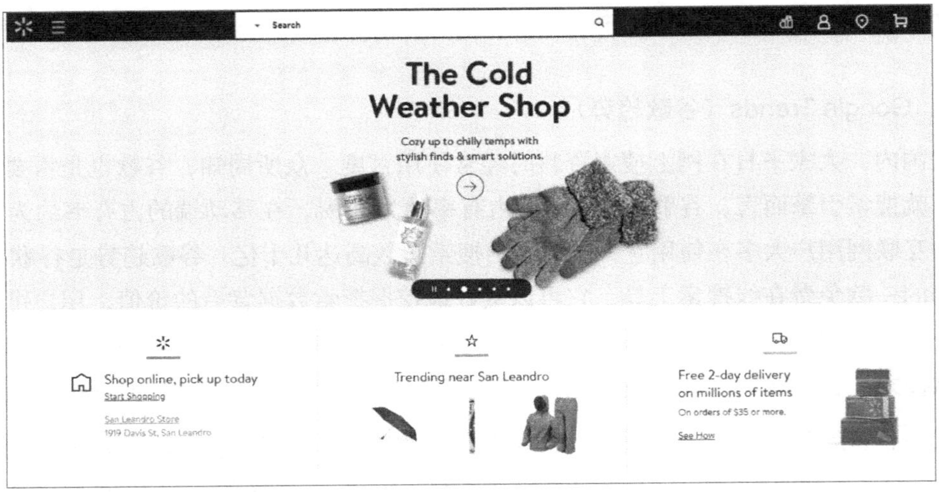

图 5-9

3．eBay Trends（eBay 趋势）

eBay，大家比较熟悉，它属于早期的 C2C 电商平台，虽然近几年其整体市场份额被亚马逊赶超，但是在美国其使用者还有很多。eBay 有一个专门的栏目，如图 5-10 所示。在这个栏目中，eBay 会展示各个不同类目的趋势产品，这些产品会定期更新，卖家可以随时查看。

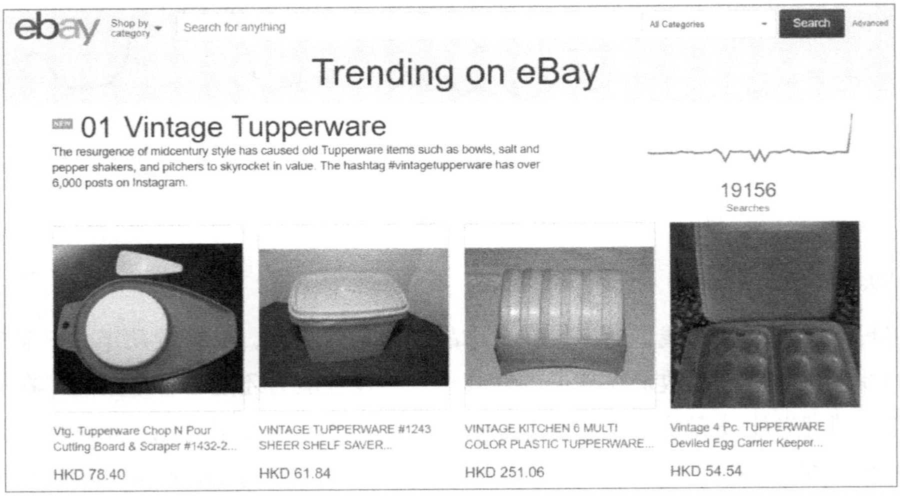

图 5-10

4．Overstock

1999 年诞生于美国盐湖城的网购公司 Overstock 发展至今，已跻身全球十大购物网站，与亚马逊不同的是，其平台上更多的是品牌折扣的商品尾货。

在尾货市场，原本供给与需求都极度分散，交易双方的搜索成本也很高。买家需要付出很多努力才能找到其所中意的卖家，卖家也很难通过自有的渠道为自己难以出手的商品找到合适的买家。Overstock 的出现解决了双方的难题：卖家受益于这个快捷便利的清仓渠道，买家足不出户就可以买到物美价廉的品牌商品。对于正在选品的卖家来讲，这个平台上产品的销售趋势也可以作为选品的参考。Overstock 的产品页如图 5-11 所示。

图 5-11

其他的平台，如 Facebook、Twitter、Instagram、Youtube 等新媒体平台，也可以作为卖家了解消费者需求的一个渠道。关于新媒体的营销推广，后续的章节中将会详细介绍。

5.4　选品案例分享

图 5-12 所示为 LED 电子蜡烛，是笔者的团队曾做过的一个项目，同大家分享一下选品的大致思路。

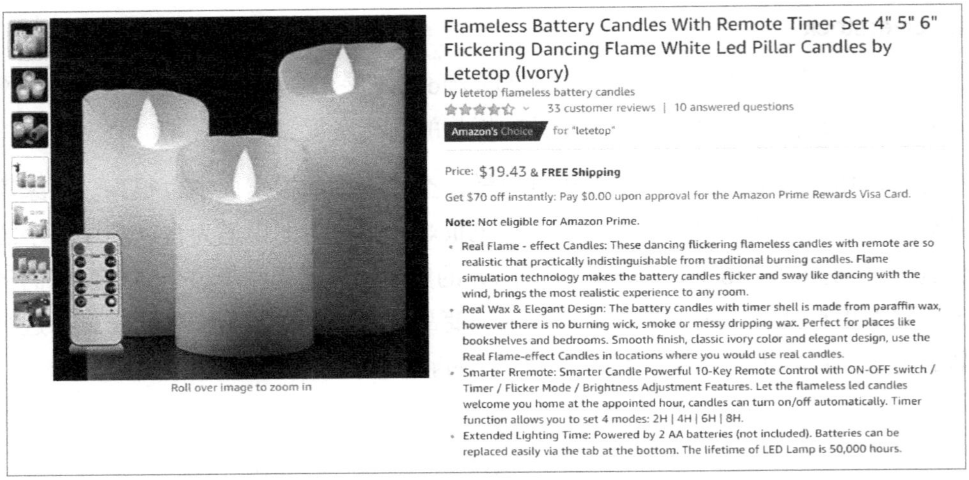
Flameless Battery Candles With Remote Timer Set 4" 5" 6" Flickering Dancing Flame White Led Pillar Candles by Letetop (Ivory)
by letetop flameless battery candles
33 customer reviews | 10 answered questions
Amazon's Choice
for "letetop"
Price: $19.43 & FREE Shipping
Get $70 off instantly: Pay $0.00 upon approval for the Amazon Prime Rewards Visa Card.
Note: Not eligible for Amazon Prime.
Real Flame - effect Candles: These dancing flickering flameless candles with remote are so realistic that practically indistinguishable from traditional burning candles. Flame simulation technology makes the battery candles flicker and sway like dancing with the wind, brings the most realistic experience to any room.
Real Wax & Elegant Design: The battery candles with timer shell is made from paraffin wax, however there is no burning wick, smoke or messy dripping wax. Perfect for places like bookshelves and bedrooms. Smooth finish, classic ivory color and elegant design, use the Real Flame-effect Candles in locations where you would use real candles.
Smarter Rremote: Smarter Candle Powerful 10-Key Remote Control with ON-OFF switch / Timer / Flicker Mode / Brightness Adjustment Features. Let the flameless led candles welcome you home at the appointed hour, candles can turn on/off automatically. Timer function allows you to set 4 modes: 2H | 4H | 6H | 8H.
Extended Lighting Time: Powered by 2 AA batteries (not included). Batteries can be replaced easily via the tab at the bottom. The lifetime of LED Lamp is 50,000 hours.
Roll over image to zoom in

图 5-12

首先，确定大的品类方向。我国广东省中山市是 LED 产品的集散地，这个品类在亚马逊平台上属于容量比较大的类目，而且各大类目都有 LED 产品的延伸。卖家可通过实地考察产业园的生产情况和物流的进出口量，以此作为评估依据。

其次，确定具体的产品类型，对目标市场进行分析。美国市场的消费者对于蜡烛的需求是比较大的，尤其是很多西方国家有过圣诞节的习俗，而蜡烛在圣诞节又是家家户户必备的装饰品，鉴于传统蜡烛的安全隐患、异味等缺点，LED 替代品优势明显，因此作为一款 LED 刚需产品的存在，市场的需求量是可以预估出来的。之后以行业生产和海关进出口的数据为基础，综合评判产品的预期、考察样品，将产品上架亚马逊店铺。

最后，开展 Listing 的测款工作。“测款”，顾名思义，即小批量测试产品是否符合预期，包括目标市场的销量、前景、消费者的喜欢程度等。一般可采用几个专门的测款账号，这是一个相对比较保险的策略，因为谁也不能绝对保证产品一定会有很好的市场，所以不能冒进。若一开始就大量囤货，很可能会造成不可避免的损失。前期可根据预算和市场情况准备少量产品先期投放到平台上，观察产品的销售情况，再根据 1~2 个月的周期决定后期的上货数量。

上述内容是选品的大概思路，供新手卖家作为参考。选品不仅需要对宏观市场进行预判，对目标人群进行需求分析，而且需要对各方面数据进行分析和对比，这样选品的成功率才会比较高。选品还有重要的一点是，不能因为谨慎选品而错过产品的销售周期。

第 6 章

Listing 的上架优化，卖向全球

6.1 上传 Listing 操作流程

准备好产品以后，卖家就可以在店铺后台开始产品的添加工作了。在亚马逊后台，上传产品有如下 3 种方法。

6.1.1 跟卖 Listing 的添加

1. 跟卖

跟卖是亚马逊推出的一种独特的产品售卖方式。为了让买家能够快速找到心仪的产品，亚马逊有意合并相同产品 Listing 的卖家，即亚马逊允许一个 Listing 由多个卖家共享。卖家创建的商品，包括标题、描述、图片等应保持一致，在跟卖的时候，后来的卖家只需要填写价格和库存数量即可。跟卖 Listing 列表如图 6-1 所示。

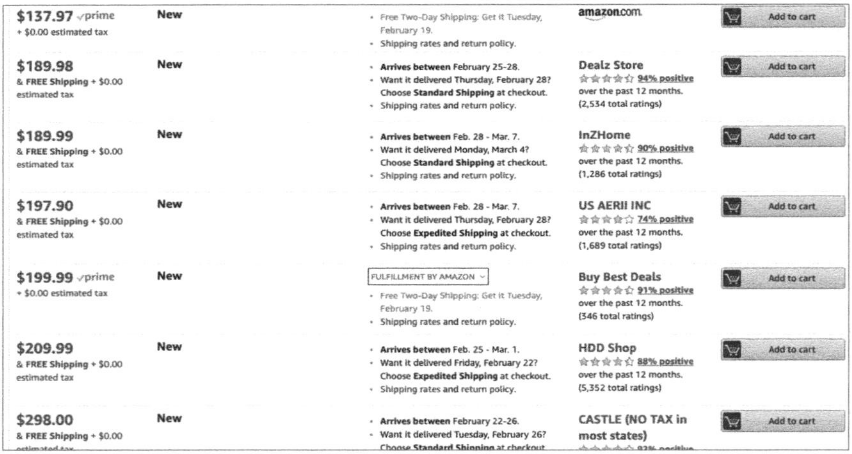

图 6-1

2. 跟卖的优势

跟卖的优势，具体体现在以下两个方面。

（1）节省时间。跟卖是新手卖家最喜欢的店铺运营方式。商品的跟卖操作非常简单，根本不需要后来的卖家创建页面及编辑产品的信息，因为别人已经做好了 Listing，后来的卖家只需要设置价格、数量、SKU 及产品状态，就可以开始在亚马逊卖货了。

（2）获取流量。流量对于电商而言是重要的指标之一，而很多卖家喜欢跟卖的主要原因是可以直接获取更多的流量。当卖家跟卖流量、销量等指标较好的 Listing 时，就可以快速增加产品销量了。尽管这是被亚马逊允许的，但其实从某种意义上讲，后来者是“蹭”了别人的流量，获取了别人运营的劳动成果，这也是前几年抢购物车进入白热化的根本原因。

3. 跟卖的劣势与风险

跟卖的劣势与风险，具体体现在以下几个方面。

（1）比价严重。亚马逊推出跟卖机制的初衷是希望消费者能够在一众卖家中找到相对物美价廉的产品，但在跟卖的 Listing 里难免出现商家大打价格战的现象。现在，亚马逊已经出台了一些行业产品价格的监控机制，离谱的低价也会遭到平台处罚。

（2）差评共享。如果几个卖家跟卖了同一个产品的 Listing，那 Listing 的所有数据都是共享的，不仅包括 Listing 的标题、图片、详情，还包括 Review（评价）这个重要的指标。多个卖家跟卖，因为产品质量及服务的不确定性，增加了 Listing 收到差评的概率，这将直接影响 Listing 的转化。

（3）品牌侵权。卖家跟卖了别人的产品，意味着其会售卖与原始 Listing 一模一样的产品，一旦涉及品牌侵权等投诉，那么卖家的亚马逊账号就会面临被撤销销售权限和封店的风险。因此，从另一个角度来讲，品牌注册也是防止跟卖最有效的手段。

4. 跟卖的具体操作

跟卖的具体操作，包括以下几个步骤。

（1）在“INVENTORY”功能栏，选择“Add a Product”选项，进入产品上传的界面，如图 6-2 所示。

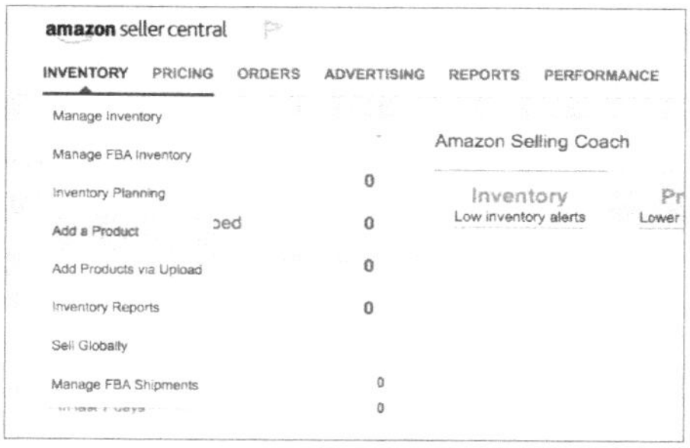

图 6-2

（2）在“Add a Product”搜索框中输入产品关键词“water bottle”，单击搜索按钮，如图 6-3 所示。

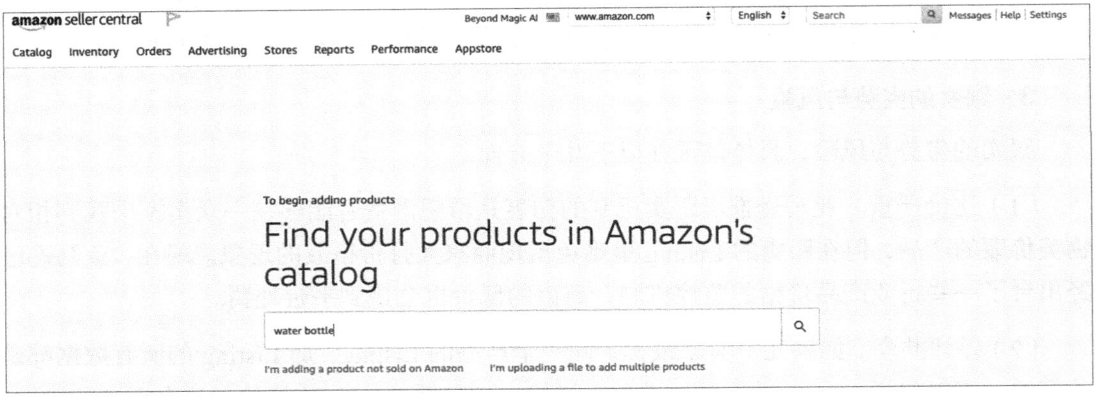

图 6-3

（3）进入“water bottle”的相关产品列表页面，如图 6-4 所示。

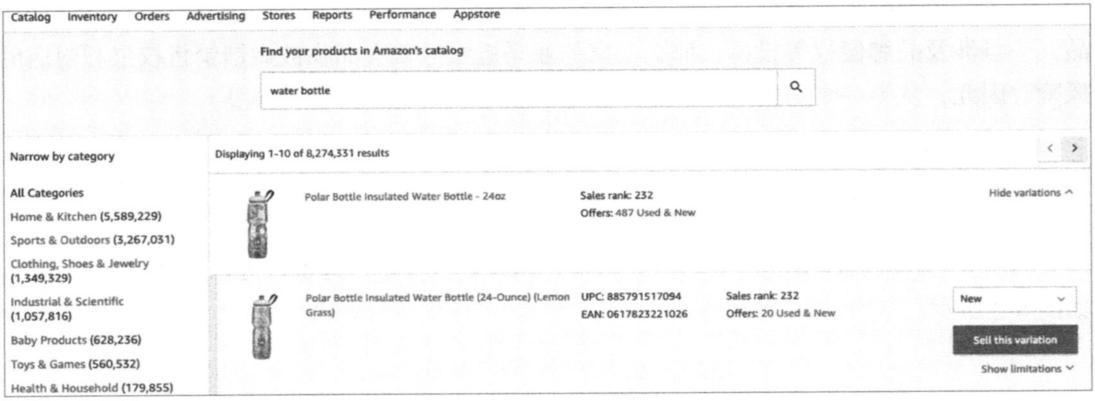

图 6-4

（4）按实际情况，选择要跟卖的产品，单击“Sell your product”按钮或者“Sell this variation”按钮，进入跟卖信息的填写界面，填写价格、SKU、状态及可售数量，确认无误后，单击“Save”按钮保存，如图 6-5 所示。

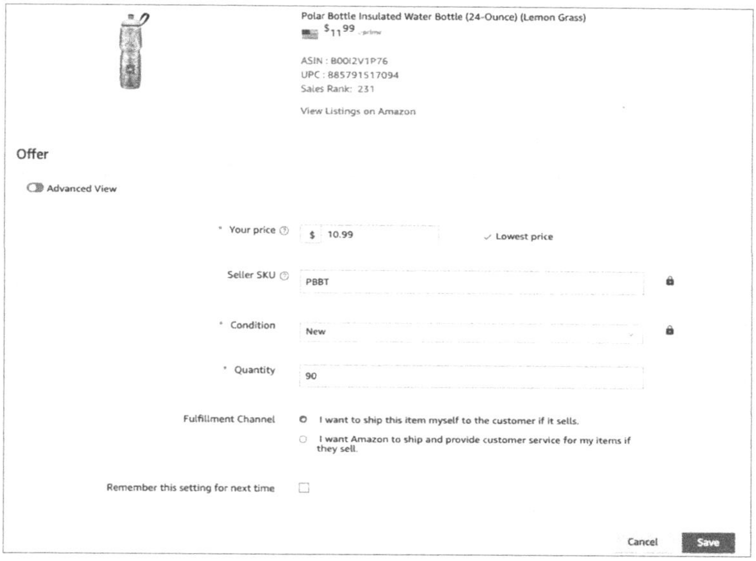

图 6-5

至此，跟卖的操作全部完成。接下来，大家一起来看一下，如何进行自建 Listing 的上传。

6.1.2　自建 Listing 编辑上传

自建 Listing 编辑上传，主要包括以下几项内容。

（1）在“INVENTORY”功能栏，选择“Add a Product”选项，如图 6-6 所示，进入产品上传的界面。

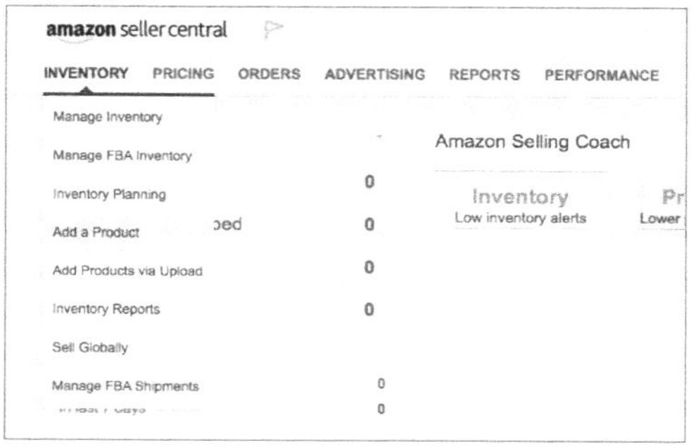

图 6-6

（2）在“Add a Product”界面的左侧下方有一个新产品创建入口“Creat a new listing”，如图 6-7 所示，单击该按钮进入下一页。

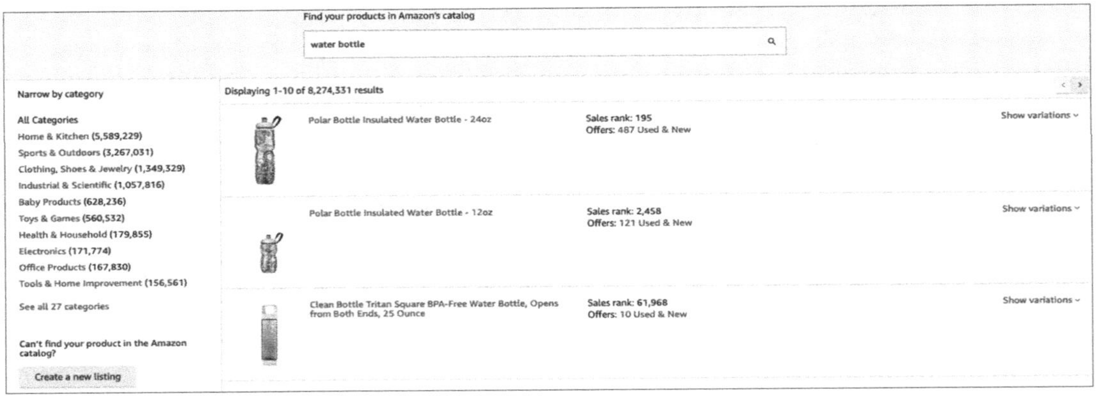

图 6-7

（3）与淘宝后台操作相似，首先应选择新产品的分类，在搜索框中输入产品关键词，单击搜索按钮，如图 6-8 所示。

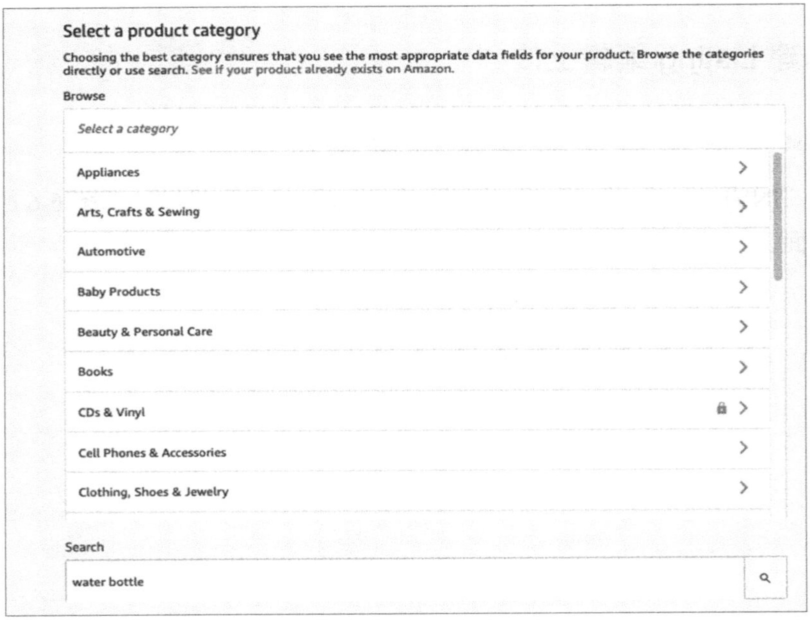

图 6-8

（4）亚马逊会根据平台大数据给予卖家产品的相应分类建议，卖家按照实际情况选择即可。这里有一个小技巧需要提醒大家，当一个产品有很多分类可供选择的时候，选择分类的原则是分类竞争越小越好，如图 6-9 所示。

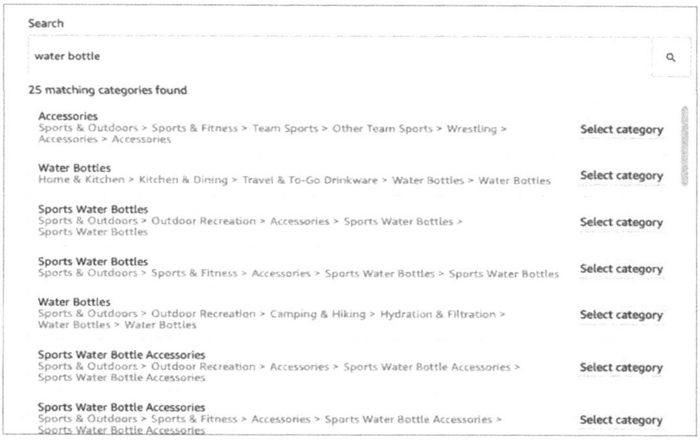

图 6-9

（5）确认好分类，单击“Select category”按钮，进入产品信息编辑页面，如图 6-10 所示。

图 6-10

（6）以 Water Bottle（水杯）为例。产品信息编辑页面的第一项为“Vital Info”，即产品的基础信息，星号为必填项，如图 6-11 所示。

Product ID，即产品的全球编码，目前主流的是 UPC 和 EAN，在 Listing 上传成功后，其自动转化为 ASIN。

Product ID Type，即产品全球编码的类型。

Product Name，即产品的名称，也就是常说的产品标题。

Manufacturer，即厂家名称，根据实际情况填写即可。

Brand Name，即品牌名称，根据实际情况填写即可。

信息填写完毕可进入下一个页面——Variations（变体）。

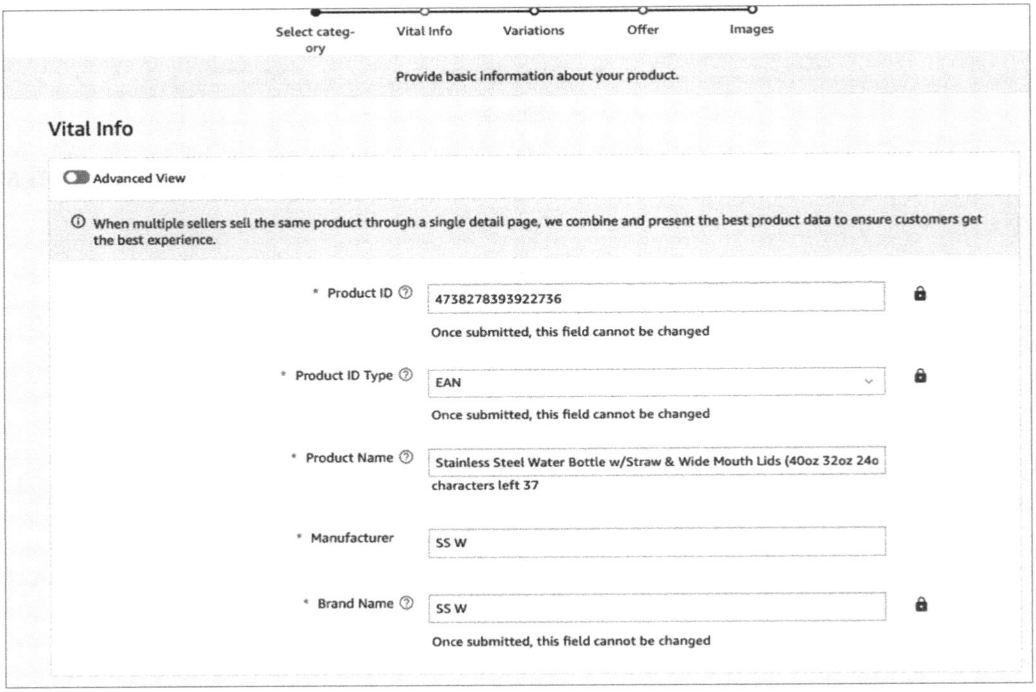

图 6-11

（7）Variations 页面是产品的变体信息编辑页面，如图 6-12 所示。如果 Listing 有变体需求，就需要设置变体属性，并在创建成功后，单独对变体的信息进行编辑和完善。

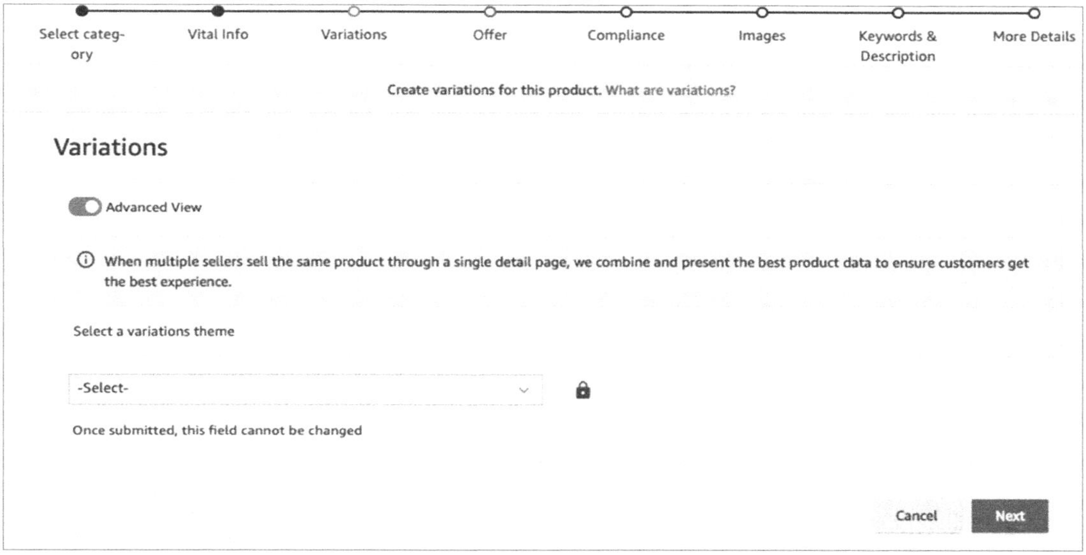

图 6-12

变体是亚马逊平台上产品 Listing 的一个多属性的编辑选项。前台的展现形式如图 6-13 所示。

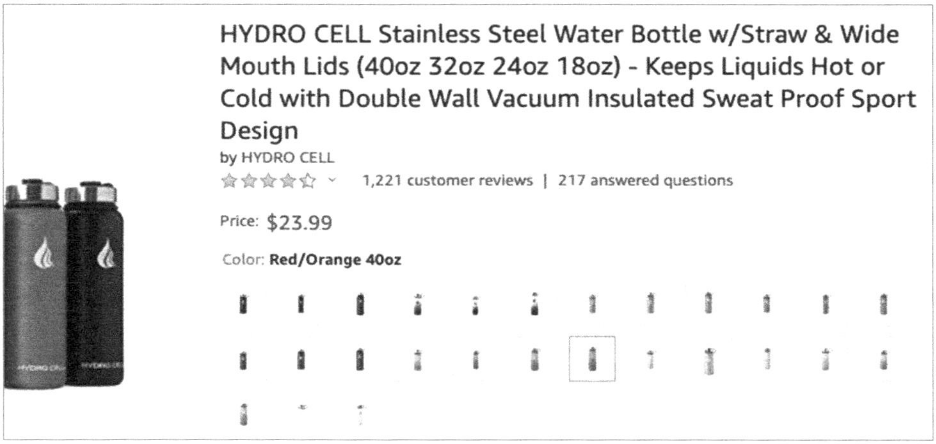

图 6-13

编辑变体时，选择产品的属性类别，如颜色、尺寸、容量等。以颜色为例如图 6-14 所示。

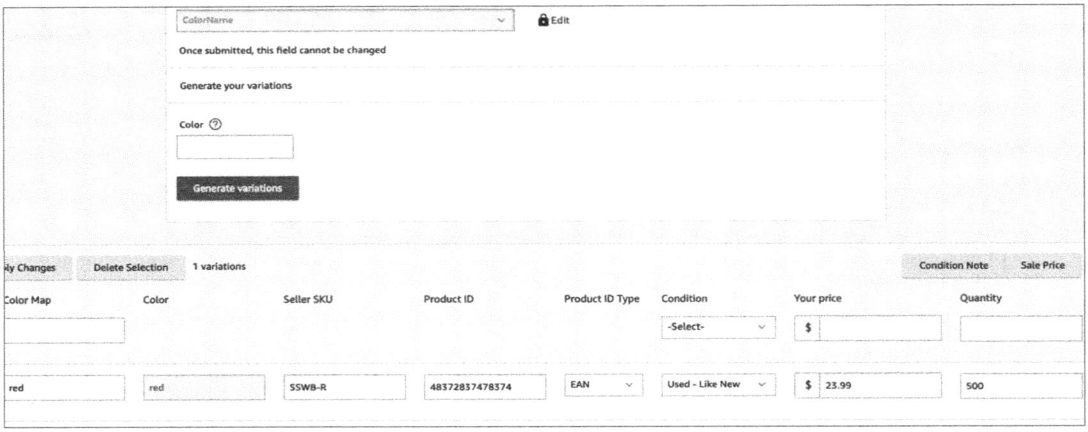

图 6-14

（8）如果没有变体需求，可忽略变体的编辑选项，直接编辑下一项信息“Offer”，即产品价格信息，填入价格、产品 SKU、产品品相和库存数量，如图 6-15 所示，确认无误后，进行下一项信息的填写。

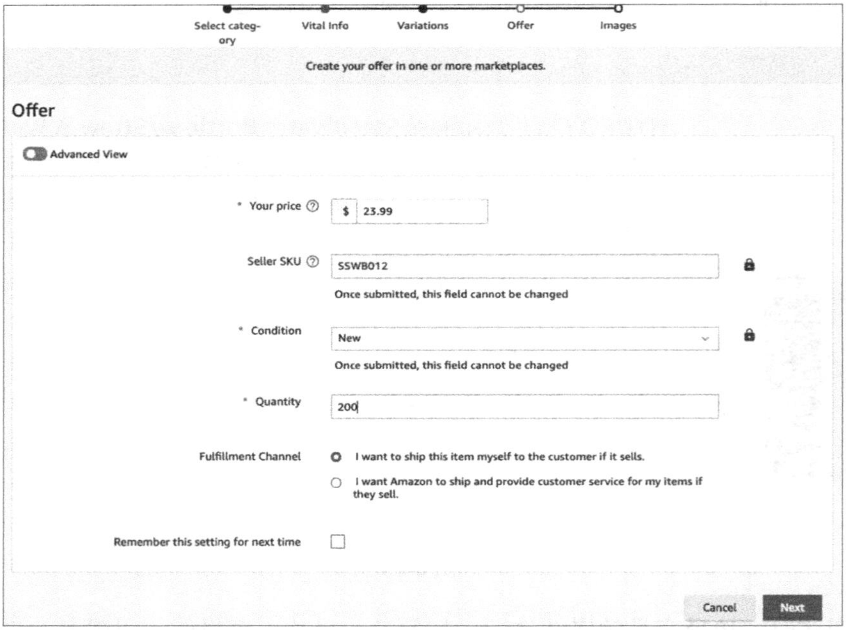

图 6-15

（9）Images，即产品图片信息，如图 6-16 所示。产品的图片可上传 1~9 张，图片应清晰且信息丰富、有吸引力，其尺寸至少为 1000px × 1000px，且最长边的尺寸不能超过 10 000px。

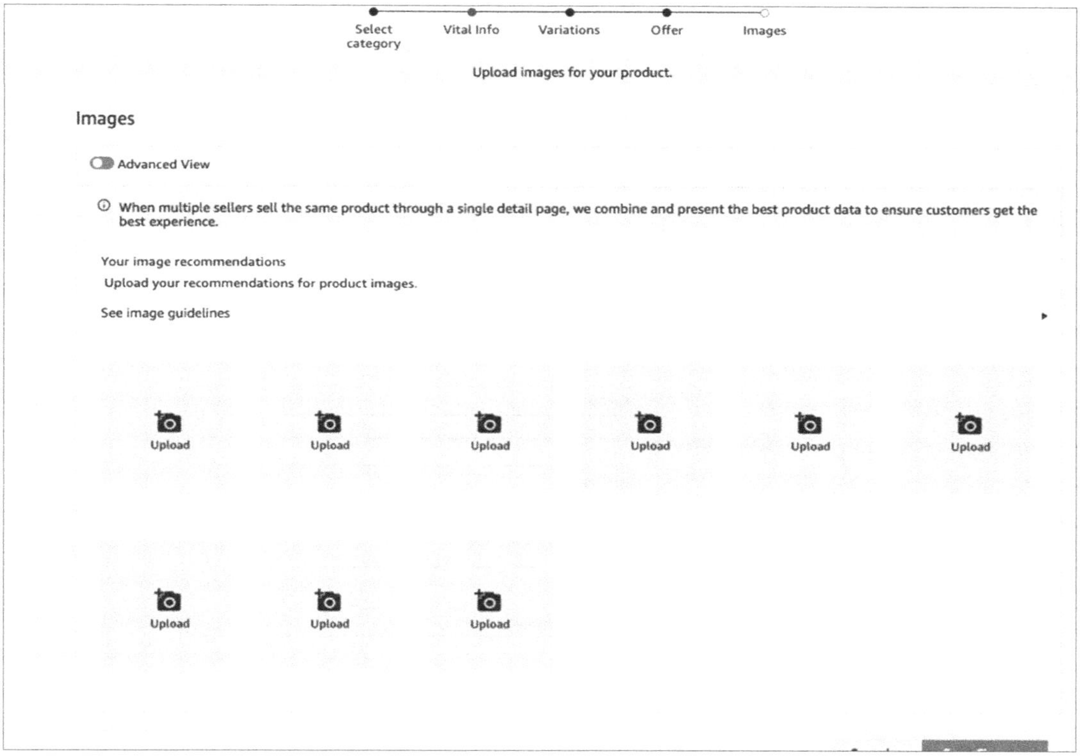

图 6-16

（10）Keywords & Description，即产品关键词和详情，如图 6-17 所示。此编辑页面主要填写 3 个栏目——Search Terms、Product Description、Key Product Features，即搜索关键词、产品详情和产品主要卖点，其他的栏目可以按照实际情况填写或者后续再进行完善。

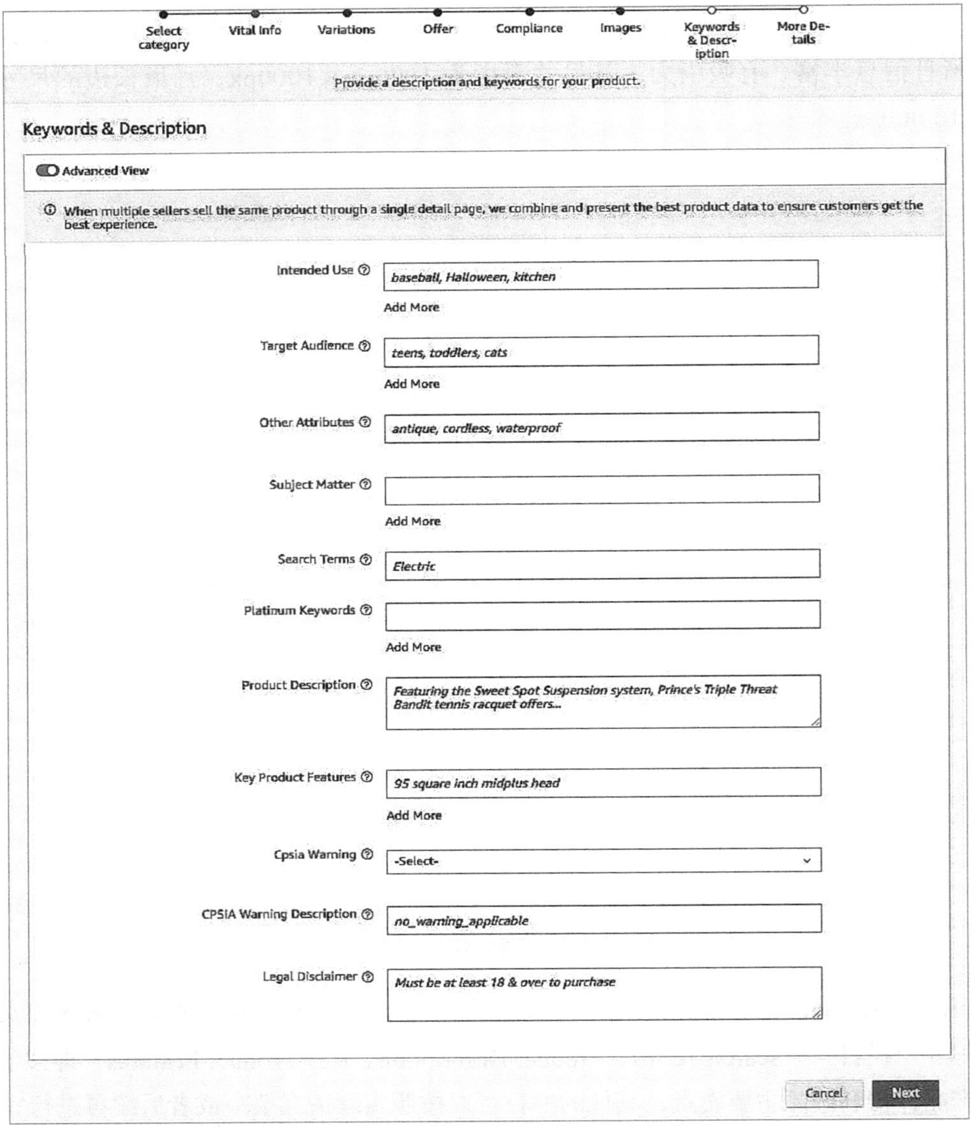

图 6-17

至此，产品 Listing 填写完毕，单击“Next”按钮，完成产品的上架工作。除后台单独编辑上传产品以外，在产品比较多的情况下，卖家也可通过批量上传的方式完成产品的上架工作。

6.1.3　批量模板实现 Listing 变体

1．批量上传的具体操作

（1）在“Inventory”功能栏选择“Add Products via Upload”选项，进入批量上传的操作界面，如图 6-18 所示。在此界面中查询并确认待上传产品的分类，下载分类模板。

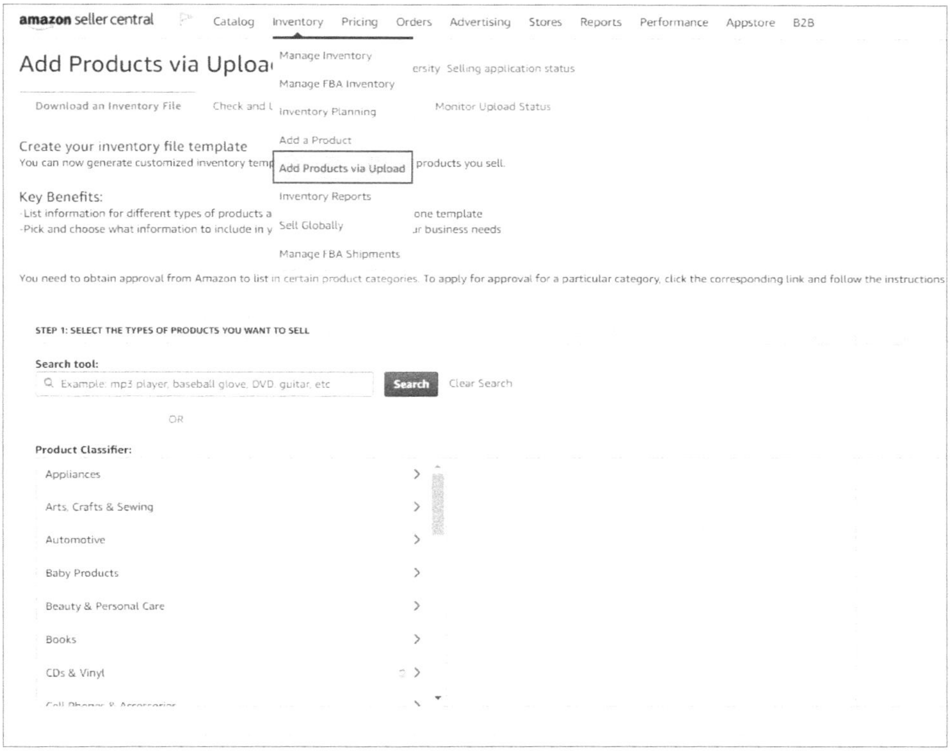

图 6-18

（2）编辑分类模板，保存后在此界面选择文件类型为“Inventory File”，即库存文件，单击上传即可，如图 6-19 所示。上传模板界面有两个步骤——检查模板和上传模板，卖家可按次序操作。如果编辑完成确认无误，也可以跳过检查模板，直接上传即可，后续会有模板上传的报告供卖家参考。

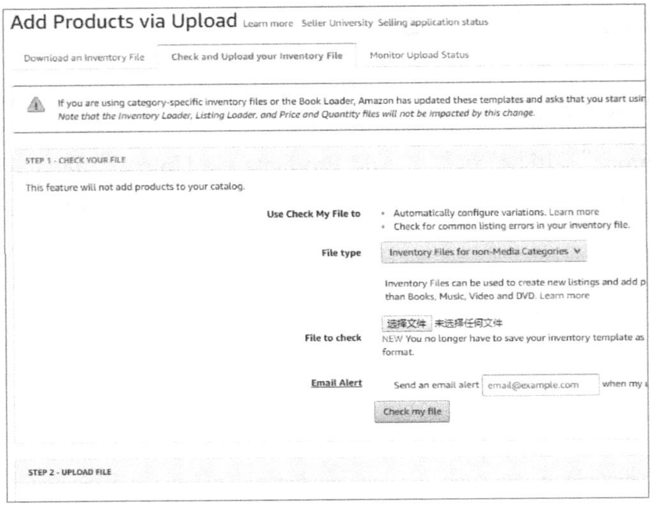
Add Products via Upload Learn more Seller University Selling application status
Download an Inventory File
Check and Upload your Inventory File
Monitor Upload Status
If you are using category-specific inventory files or the Book Loader, Amazon has updated these templates and asks that you start usir
Note that the Inventory Loader, Listing Loader, and Price and Quantity files will not be impacted by this change.
STEP 1 - CHECK YOUR FILE
This feature will not add products to your catalog.
Use Check My File to
Automatically configure variations. Learn more
Check for common listing errors in your inventory file.
File type
Inventory Files for non-Media Categories
Inventory Files can be used to create new listings and add p
than Books, Music, Video and DVD. Learn more
选择文件 未选择任何文件
File to check
NEW You no longer have to save your inventory template as
format.
Email Alert
Send an email alert
email@example.com
when my
Check my file
STEP 2 - UPLOAD FILE

图 6-19

2. 批量模板详解

批量模板详解如图 6-20 所示。

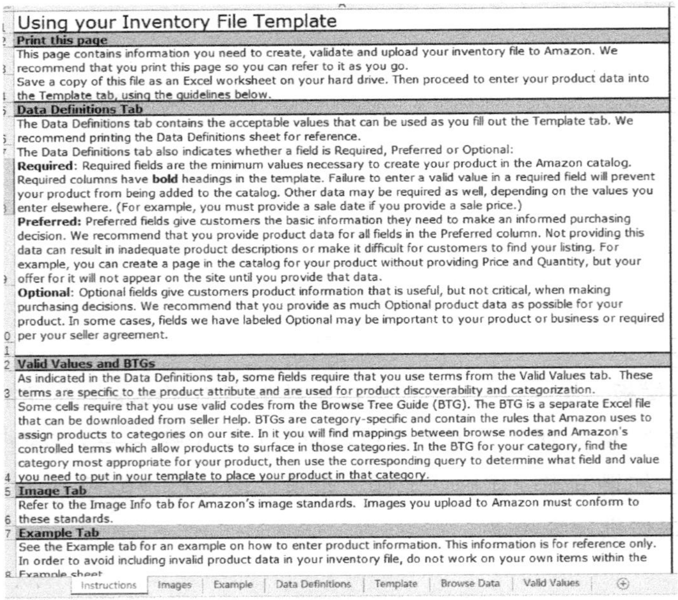
Using your Inventory File Template
Print this page
This page contains information you need to create, validate and upload your inventory file to Amazon. We recommend that you print this page so you can refer to it as you go.
Save a copy of this file as an Excel worksheet on your hard drive. Then proceed to enter your product data into the Template tab, using the guidelines below.
Data Definitions Tab
The Data Definitions tab contains the acceptable values that can be used as you fill out the Template tab. We recommend printing the Data Definitions sheet for reference.
The Data Definitions tab also indicates whether a field is Required, Preferred or Optional:
Required: Required fields are the minimum values necessary to create your product in the Amazon catalog. Required columns have bold headings in the template. Failure to enter a valid value in a required field will prevent your product from being added to the catalog. Other data may be required as well, depending on the values you enter elsewhere. (For example, you must provide a sale date if you provide a sale price.)
Preferred: Preferred fields give customers the basic information they need to make an informed purchasing decision. We recommend that you provide product data for all fields in the Preferred column. Not providing this data can result in inadequate product descriptions or make it difficult for customers to find your listing. For example, you can create a page in the catalog for your product without providing Price and Quantity, but your offer for it will not appear on the site until you provide that data.
Optional: Optional fields give customers product information that is useful, but not critical, when making purchasing decisions. We recommend that you provide as much Optional product data as possible for your product. In some cases, fields we have labeled Optional may be important to your product or business or required per your seller agreement.
Valid Values and BTGs
As indicated in the Data Definitions tab, some fields require that you use terms from the Valid Values tab. These terms are specific to the product attribute and are used for product discoverability and categorization.
Some cells require that you use valid codes from the Browse Tree Guide (BTG). The BTG is a separate Excel file that can be downloaded from seller Help. BTGs are category-specific and contain the rules that Amazon uses to assign products to categories on our site. In it you will find mappings between browse nodes and Amazon's controlled terms which allow products to surface in those categories. In the BTG for your category, find the category most appropriate for your product, then use the corresponding query to determine what field and value you need to put in your template to place your product in that category.
Image Tab
Refer to the Image Info tab for Amazon's image standards. Images you upload to Amazon must conform to these standards.
Example Tab
See the Example tab for an example on how to enter product information. This information is for reference only. In order to avoid including invalid product data in your inventory file, do not work on your own items within the Example sheet
Instructions
Images
Example
Data Definitions
Template
Browse Data
Valid Values

图 6-20

模板表格包含 7 个不同的子表。

（1）Instructions：对模板中不同子表的定义说明。

（2）Images：对产品图片信息的官方要求，如图 6-21 所示。

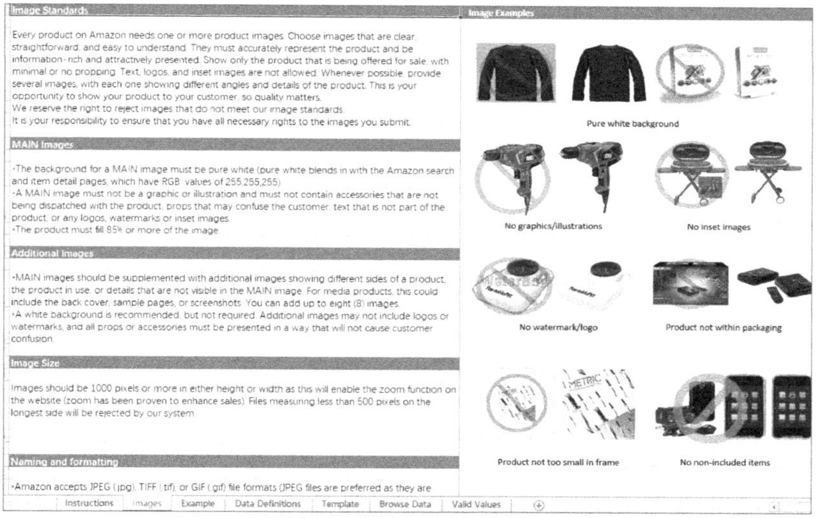

图 6-21

（3）Example：信息填写示例，供卖家参考，如图 6-22 所示。

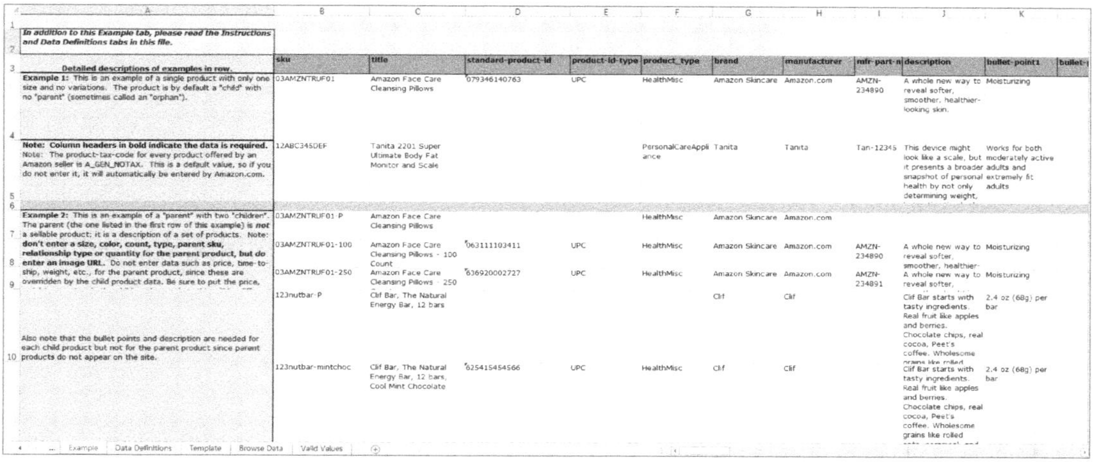

图 6-22

（4）Data Definitions：对标题的定义和解释，如图 6-23 所示。

How to complete your inventory template

Field Name	Local Label Name	Definition and Use
Required		
feed_product_type	Product Type	Within a category there are often multiple product types defined. Selet a product type from the drop down on the template tab or the a value from the valid values tab.
item_sku	Seller SKU	A unique identifier for the product, assigned by the merchant. The SKU must be unique for each product listed. After you have established a SKU for a product, please do not change it without first deleting the original SKU from our systems through a delete feed.
brand_name	Brand Name	The brand name of the product. Please note that it is your responsibility to ensure that any information provided or selected complies with applicable laws and regulations.
external_product_id	Product ID	A standard, alphanumeric string that uniquely identifies the product. This could be a GCID (16 alphanumeric characters), UPC or EAN. This is a required field if product_id_type is provided.
external_product_id_type	Product ID Type	The type of standard, unique identifier entered in the Product ID field. This is a required field if Product ID is provided.
item_name	Product Name	A short title for the product. This will be displayed in bold on the product page and in the title bar of the browser window. The title must follow the structure [Brand] + [Sub-Brand] + [Model Number] + [Size] + [Product Description] + [Defining Characteristic]." When listing variation child products, please ensure to include the variation information like e.g. size in the product's name to differentiate items.
manufacturer	Manufacturer	The manufacturer for your product. There are cases where this value is the same as for brand.
item_type	Item Type Keyword	Use this to specify what your item is. This field is primarily used for browse classification. If left blank, your item will not be found in the site. Refer BTG for allowed values.

图 6-23

（5）Template：卖家需要在这张表格中管理上架产品的信息，如图 6-24 所示，批量上传表格中的标题栏目与后台编辑的栏目是一一对应的，如 Product Type、Seller SKU、Product Name 等。

	A	B	C	D	E	F	G	
1	TemplateType=fptcu	Version=201	TemplateSign	The top 3 rows are for Amazon.com use only. Do not modify or delete the top 3 rows.				
2	Product Type	Seller SKU	Brand Name	Product ID	Product ID Type	Product Name	Manufacturer	Item Type
3	feed_product_type	item_sku	brand_name	external_product_id	external_product_id_type	item_name	manufacturer	item_type

图 6-24

（6）Browse Data：浏览数据，如图 6-25 所示，默认为分类模板中相对应的分类树。

	A	B	C
1	Browse Node	Browse Path	
2	pet-chew-toys	Pet Supplies, Dogs, Toys, Chew Toys	

图 6-25

（7）Valid Values：在产品信息填写的过程中，有些栏目的变量值是有固定范围的，具体的值应在此表中查找，如图 6-26 所示。

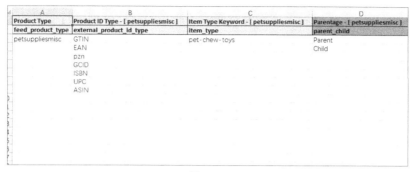

A	B	C	D
Product Type	Product ID Type - [petsuppliesmisc]	Item Type Keyword - [petsuppliesmisc]	Parentage - [petsuppliesmisc]
feed_product_type	external_product_id_type	item_type	parent_child
petsuppliesmisc	GTIN	pet-chew-toys	Parent
	EAN		Child
	pzn		
	GCID		
	ISBN		
	UPC		
	ASIN		

图 6-26

3. 批量上传的注意事项

（1）图片信息栏目如图 6-27 所示。产品的图片素材不可直接插入表格内，必须是以图片链接的格式，先将其上传到图片共享网站，然后再进行图片链接的复制和添加。图片共享网站推荐大家使用免费的贴图库。

Images			
Other Image URL	Other Image URL	Other Image URL	Swatch Image URL
other_image_url1	other_image_url2	other_image_url3	swatch_image_url

图 6-27

（2）产品变体的设置，与后台编辑略有不同，如图 6-28 所示，其 4 个基础定义如下。

Variation			
Parentage	Parent SKU	Relationship Type	Variation Theme
parent_child	parent_sku	relationship_type	variation_theme
Parent			Color
Child	填入"父产品SKU"	Variation	Color
Child	填入"父产品SKU"	Variation	Color

图 6-28

Parentage：变体父子关系确认，父产品填入“Parent”，子产品填入“Child”。

Parent SKU：此处子产品对应的地方填入“父产品 SKU”。

Relationship Type：此处子产品对应的地方填入“Variation”定义变体。

Variation Theme：此处选定变体属性类型，包括颜色、大小、容量等，按实际情况填入即可。

完成变体的基础定义以后，还需要对变体子产品的属性分别进行变量的定义。如选择了颜色属性，那就需要为变体子产品分别定义具体的颜色，如图 6-29 所示。至此，产品变体的设置完成。

Color	Color Map
color_name	color_map
red	red
blue	blue

图 6-29

（3）批量模板信息编辑完成后，直接保存为“Excel”（表格）文档类型，然后再上传模板，亚马逊后台会根据文档里的内容，自动识别并完成产品的批量导入工作。

6.2 产品 Listing 优化技巧

6.2.1 亚马逊的 A9 算法

与谷歌和其他搜索引擎的工作原理相似，亚马逊自己的搜索引擎也有一套独特的产品排名算法——A9 算法。

A9 算法从推出至今，不断更新迭代，其一直致力于为买家提供更准确的搜索结果，使买家能够快速找到心仪的产品。而对于卖家来讲，A9 算法同样非常重要，在后台的大数据计算中，亚马逊的搜索算法不断地将卖家的产品与买家的搜索行为进行匹配及打分，以求通过大量的数据验证，得到最精准的搜索结果。鉴于此，在平日的 Listing 优化中，最重要的就是关键词策略，包括关键词丰富的标题、产品优势的突显及详情页的布局等。

6.2.2　产品 Listing 内容优化

1．产品标题优化

标题在整个 Listing 内容里的重要性不言自明，它也是买家在亚马逊网站浏览产品时第一眼就能看到的，既然如此，卖家应在标题里插入更多的优质关键词，以提升其在搜索结果里的曝光率。只有买家看到了产品标题，才有可能选择购买。如果卖家的目标客户群体连产品 Listing 都无法搜索到，卖家就不必再考虑销量了。标题的长度限制为 200 个字符（含空格、斜杠、破折号等，不同品类还会有不同的长度限制）。产品标题示例如图 6-30 所示。

Flameless Battery Candles With Remote Timer Set 4" 5" 6" Flickering Dancing Flame White Led Pillar Candles by Letetop (Ivory)
by letetop flameless battery candles
33 customer reviews | 10 answered questions

图 6-30

在 Listing 优化的课程中，经常有学员问“标题的长度多少为宜”“是长一些好，还是短一些好”。其实，标题的长度没有统一的标准，在系统允许的字节总数范围内都是可以的。对于全新的产品 Listing，如果没有一定的品牌知名度，就应尽可能将关键词插入标题中，增加产品 Listing 的曝光，关键词应包括产品的品牌名、数量、尺寸等。

产品标题的一般格式为“品牌名+主词 1+功能+主词 2+颜色+特点+主词 3+使用范围”，单词中间尽量不要用无意义的符号。

标题的优化小技巧包括以下几个方面。

（1）易读性。标题既要考虑亚马逊的关键词排名算法，又要考虑消费者的阅读体验。尽管标题中应插入关键词，但切不可用关键词随意堆砌。如果一个标题很混乱，根本连不成句，那给买家的第一印象就要大打折扣了。

（2）标题中的数字应使用阿拉伯数字。例如，数字“8”不要用英文“eight”表示。

（3）标题中尽量不包含颜色、尺寸、大小等，除非彼此之间有关联性。

（4）标题中应包含品牌名。

（5）标题中应包含主要功能词。

（6）标题中应少用介词、副词等无意义的词。

2. 产品图片优化

电商不同于实体店铺，买家无法真切地感受到所要购买的产品，此时产品的图片就起到了至关重要的作用，无论是选择还是转化，吸引人眼球的图片都可以让数据得到提升。新手卖家如果无法提供高品质的图片，也可以找第三方的专业设计人员进行配合。对于产品图片的优化建议如下。

（1）一般情况下，主图必须是白底图，图片上展示的就是买家买到的产品。如果产品本身是白色系或者白底图不足以展示产品的细节，可以将其背景更换为暗色，但不同品类应严格按照要求上传，如图 6-31 所示。

（2）产品的细节展示图，可使买家清楚地看到产品的方方面面，如图 6-32 所示。

（3）最好使用单个产品来展示，除非产品本身有很多部件，如图 6-33 所示。否则，图片中放置过多的产品会显得比较乱，无法突出产品的特性。

图 6-31

图 6-32

图 6-33

（4）应展示产品的卖点，如尺寸、颜色等，可以在产品图上进行尺寸的标注，如图 6-34 所示。

（5）应展示出产品更多的特点和产品差异化，向买家说明选择这种产品的原因，如图 6-35 所示。

（6）提供产品的使用场景图，让买家在看到图片的时候，产生带入感，如图 6-36 所示。

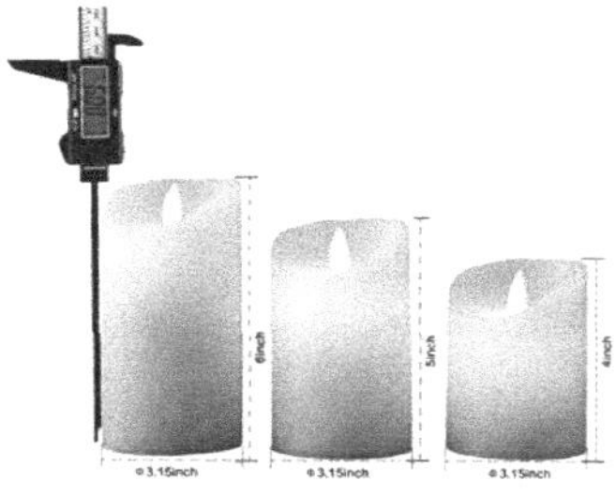

图 6-34

图 6-35

图 6-36

（7）如果卖家已经注册了品牌，也可以利用“A+”页面进行 Listing 管理，以申请设置产品的视频说明，这样更有利于向消费者传达产品的使用特性，如图 6-37 所示。

图 6-37

（8）图片的格式要求：TIFF、JPEG、GIF、PNG；图片必须是所售产品的实物图，不能是手绘的图片或者矢量图；产品本身约占整个图片的 85%；产品图片的尺寸至少为 1000px × 1000px；图片中不得有文字说明。

3．产品卖点提炼

卖点是亚马逊推出的一项展示产品用途和特点的功能，这项功能最多可以填写 5 个卖点解析，其在整个 Listing 中的权重是非常高的。（淘宝平台之前也有这个卖点的功能选项，但后来又取消了。）

有的卖家可能觉得卖点这项功能有点多余，事实并非如此。买家通过关键词找到产品以后，打开产品页面，简洁的卖点解析可使买家快速了解产品，包括产品的特色、优势等。

填写产品卖点的案例如图 6-38 所示。为了更加吸引买家，卖点的填写应注意以下几点。

- Real Flame - effect Candles: These dancing flickering flameless candles with remote are so realistic that practically indistinguishable from traditional burning candles. Flame simulation technology makes the battery candles flicker and sway like dancing with the wind, brings the most realistic experience to any room.
- Real Wax & Elegant Design: The battery candles with timer shell is made from paraffin wax, however there is no burning wick, smoke or messy dripping wax. Perfect for places like bookshelves and bedrooms. Smooth finish, classic ivory color and elegant design, use the Real Flame-effect Candles in locations where you would use real candles.
- Smarter Rremote: Smarter Candle Powerful 10-Key Remote Control with ON-OFF switch / Timer / Flicker Mode / Brightness Adjustment Features. Let the flameless led candles welcome you home at the appointed hour, candles can turn on/off automatically. Timer function allows you to set 4 modes: 2H | 4H | 6H | 8H.
- Extended Lighting Time: Powered by 2 AA batteries (not included). Batteries can be replaced easily via the tab at the bottom. The lifetime of LED Lamp is 50,000 hours.

图 6-38

（1）提炼产品的核心优势和特点。换位思考，如果卖家自己就是买家，一款 LED 电子蜡烛的以下特点或许可以引起自己的注意：材质与真实的蜡烛无异；开关打开后电子灯芯的闪烁更像传统的蜡烛；即使忘了关闭，也没有任何的风险。

（2）简单易学的使用方法。买家不希望拿到产品后，还要看厚厚的说明书才能顺利地操作和使用产品，简单明了的使用说明，完全可以放在产品卖点中。例如，LED 电子蜡烛仅需两节 5 号电池即可开始工作；LED 电子蜡烛的遥控器更是懒人的福音，可控制开关的时间。

（3）产品的售后说明。严谨地表述产品的使用寿命及保质期。例如，在使用过程中非人为因素出现的问题，都可以无条件退货等。

（4）重点位置排序。5 个卖点解析可以按照重要性进行排列。例如，卖家最想让消费者看到的卖点应放在上面，以此类推。

4．产品描述优化

众所周知，亚马逊也是有 App 的，毕竟移动互联网的普及，促使消费者的购物行为也在向移动端转移。产品 Listing 在亚马逊 PC 端和移动端的展示是有一点区别的：在 PC 端，卖点在前，详情在后；而在移动端，则刚好相反。有些卖家错误地认为既然已经填写了卖点，详情就可以忽略了，实际上卖点和详情都应该认真填写。产品描述限制为 2000 字符。笔者仍以 LED 电子蜡烛为例，如图 6-39 所示。卖家对产品描述进行优化时，可采用以下方法。

Product description

Start to Better Your Life: Replace Your Traditional Candles With The Most Elegant Flameless Flickering Candles and Enjoy Their Relaxing Effect With Peace Of Mind!

Do you know how calming the flame of a small candle is?

Worry about fire danger that may happen?

Feel the air quality bad in your home sometimes?

Hate the damage by particulate deposits on interior your favorite furniture ,floor and other surfaces.

Want to Keep your family away from the harmful chemicals.

Now You Have The Solution: Meet The Flameless Candle Set By Letetop & Breathe New Life Into Your House and keep the air fresh!

Designed to exceed your expectations, this set includes 3 elegant pillar LED candles that offer a beautiful ambient touch to your bedroom,dining room, or even bathroom, without posing the common threat candle does.

This set of 3 classy flameless flickering candles is a great alternative to traditional candles and can be used for a number of occasions. Ideal for:

Birthday Parties, Wedding Parties

Festival Decoration, such as Thanksgiving day, Christmas

As Bedside Table Light

Ambient nights in the garden, yard, camping

Restaurants, pubs, shops and more.

And the best part? For your convenience these candles are easily operated through the remote control provided while they feature automatic On/Off timer function, to 2 hours/4 hours/6 hours/8 hours.

Don't Squander It - Add To Cart Today!

Note:

图 6-39

（1）故事性描述。LED 电子蜡烛产品的描述主要是按照标准的导购逻辑，向买家阐述产品的好处和易用性。首先描述目前大部分买家的生活状态，以及在使用传统蜡烛时遇到的一些问题，如蜡烛的易燃性、火灾风险、刺鼻的气味对健康不利等。接着描述蜡烛对于圣诞节等西方传统节日又是必需品，新的产品可以规避这些风险，恰好能帮助买家解决这些恼人的问题，从而可以提升买家的生活质量。

（2）宜读的排版。为了让买家在浏览产品详情时能够更加舒适轻松，此时卖家可利用亚马逊允许的 HTML 格式代码对详情进行排版，这些格式代码主要包括以下几项。

文本加粗：<b>text</b>；

分段：<p>text</p>；

换行：
text</br>。

以上代码在后台产品详情的编辑页面按照要求直接添加即可。

5．产品评价优化

评价在整个 Listing 优化中也是重中之重，不仅因为其展现频率很高，而且更重要的是现在买家买东西大多是要看过评价以后才会购买的。如果 Listing 的好评数量和质量都非常好的话，可以直接提升 Listing 的点击率和转化率。口碑的力量是无穷的，但同样其也是一把“双刃剑”。如果出现了差评，影响也是相当大的，一条差评可能就会降低 Listing 本身的排名和销量，若不及时处理，还有可能会被亚马逊站内警告。

亚马逊对刷屏及恶意差评的行为有非常严格的约束政策。例如，“不能利用经济利益的产品或服务诱导买家留评，不能对竞争对手出售的产品或服务恶意留评，不可以要求买家修改或删除评论”。这些禁止的行为都不能出现在亚马逊的平台系统内，而且现在买家留评的消费门槛也提高到了每年至少消费 50 美元，如图 6-40 所示。

Note: Additional guidelines apply to Customer Reviews.

Eligibility

To contribute to Customer features (for example, Customer Reviews, Customer Answers, Idea Lists) or to follow other contributors, you must have spent at least $50 on Amazon.com using a valid credit or debit card in the past 12 months. Promotional discounts don't qualify towards the $50 minimum. In addition, to contribute to Spark you must also have a paid Prime subscription (free Prime trials do not qualify). You do not need to meet this requirement to read content posted by other contributors or post Customer Questions, or create or modify Profile pages, Shopping Lists, Wish Lists or Registries.

Be Helpful and Relevant

The Community is intended to provide helpful, relevant content to customers. Content you submit should be relevant and based on your own honest opinions and experience.

- For Community features focused on a specific topic, you should only submit content related to that topic.
- Customer Reviews and Questions and Answers should be about the product. Feedback about the seller, your shipment experience, or packaging can be shared at www.amazon.com/feedback or www.amazon.com/packaging. Comments about pricing, product availability or alternate ordering options are also not about the product and should not be shared in Customer Reviews or Questions and Answers.

图 6-40

既然不能通过特殊渠道留评，那目前获取评价可采用以下几种方式。

（1）邮件催评。这种方式主要是客户服务的一个跟进策略，产品售卖后，可以借由满意度调查定期主动地询问买家对产品的使用情况，并引导买家留下评价，以便给予后来的买家更多有意义的参考。

（2）好友测评。新品上架初期，卖家可以寻求亲朋好友的帮助，为自己的产品做一些评价和反馈，以便完善产品，为买家提供更优质的服务。

（3）亚马逊的 Vine Program 计划。这个是新的评价政策，类似于国内的试用申请，卖家可以向亚马逊申请，得到允许后，发货到 Vine 仓库，一般为 30~40 个产品。这些产品由亚马逊派发给申请试用的当地试用者，试用者进行一段时间的试用，针对产品给予卖家真实的评价。这项计划目前仅对有权限的 VC 账号开放。

第 7 章

借力 FBA，打造全球货物流通体系

7.1 亚马逊的 FBA 服务

Fulfillment by Amazon 简称“FBA”，是亚马逊自建的仓储物流体系，从 1999 年开始，亚马逊就一直在投入大量的资金优化全球物流仓储系统。国内京东的发展参照的就是亚马逊的布局，即先建设本地物流系统，再融入电商，这与天猫电商正好相反，天猫是先有了电商的基因，再进行物流的探索，如最近几年出现的菜鸟联盟、菜鸟仓等。

7.1.1 FBA 服务的流程

FBA 服务的流程主要包括以下几点。

（1）卖家将产品发货至亚马逊。卖家在亚马逊后台完成产品上架的操作后，将产品在国内妥善包装，打印亚马逊提供的 PDF 标签或使用亚马逊物流贴标服务，创建 FBA 计划并发货至亚马逊。

（2）亚马逊入库，存储产品。产品到达 FBA 仓库后，亚马逊扫描登记产品信息并将其存储在随时可发货的仓储物流中心，卖家可以通过亚马逊的平台集成追踪系统监控库存。

（3）买家下单订购产品。亚马逊将配送买家直接在亚马逊平台下达的订单，或根据卖家为非亚马逊销售交易提交的配送请求进行配送。

（4）亚马逊拣货并包装订单产品。亚马逊物流从库存中分拣出订单产品并进行包装，以便进行配送。

（5）亚马逊配送订单产品。按照买家选择的配送方式，亚马逊将产品从卖家的运营中心网络配送至买家手中，并提供可追踪的物流信息。

7.1.2 申请 FBA 服务

FBA 的增值服务只面向亚马逊的“专业卖家销售计划”的店铺开放。如果大家注册的是“个人卖家销售计划”的店铺，就需要先将店铺升级为“专业卖家销售计划”，然后去申请开通亚马逊的 FBA 服务，这个服务是实时开通的，开通成功后就可以备货、准备发货至 FBA 了。FBA 管理的内容可参考本书第 4 章的基础操作部分。

7.2　使用 FBA 服务的优势

在平时讲课的过程中，有的学员经常向笔者提出“老师，我不用 FBA 行不行，就用国内自发货”的问题。如果有这个想法的卖家，笔者建议就不要做跨境电商了。FBA 海外仓的使用是亚马逊为卖家提供的最好的增值服务之一，它可以帮助卖家高效地运营店铺，并可带来诸多益处。卖家使用 FBA 物流服务的优势主要体现在以下几个方面。

7.2.1　物流时效

对于电商来讲，竞争力一般体现在以下几个方面：产品的优等质量、付款的便捷性、售后服务的完善及物流时效等。卖家在操作跨境电商的时候，对于国外买家来讲，能够更方便地购买全球货物，物流的时效所占比重是非常高的。例如，美国买家购买我国卖家自发货的产品，收到货的时间最快约为 3 天，最慢约为 15 天，其中 3 天时效的快递费用甚至比产品本身的价值还要高，买家一般不会考虑；而如果采用亚马逊 FBA 发货，美国买家下单后只需要 1~3 天就可以收到产品，买家作为 Prime 会员甚至可以在节日活动的时候，选择次日达、隔日达等配送选项，其将会更快地收到订单产品。

7.2.2　Prime 会员免费配送

如果店铺顺利地开通了亚马逊的 FBA 增值服务，就可以直接进入亚马逊的 Prime 会员服务体系，体系内的服务仅对 Prime 会员开放。亚马逊将在产品 Listing 的描述页进行打标，便于 Prime 会员在购物时进行辨别，尤其是 Prime 会员在移动端浏览亚马逊时，通常都会做一个动作，那就是选择“Prime”对产品进行筛选，这样打标的店铺就可以脱颖而出，增加 Listing 曝光的机会。

7.2.3　抢购物车

在前面的章节中，笔者提到过产品 Listing 的上架模式。在卖家以跟卖的形式售卖产品时，如果卖家的产品是 FBA 发货，就可以大大增加抢夺购物车的概率；如果产品是自建 Listing，只要卖家使用了 FBA 服务，一旦 FBA 入库成功，Listing 将立刻获取购物车。

7.2.4 加入平台活动

亚马逊平台上的官方活动不多，如 Lighting Deal 等个别秒杀活动，此类活动的报名门槛大部分是要求能提供 FBA 配送的卖家。平台活动对买家来讲是一种优惠，亚马逊肯定也不希望有自发货的卖家影响平台的用户体验。

7.2.5 多渠道销售

当卖家有了不止一个亚马逊店铺，或者是更多的电商平台账号，FBA 服务将会为其带来物超所值的使用体验。FBA 的多渠道销售，可为卖家的多平台订单提供强有力的物流支持。

7.2.6 有竞争力的定价

由于卖家的产品有资格通过亚马逊的 Prime 服务进行免费配送，因此卖家在亚马逊上的物流产品将按不含运费的产品价格排序。

7.2.7 值得信赖的客户服务和退换货服务

由于亚马逊物流产品均显示“亚马逊物流”标志，因此买家知晓包装、配送、客户服务和退货都是由亚马逊处理的。这不但帮助卖家节省了更多的运营时间，而且无形中也提升了卖家在买家心中的印象。

7.3 亚马逊 FBA 费用计算

FBA 成本费用计算器，用于计算亚马逊 FBA 的费用，如图 7-1 所示。卖家可在后台单击“帮助”按钮，搜索“FBA 费用计算器”，单击进入即可。

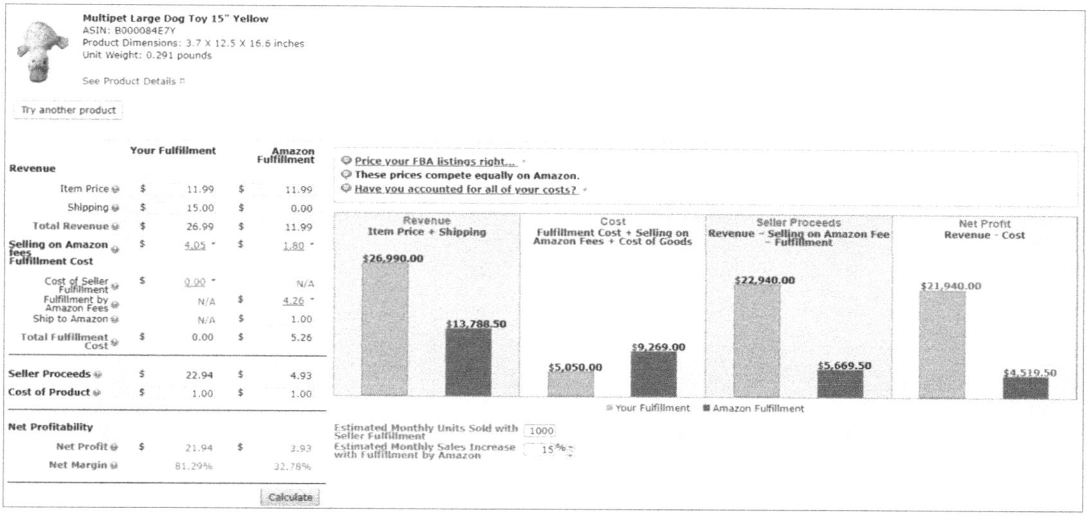

图 7-1

卖家只需要在相应的输入框中编辑预设的数值，计算器就会自动生成自发货及 FBA 发货的指标数据，包括利润、利润率等，页面右侧还有可视化图表用于推算月度产品总量和总销售额等。大家可以尝试使用，也可以将其作为选品的工具。

7.4　亚马逊 FBA 操作详解

7.4.1　FBA 发货计划创建

FBA 的操作是卖家在日常运营中的重点工作，其流程相对来说有些复杂。每次向 FBA 发货的时候，卖家需要先创建一个 FBA 计划，也就是提前通知亚马逊自己准备发货了，这样亚马逊的仓库工作人员可提前做好产品入库上架的准备。

1. 准备创建 FBA 计划

（1）进入“管理库存”，如图 7-2 所示，找到准备发至 FBA 的产品。

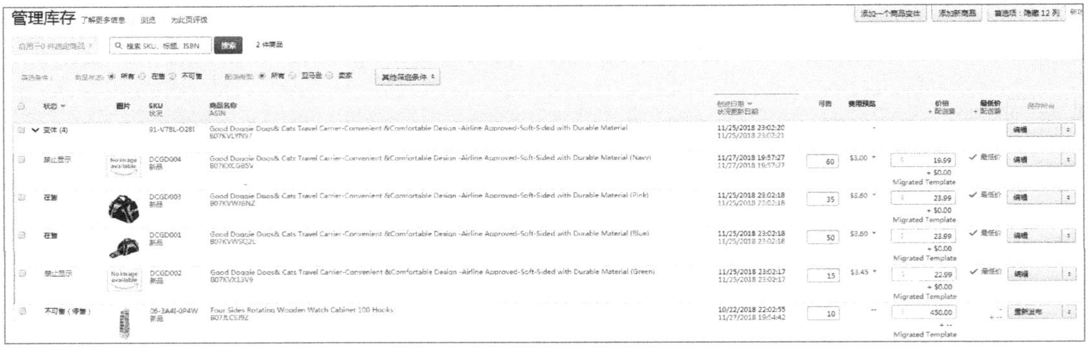

图 7-2

（2）单击“编辑”按钮，如图 7-3 所示，选择“转换为‘亚马逊配送’”选项。

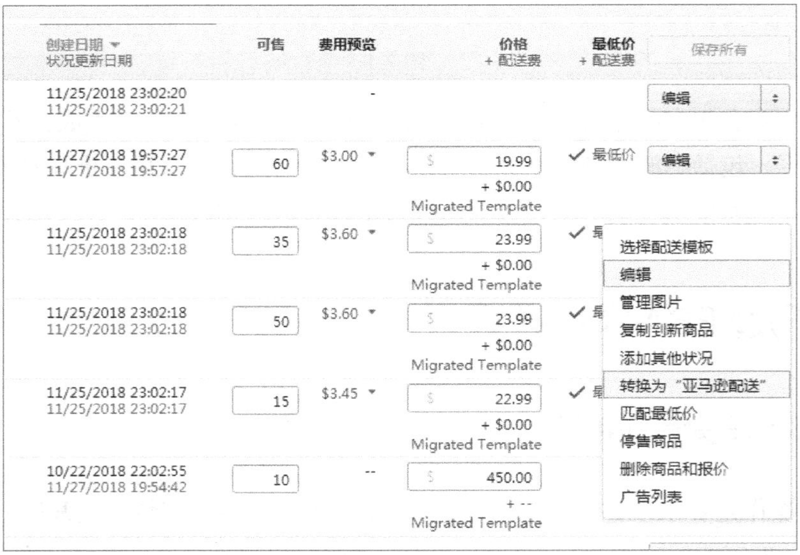

图 7-3

注意：如果卖家是第一次操作 FBA 发货，会进入 FBA 的指示页面，在贴标服务的选项里选择“拒绝贴标服务”，也就是产品贴标由卖家来完成，不需要亚马逊的介入（如果卖家委托亚马逊贴标，费用是比较高的），确认选项后，单击“查看选择”按钮，如图 7-4 所示。

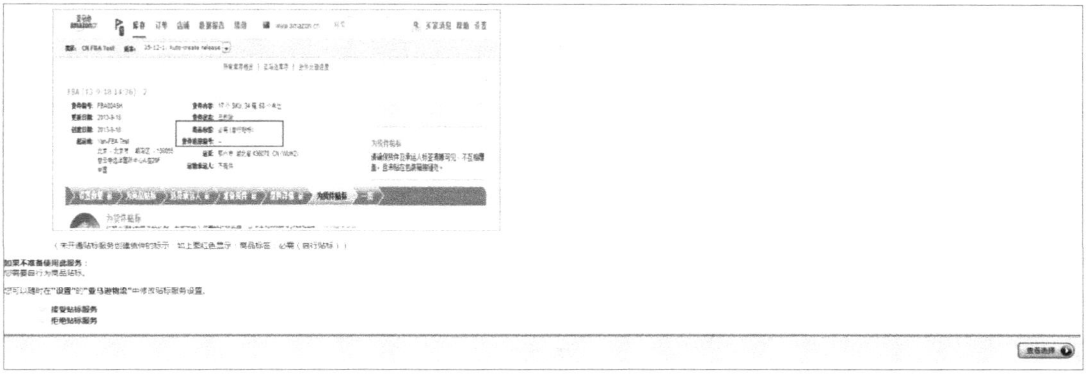

图 7-4

（3）单击“确认选择”按钮，如图 7-5 所示。

图 7-5

（4）“条形码类型”选择“亚马逊条形码”选项，单击“转换并发送库存”按钮，如图 7-6 所示。

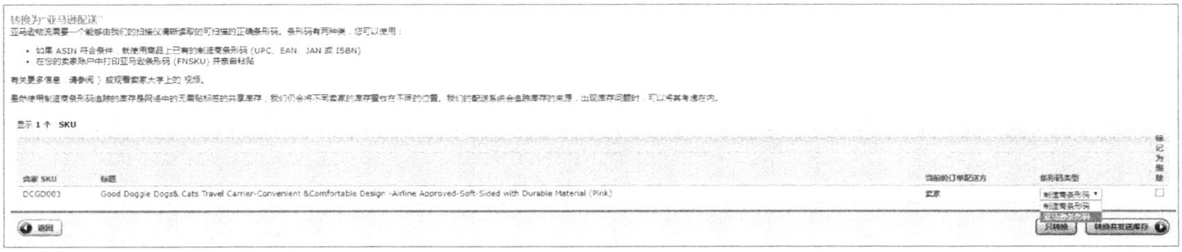

图 7-6

（5）添加危险品信息。亚马逊会对卖家发送的 FBA 产品进行危险品审核，这些产品包括个护用品（如易燃香氛）、食品（如含气溶胶的烹饪喷雾）、家居用品（如腐蚀性浴室清洁剂）及使用电池的产品（如手机）等，这里应按照产品实际的信息填写。如图 7-7 所示，选择“否”选项，确认无误后，单击“提交”按钮。

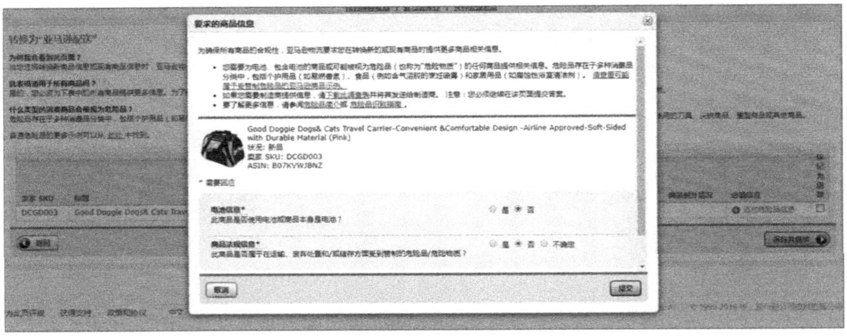

图 7-7

（6）单击“保存并继续”按钮，如图 7-8 所示，进入下一个环节。

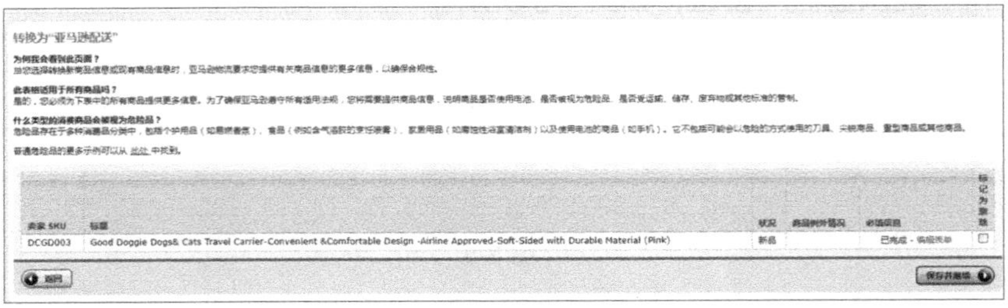

图 7-8

2. 开始创建 FBA 计划

（1）基本信息填写。进入 FBA 计划的创建页面，如图 7-9 所示，在这里输入基本的信息，包括“发货地址”和“包装类型”。

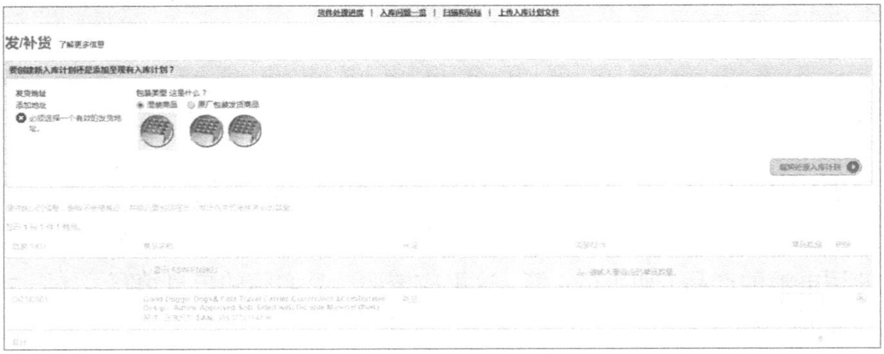

图 7-9

首先，针对此 Listing，先创建新的“发货地址”，如图 7-10 所示。

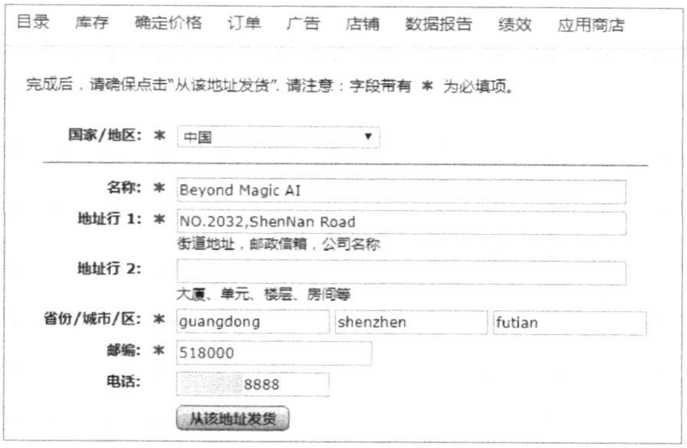

图 7-10

“发货地址”信息应根据实际情况填写，务必提供正确的“发货地址”，以免耽误 FBA 入库安排。

其次，选择正确的“包装类型”。如选“原厂包装发货产品”选项，如图 7-11 所示，确认无误后，单击“继续处理入库计划”按钮。

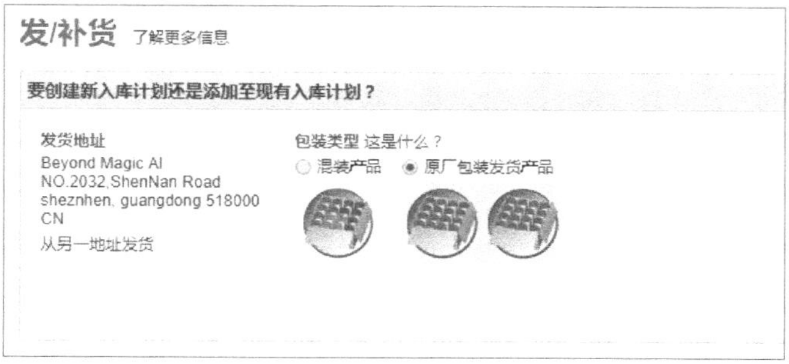

图 7-11

注意：混装产品和原厂包装发货产品的区别。

混装产品：如果 FBA 货件包含 SKU 和状况均不相同的单独产品，请选择“混装产品”。

原厂包装发货产品：如果 FBA 货件包含之前由制造商包装的具有相同产品状况、匹配 SKU 的相同产品的箱子，则选择“原厂包装发货产品”。每个装运箱必须包括相同的产品数量。

（2）产品信息填写。按照实际情况，填写产品的“尺寸”“重量”“每个装运箱的商品数量”“装运箱数量”，如图 7-12 所示，确认无误后，单击“继续”按钮，进入下一个环节。

注意：产品尺寸及重量的单位，不可出错。

图 7-12

（3）预处理信息填写。确认产品的“预处理信息”，产品默认是无须预处理或者由卖家进行处理，费用项为零，若需要由亚马逊来处理，则需要选择对应的预处理产品分类，并向亚马逊支付相应的产品处理费用，如图 7-13 所示，单击“继续”按钮，进入下一个环节。

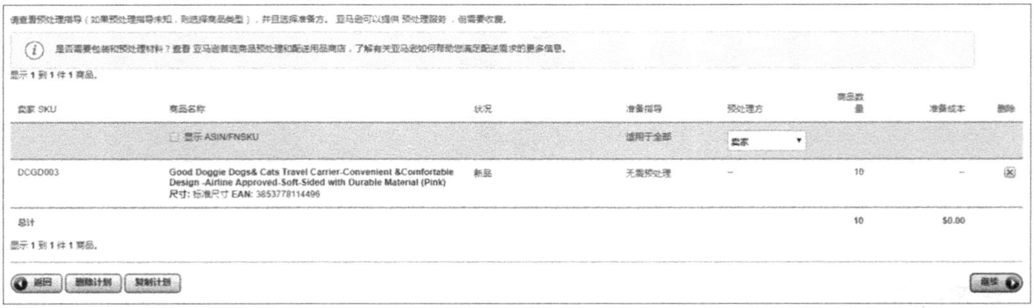

图 7-13

（4）获取产品标签。卖家确认标签数量与标签纸张大小，单击“为此页面打印标签”按钮，获得产品标签以后，贴在产品原始包装上，单击“继续”按钮，进入下一个环节，如图 7-14 所示。

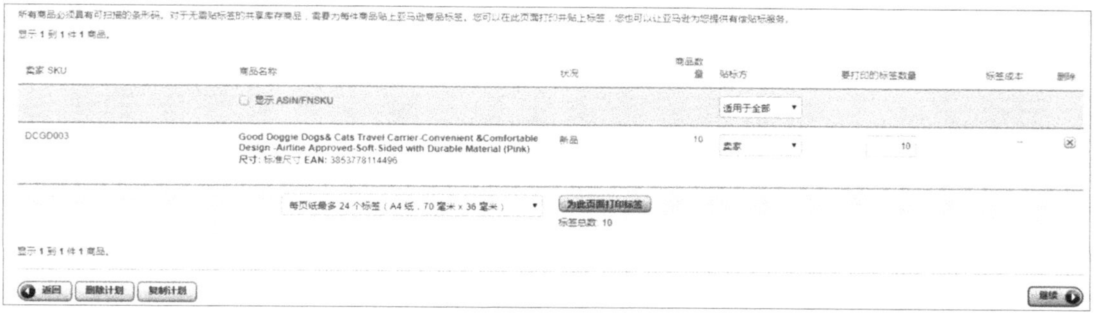

图 7-14

（5）获取外包装箱标签。选择“配送服务”，这里的“配送方式”一般选择“小包裹快递（SPD）”。亚马逊“配送商”是不可用的，其仅支持美国境内的卖家操作，如图 7-15 所示。

图 7-15

填写外包装箱信息，包括“尺寸”“重量”，确认无误后，打印外包装箱标签，并贴于包装箱上，最后单击“完成货件”按钮，如图 7-16 所示。

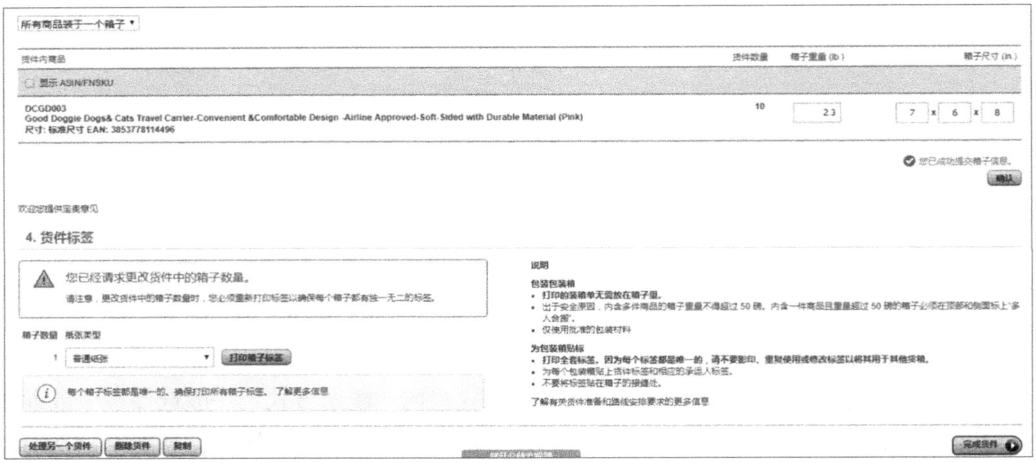

图 7-16

至此，整个 FBA 计划创建流程完毕，接下来卖家应联系第三方物流发货完成 FBA 入库，等待亚马逊收货并上架产品。创建 FBA 计划后的产品，将在 FBA 库存管理的产品列表中展示出来，如图 7-17 所示。

注意：在此期间，产品为“不可售”的状态，直到入库完毕。

图 7-17

7.4.2 FBA 订单移除操作

1. 订单移除功能产生的原因

在卖家平日的亚马逊店铺运营中，难免会出现一些产品的小问题。例如，卖家在操作

FBA 入库的时候，产品运输途中出现的破损产品；退换货过程中出现的瑕疵产品等。这些破损品、瑕疵品统一归类为不可售产品，不可售产品是不能在亚马逊平台上再次进行销售的，但还占用着亚马逊 FBA 仓库的存储空间。因此，为了优化仓库存储空间，亚马逊推出了移除订单的功能。卖家可以根据实际情况把冗余或者不可售的产品转移出 FBA 仓库，以节省仓储费用、降低运营成本。

2．订单移除功能的具体操作

（1）在产品管理界面，单击“订单移除”功能按钮，进入“Create Removal Order（订单移除）”界面，如图 7-18 所示。

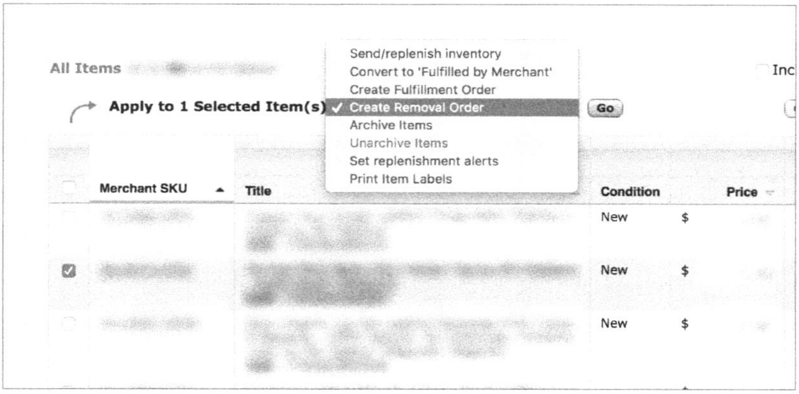

图 7-18

（2）在订单移除界面，可以看到两个选项。第一个是“移除”选项，如图 7-19 所示。卖家需要填写相关的联系方式以用来接收移除的产品，包括收件人、地址、城市、联系电话及国家或地区（美国站仅限美国境内的地址）；其次，还需要填写移除产品的情况（可售或不可售）和相应的数量；最后，单击“继续”按钮，提交即可。一般订单移除的时间为 1~3 个月，订单移除的费用如图 7-20 所示。

第二个选项则是“弃置”。如果库存里的产品有瑕疵，且本身的价值比较低，没有移除的必要，卖家可以直接选择弃置产品，交由亚马逊 FBA 仓库自行处理，选择产品数量后无须填写任何信息，直接提交即可。

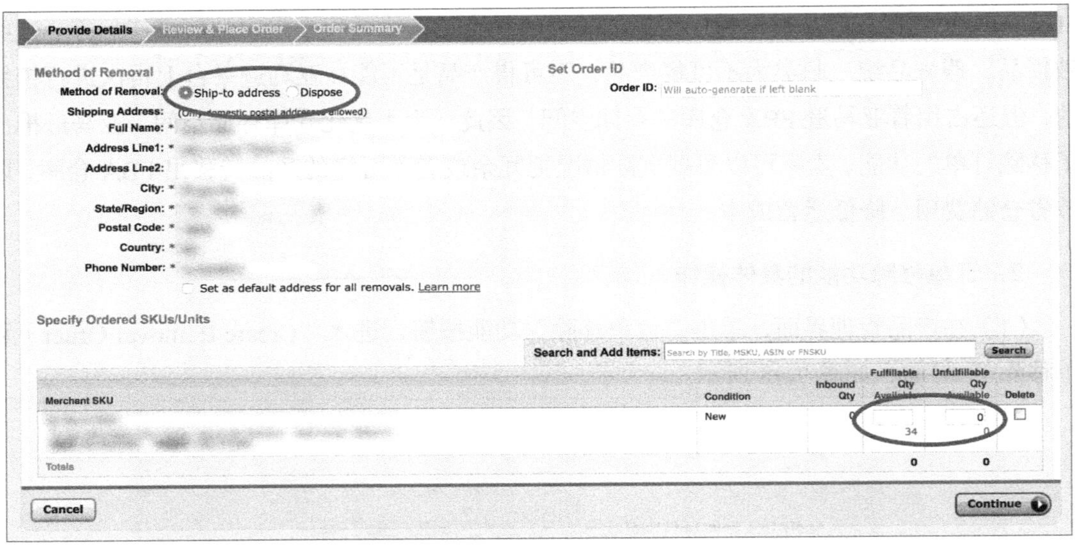

图 7-19

Service Type	Standard Size (of an item)	Oversize (of an item)
Disposal	0.15 USD	0.30 USD
Return	0.50 USD	0.60 USD
Liquidation	10% of the proceedings	10% of the proceedings

图 7-20

7.4.3 FBA 多渠道发货

1. 多渠道发货

如上文所述，除全球电商巨头亚马逊以外，还有非常多的跨境电商平台不断涌现出来，使得流量趋于分散，这也让很多卖家开始加速布局其他大流量电商平台，以获取更多的品牌曝光和流量导入，这也直接促使了订单的备货及仓储配送的优化，而 FBA 的多渠道发货应运而生。卖家利用 FBA 密集的仓储物流中心可为不同的本地销售渠道配送订单。例如，卖家在 eBay、Amazon、Walmart 等大型的美国电商平台都已开设店铺以拓展更广阔的销售渠道，而其只把产品统一备货到亚马逊的 FBA 仓库，当 eBay、Walmart 等其他平台产生订单以后，卖家就可以直接向 FBA 下达订单指令，完成产品配送。

2. 多渠道发货的具体操作

多渠道发货的操作相对来讲比较简单。

（1）图 7-21 所示为产品管理界面，选择多渠道订单创建的功能选项“Create Fulfillment Order”，即可进入多渠道订单创建界面。

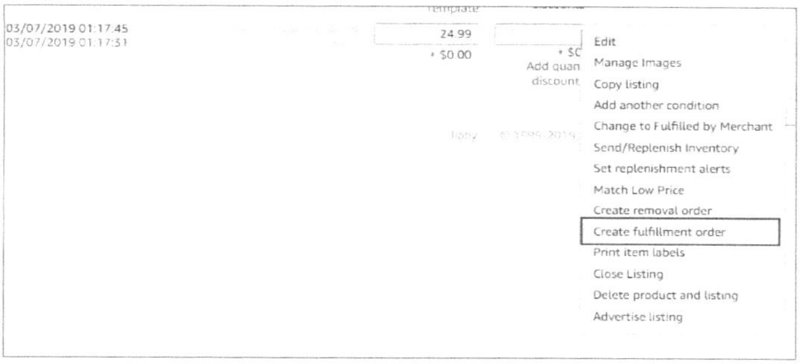

图 7-21

（2）提交订单信息，将其他渠道的订单收件人信息输入订单信息界面，并选择相应的产品数量，确认无误后，提交即可，如图 7-22 所示。

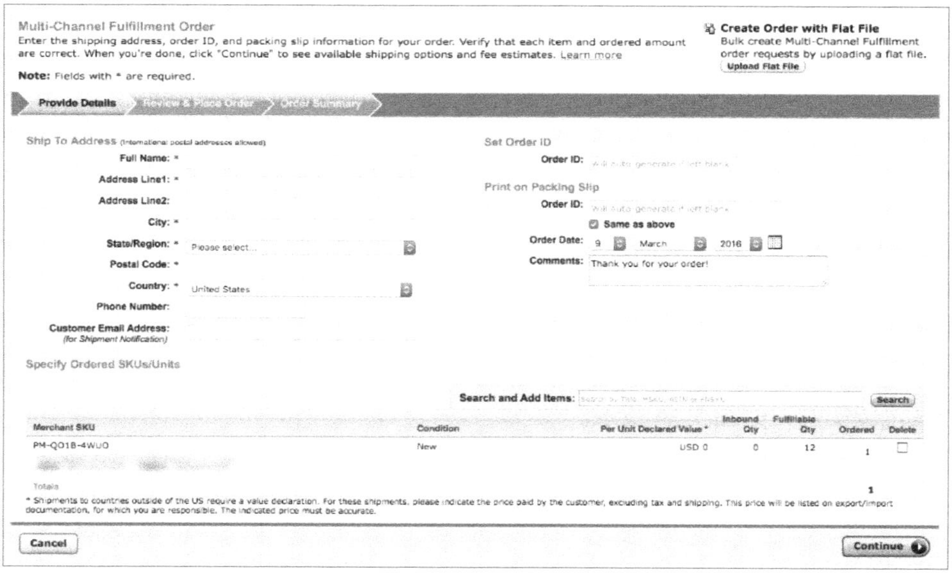

图 7-22

（3）进入物流信息确认界面，此界面中包括配送的方式、时间及配送费用，如图 7-23 所示。

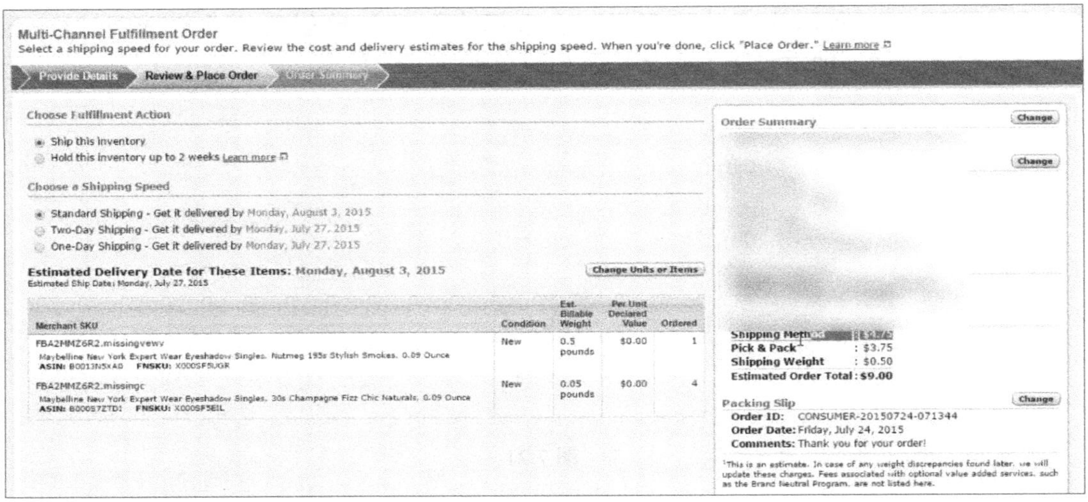

图 7-23

配送的方式分为普通和加急，不同的方式对应不同的配送费用。卖家可以按照实际情况对配送方式进行选择，确认无误后，提交即可，之后等待亚马逊配送完成。

7.5 亚马逊 FBA 的注意事项

7.5.1 包装要求

卖家在将产品发至 FBA 仓库的时候，产品的包装必须符合亚马逊的要求，如易碎品不得裸露在包装之外、液体必须密封方可达标、纺织品应包装完好，产品切不可采取简易包装。产品包装实例，如图 7-24 所示。

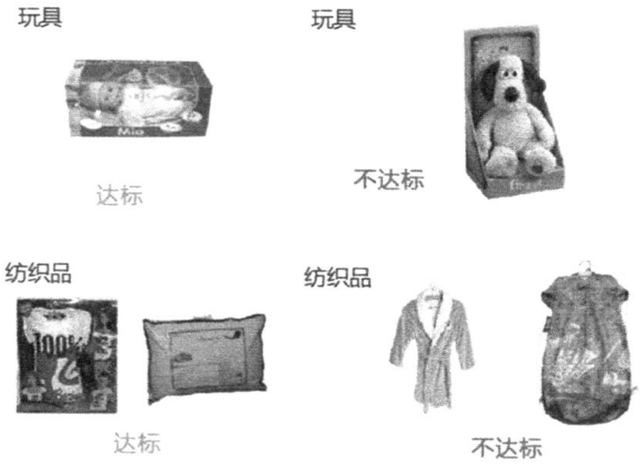

图 7-24

7.5.2　贴标要求

当卖家第一次转换和向亚马逊 FBA 邮寄产品时，会被问到产品是否需要贴亚马逊标签。贴标与否的区别在于未贴标的产品将与同类产品混合存放在运营中心，卖家可以快速地准备好产品，亚马逊也可以迅速地将产品入库；需要贴标的产品将被识别为卖家的特定产品，不会和同类产品混合存放在一起，卖家可以对其库存情况进行全程跟踪。

注意：并不是所有的库存产品都可以不贴标或者混合存放。即使卖家选择了不贴标选项，对于以下类别的产品，还是应贴标：媒介类产品；衣服、鞋子、珠宝、手表；任何使用过的、翻新过的产品（非全新的产品）。

如果卖家选择将贴标的产品和未贴标的产品一起配送，系统将自动分成两批货件，因为亚马逊对不同的产品包装有不同的处理流程。

以上就是对亚马逊 FBA 的简单介绍，大家可以在后续的店铺运营中多多实践。

第 8 章

亚马逊的促销活动及推广

8.1　亚马逊站内营销

8.1.1　站内活动

相比淘宝等我国国内平台的站内活动，亚马逊的促销活动相对来说比较简单，有些活动内容与其他平台也比较类似，如包邮、满减等。亚马逊站内的活动设置主要包括以下几类。

1．折扣促销

（1）亚马逊店铺后台首页如图 8-1 所示。在后台首页功能栏的“ADVERTISING”中选择“Promotions”选项，会进入促销活动设置界面。值得注意的是，促销功能仅对专业卖家开放。

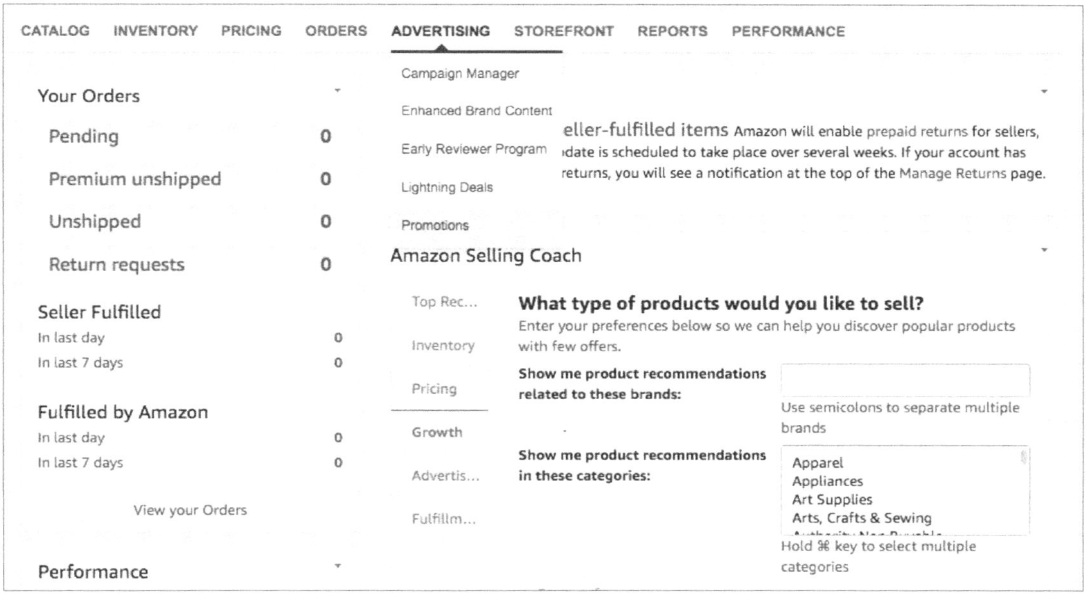

图 8-1

（2）亚马逊提供了几种不同的促销活动，包括 Free Shipping（免邮）、Percentage Off（满减折扣）、Buy One Get One（买一赠一，类似于满赠活动）、Giveaway（礼品促销）等。亚马逊的促销界面如图 8-2 所示。

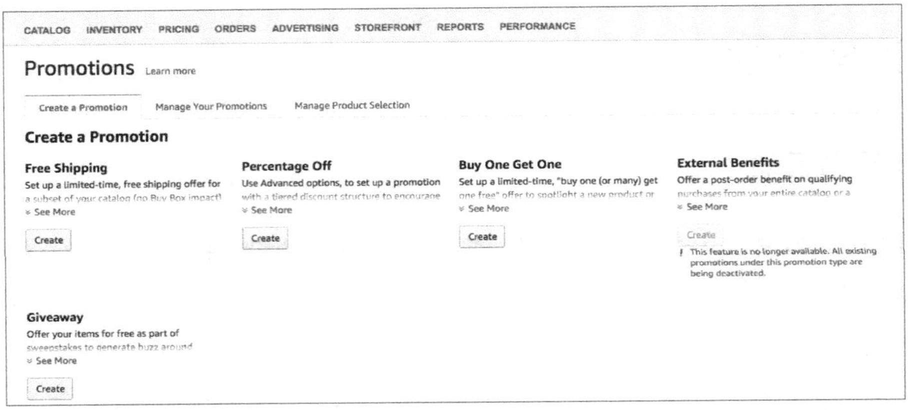

图 8-2

（3）以满减折扣的设置为例，单击“Percentage Off”按钮，进入如图 8-3 所示的折扣设置界面，选择优惠购买的条件：至少 1 件商品、折扣内容为优惠 1%。

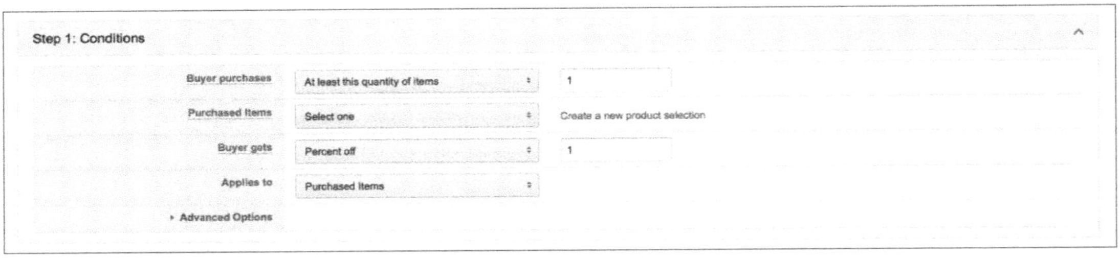

图 8-3

单击“Creat a new Product Selection”按钮，进入如图 8-4 所示的优惠产品库设置界面，选择可以享受店铺优惠的产品。

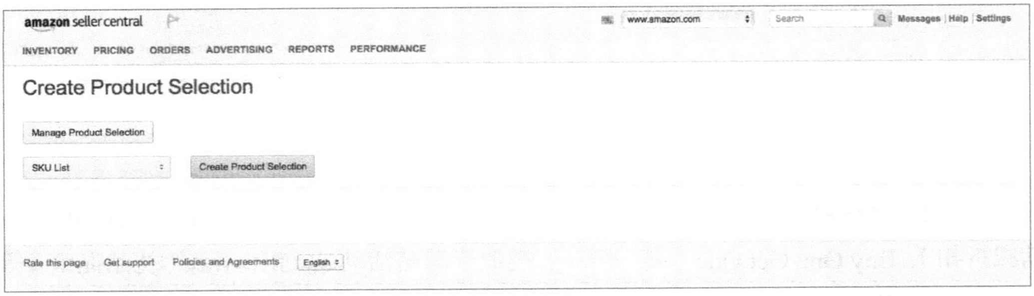

图 8-4

按照 SKU 的规则创建优惠产品库。SKU 的设置界面，如图 8-5 所示，创建完成后，单击“Submit”按钮生成优惠产品库。

图 8-5

在满减折扣设置主界面，选择新生成的优惠产品库，设置促销的时长及名称，如图 8-6 所示。

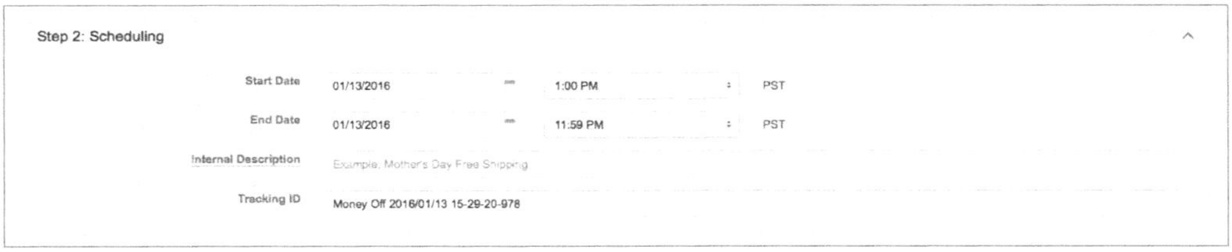

图 8-6

选择促销优惠码的类型。因为卖家将在社交媒体上进行推广宣传，所以这里可选择无限制类型，同时设定一个用户只能使用一次促销码，如图 8-7、图 8-8 所示。这里不要选错优惠码的类型，卖家可以设置一次性的优惠码，也可以设置无限次数的优惠码。

图 8-7

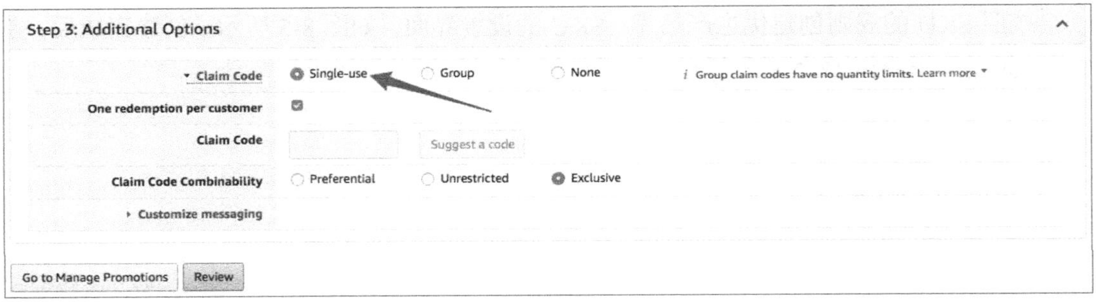

图 8-8

查看已设置的优惠条款，如图 8-9 所示，信息确认无误后，提交即可。

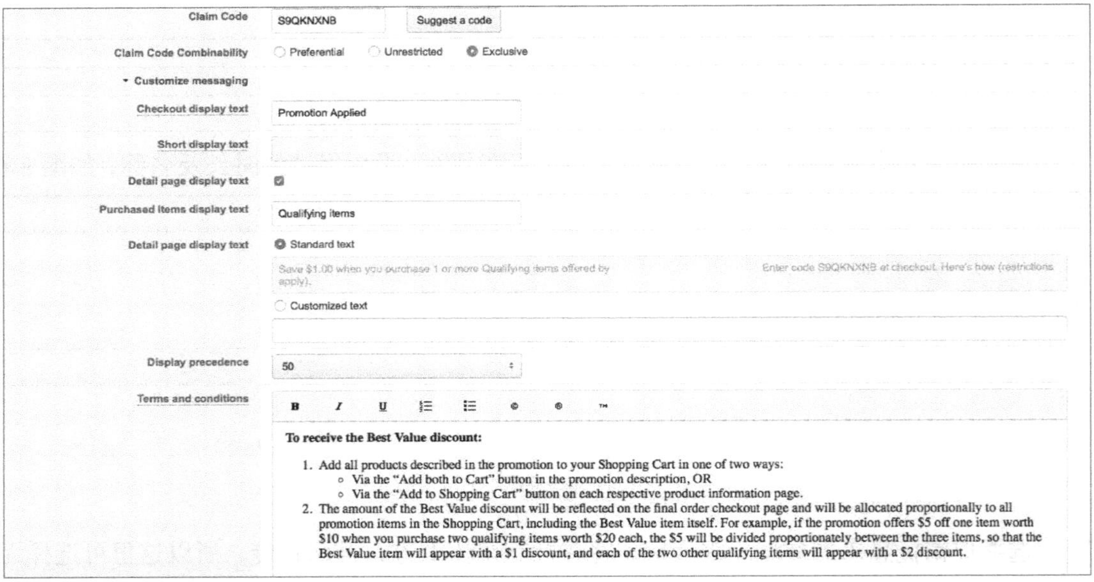

图 8-9

2. Coupon（优惠券）

优惠券的功能是亚马逊在 2018 年年中的时候逐渐开放的促销功能，新手及店铺评分不足 3.5 的卖家不能设置这项功能。亚马逊平台的优惠券展现形式如图 8-10 所示。

图 8-10

如果店铺满足了使用条件，优惠券可按下列步骤进行设置。

（1）在“ADVERTISING”功能栏中选择“Coupons”选项，如图 8-11 所示。

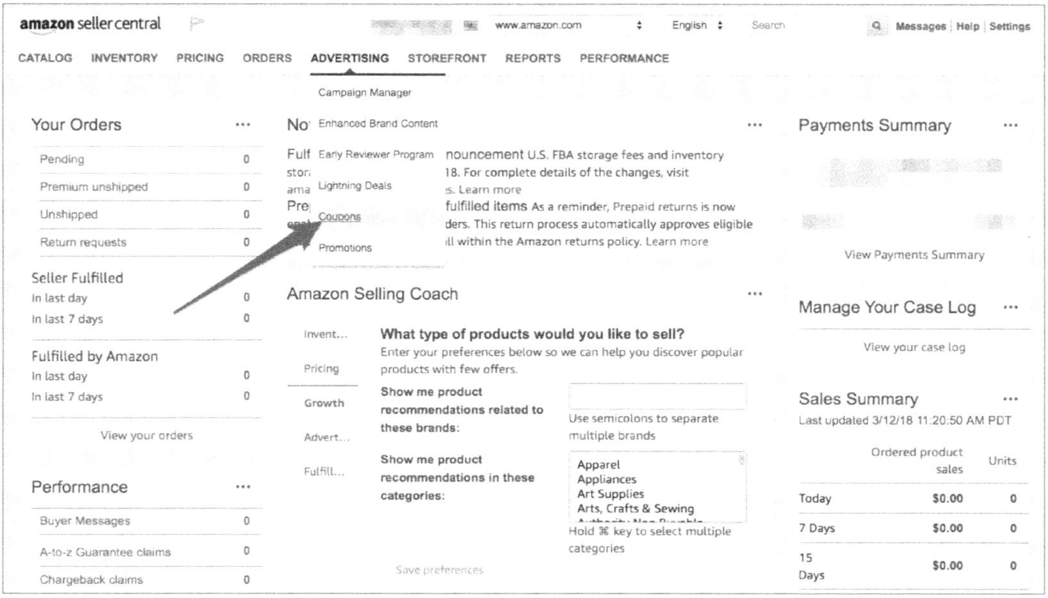

图 8-11

（2）单击“Create your first coupon”按钮，进入优惠券创建界面，如图 8-12 所示。

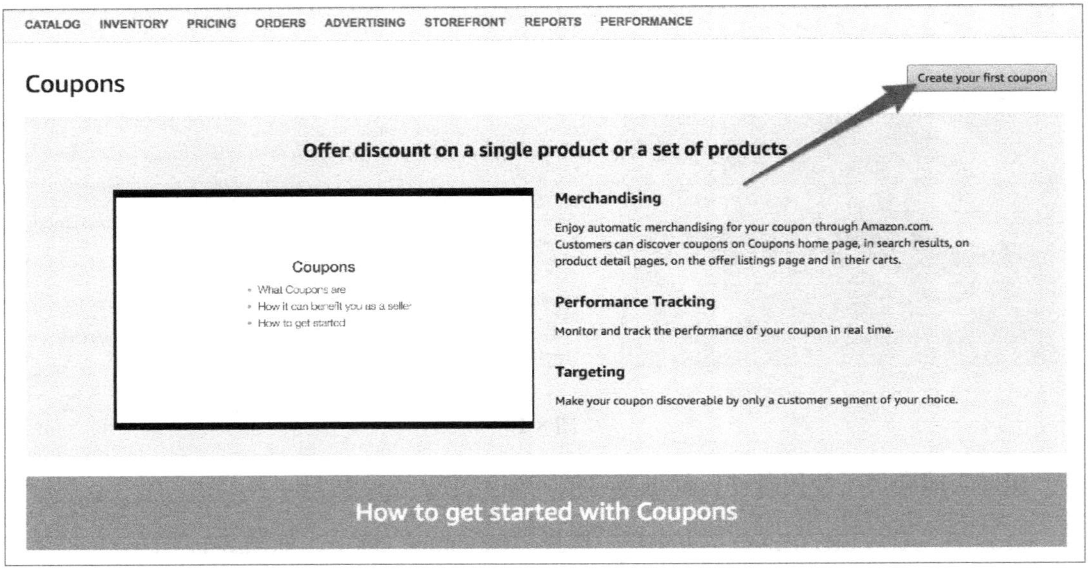

图 8-12

（3）选择添加优惠券的目标产品，可以按照 SKU/ASIN 进行搜索，如图 8-13 所示。

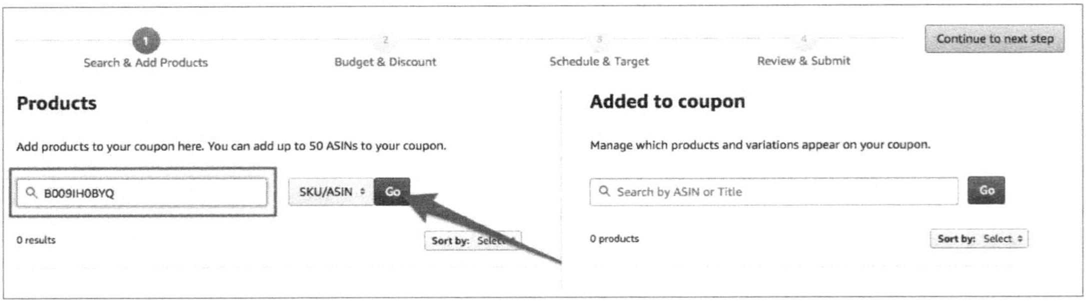

图 8-13

产品将在搜索框的下方展示出来，单击右侧的“Add to coupon”按钮，将其添加至优惠券产品库中，如图 8-14 所示。

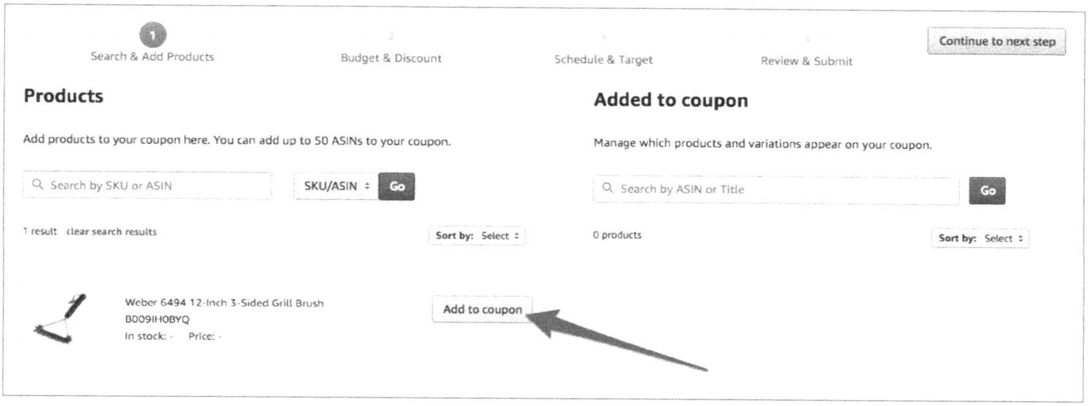

图 8-14

优惠券产品库添加成功以后，单击右上角的“Continue to next step”按钮，如图 8-15 所示，进入折扣设置界面。

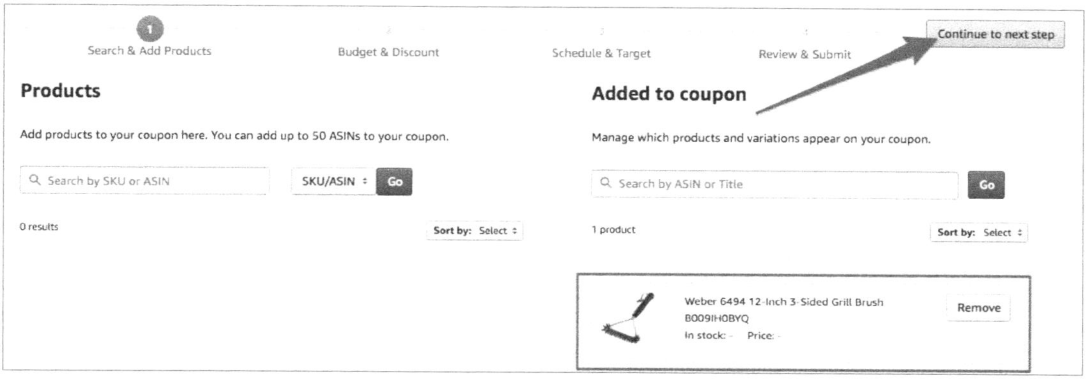

图 8-15

（4）进入具体优惠的设置界面，可以选择“Money Off”或“Percentage Off”，即“减钱”或“折扣”。例如，设置折扣为 25%，相当于产品打七五折，如图 8-16 所示。

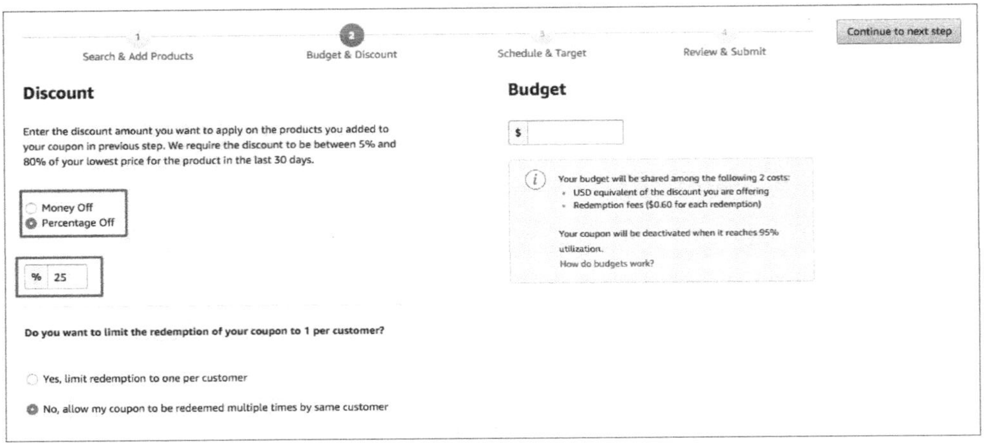

图 8-16

注意，优惠方式设置完成以后，还要确认优惠券的使用权限，一个买家可以使用一次或者多次，如图 8-17 所示。

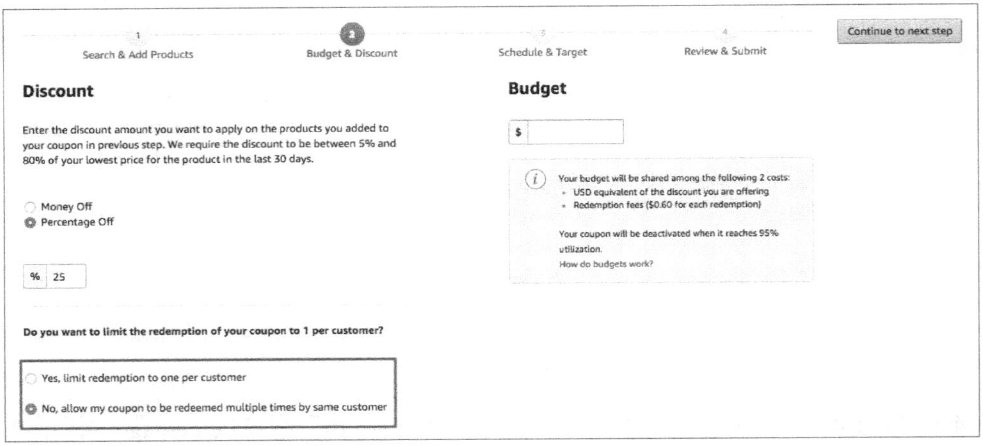

图 8-17

（5）设置优惠券的发放金额预算，这里涉及两方面的费用：一方面是优惠的费用，另一方面是亚马逊收取的手续费。例如，产品售价为 20 美元，优惠券的折扣为 25%，也就是 5 美元的减免，每一张优惠券使用的时候都会扣除 0.6 美元的手续费，如果卖家准备发放 50 张优惠券，总体的花费就是 $50 \times 5.6=280$ 美元，根据以上的费用设置预算。预算设置完成，单击“Continue to next step”按钮进入下一个环节，如图 8-18 所示。

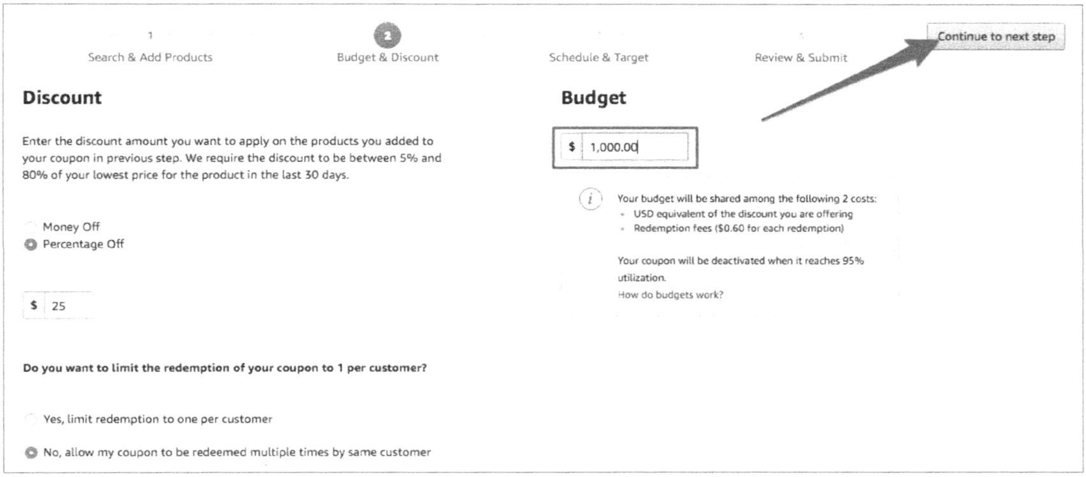

图 8-18

（6）设置优惠券的标题，如图 8-19 所示，可以参考界面左侧的官方标题指南。

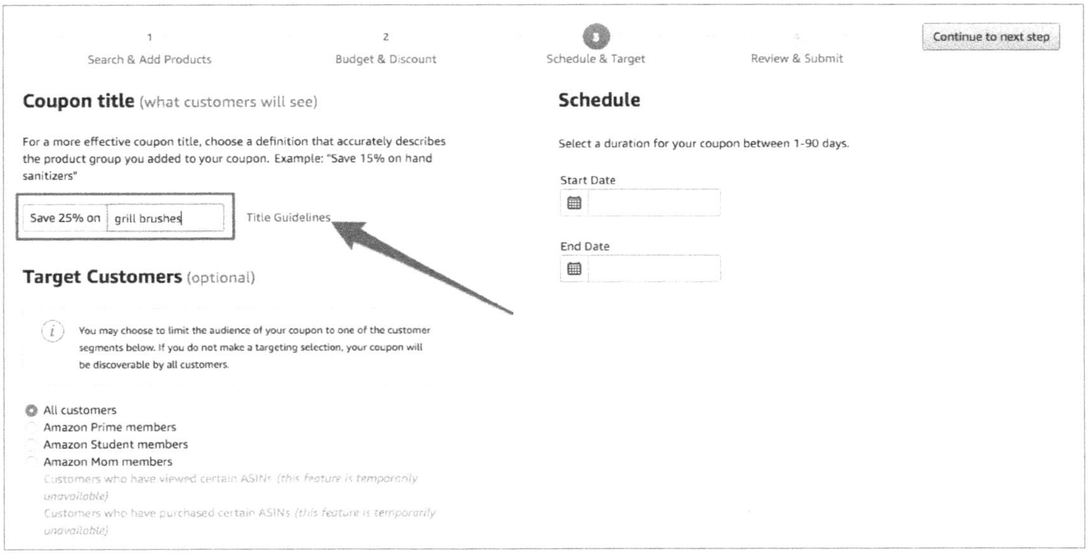

图 8-19

其次，卖家也可以设置发放的买家人群，可以是全部买家、会员买家、学生会员等，这里默认的是向全部买家开放，如图 8-20 所示。

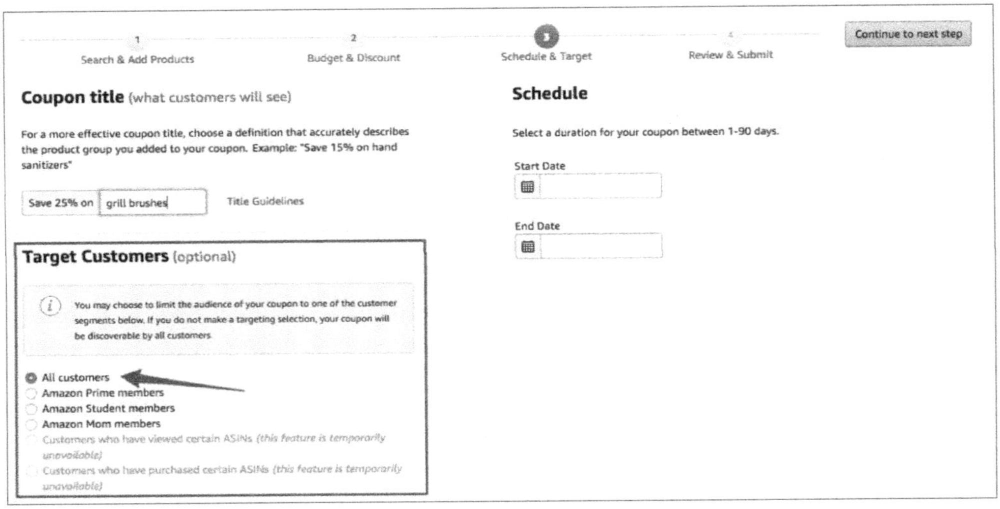

图 8-20

接下来设置投放时间，时间范围为“1~90 天”，如图 8-21 所示，确认无误后，单击“Continue to next step”按钮，进入下一个环节。

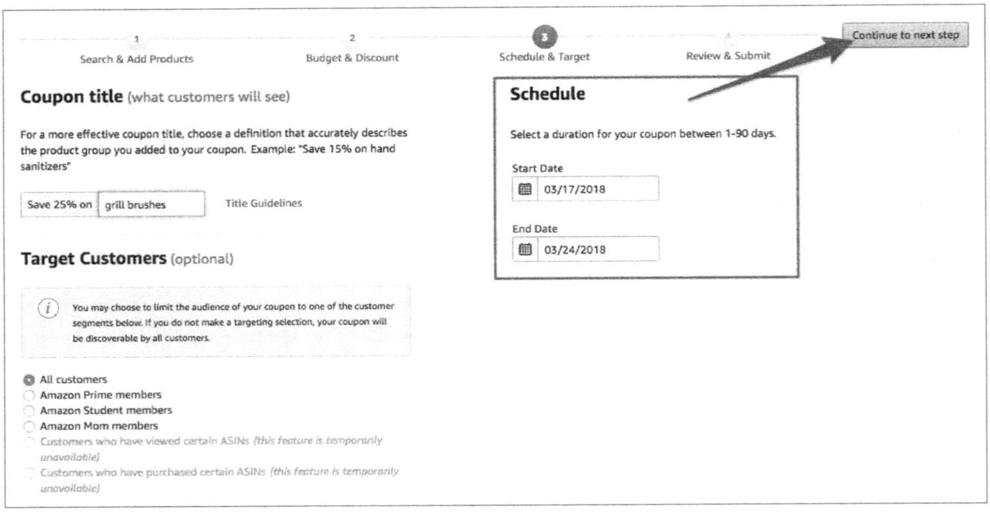

图 8-21

（7）预览优惠券信息的设置，再次确认无误后，单击“Submit coupon”按钮提交，等待优惠券数据生效，如图 8-22 所示。

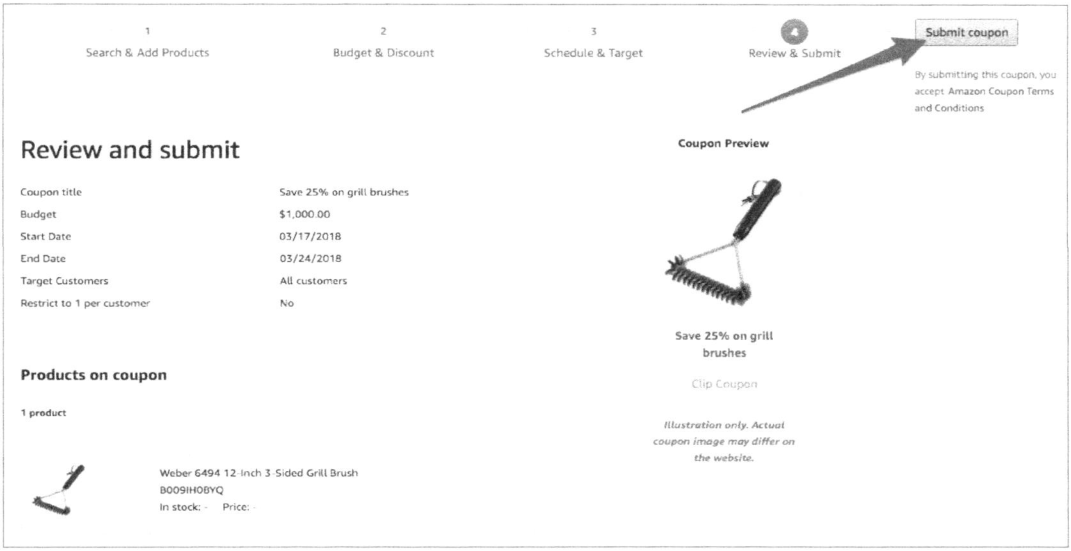

图 8-22

3. Lighting Deals（秒杀活动）

Lighting Deals 是亚马逊官方推出的秒杀（闪购）活动，卖家可以在一定期限内在 Todays Deals 页面展现产品，买家可以进行抢购，如图 8-23 所示。亚马逊要求卖家促销时必须能够提供足够低的折扣以吸引买家购买，其后台的设定一般都有折扣建议和价格上限，同时还应有足够的库存保障，否则卖家将没有资格申请参与这项活动。这项活动一般都采用“邀请制”，只有满足条件的卖家才可以加入 Lighting Deals。具体来说，卖家需要满足以下条件。

（1）产品的评价星级。能参加秒杀的产品，买家评价都有最低的限制，同时还会评估 Reviews 的数量，如果产品评价在 3 星以下肯定是无权申请秒杀的。

（2）产品品类的限制。有些产品是不适合参加秒杀的，如酒精类饮料、医疗用品等。

（3）产品的信息可选性。产品的变体选项也有要求，如尺寸、颜色、风格等，这个要视不同品类而定。

（4）物流。秒杀活动一般针对的都是 Prime 会员，物流必须是采用亚马逊的 FBA 才能申请。

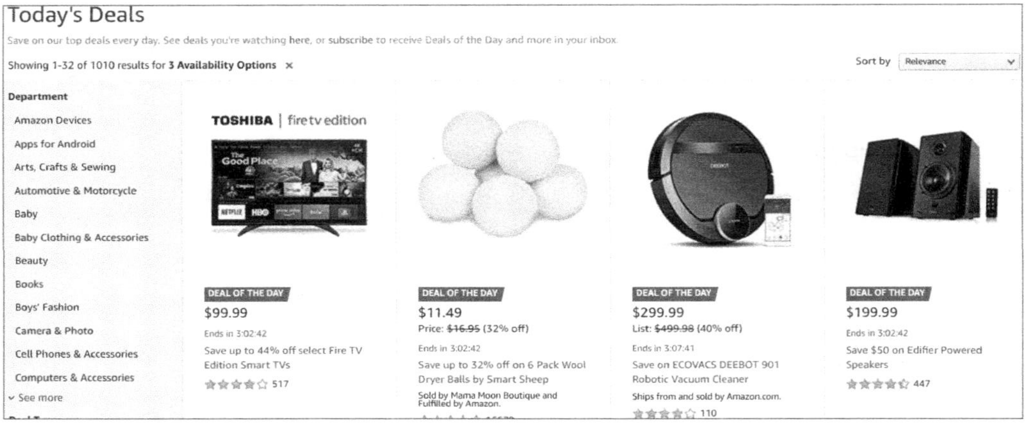

图 8-23

8.1.2 站内 CPC 广告

作为亚马逊卖家，都希望自己店铺里的产品 Listing 能够成为爆款，产品的销售量能不断提高。

EC Reporter（跨境报告）在发布的数据中指出，50%以上的亚马逊平台卖家会积极地推广产品 Listing，且有 70%以上的卖家是使用亚马逊 CPC 广告（依点击次数和单次点击价格计费）的方式进行推广，只要广告运用得当，不但可以提高产品的销售量，还可以提高投资回报率。

1. 亚马逊的 CPC 广告

经过 20 多年的发展，亚马逊平台上已经有了 10 多亿个产品，买家在浏览的时候，可以借助搜索引擎来锁定目标产品，此时，亚马逊会利用自身的“A9 算法”为买家提供相关的产品。作为卖家，首先要做的就是当潜在的买家在搜索产品的时候，尽可能地提高自己产品的曝光率，这也是订单转化的第一步。买家只有看到了产品，才有机会进入卖家的产品页面，进行实际下单购买的动作。这就是卖家提高产品销售量的两个重要环节：产品曝光引流量；Listing 优化促订单。当卖家完成产品 Listing 优化以后，还需要通过亚马逊的 CPC 广告来提高产品的曝光率。

2. 投放 CPC 广告的目的

通过亚马逊 CPC 广告，可以增加产品的曝光，让产品页面多次出现，买家能更轻易地找到卖家的产品。因此，卖家投放亚马逊 CPC 广告的目的主要包括以下三个方面。

（1）增加产品 Listing 的曝光，吸引更多买家关注。

（2）提高品牌知名度。

（3）为新产品上市造势。

3．CPC 广告的投放操作方法

亚马逊的 CPC 广告原理与淘宝的“直通车”类似。首先，卖家选择并确认希望提高曝光率的产品，挑选出相关性较高的关键词，设置好广告的预算。当买家搜索该关键词时，亚马逊会根据出价决定产品广告的出现时机和展现位置，买家点击该广告后，页面会自动跳转到相应的产品页面上。

新手卖家在第一次操作 CPC 广告的时候，亚马逊会赠送 50 美元的代金券，卖家可以直接开通广告，费用直接从代金券里扣除，直到扣完为止。如果卖家继续投放 CPC 广告，就需要从信用卡中扣款了。CPC 广告的具体设置步骤如下所述。

（1）在“ADVERTISING”功能栏选择“Campaign Manager”选项，如图 8-24 所示。

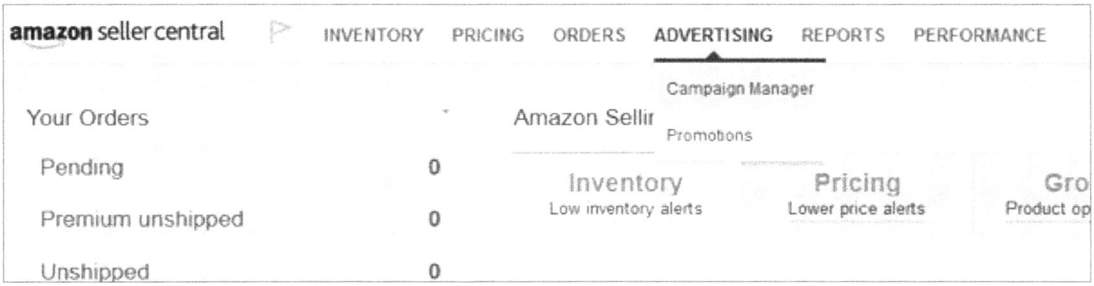

图 8-24

（2）创建一条新的广告活动，内容包括名字、每日消费上限、投放时间及关键词的添加方式。关键词的添加方式一般分为两种：自动与手动。建议新手卖家先选择自动推荐关键词，后期再添加手动关键词，如图 8-25 所示。

（3）创建广告组，设置关键词、默认竞价单价，添加准备推广的产品 Listing，如图 8-26 所示。

（4）完成设置后保存并提交，广告活动将按照指定日期开始执行。

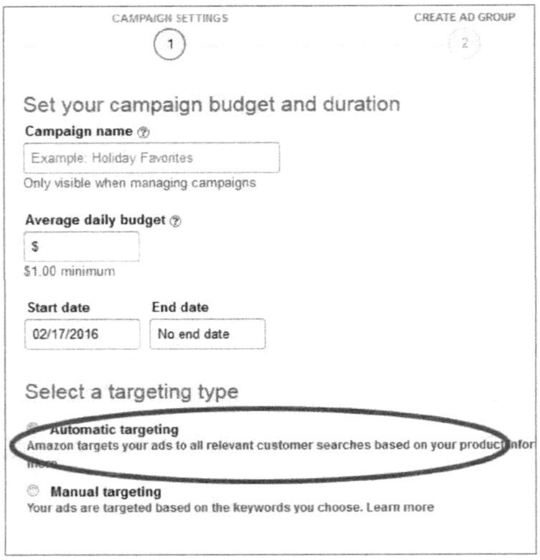
CAMPAIGN SETTINGS
CREATE AD GROUP
Set your campaign budget and duration
Campaign name
Example: Holiday Favorites
Only visible when managing campaigns
Average daily budget
$1.00 minimum
Start date
End date
02/17/2016
No end date
Select a targeting type
Automatic targeting
Amazon targets your ads to all relevant customer searches based on your product infor
Manual targeting
Your ads are targeted based on the keywords you choose. Learn more

图 8-25

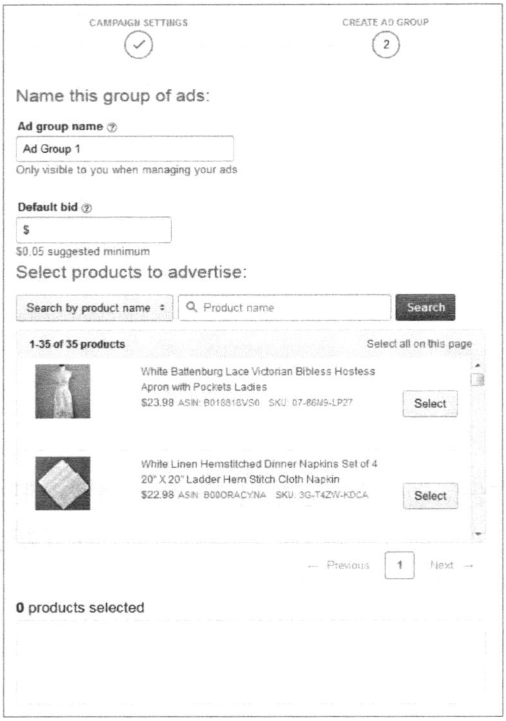
CAMPAIGN SETTINGS
CREATE AD GROUP
Name this group of ads:
Ad group name
Ad Group 1
Only visible to you when managing your ads
Default bid
$0.05 suggested minimum
Select products to advertise:
Search by product name
Product name
Search
1-35 of 35 products
Select all on this page
White Battenburg Lace Victorian Bibless Hostess Apron with Pockets Ladies
Select
White Linen Hemstitched Dinner Napkins Set of 4 20" X 20" Ladder Hem Stitch Cloth Napkin
Select
Previous
Next
0 products selected

图 8-26

4．CPC 广告的数据报告

（1）报告下载。广告投放运行一段时间以后，卖家应定期地去查看广告活动的对应报告，如图 8-27 所示，下载并分析广告活动中各个关键词的表现情况，以此来降低整体广告投放的 ACoS 指标。ACoS 是用来衡量卖家在亚马逊广告投入表现的关键指标，也就是在广告方面的支出占销售额的比例。

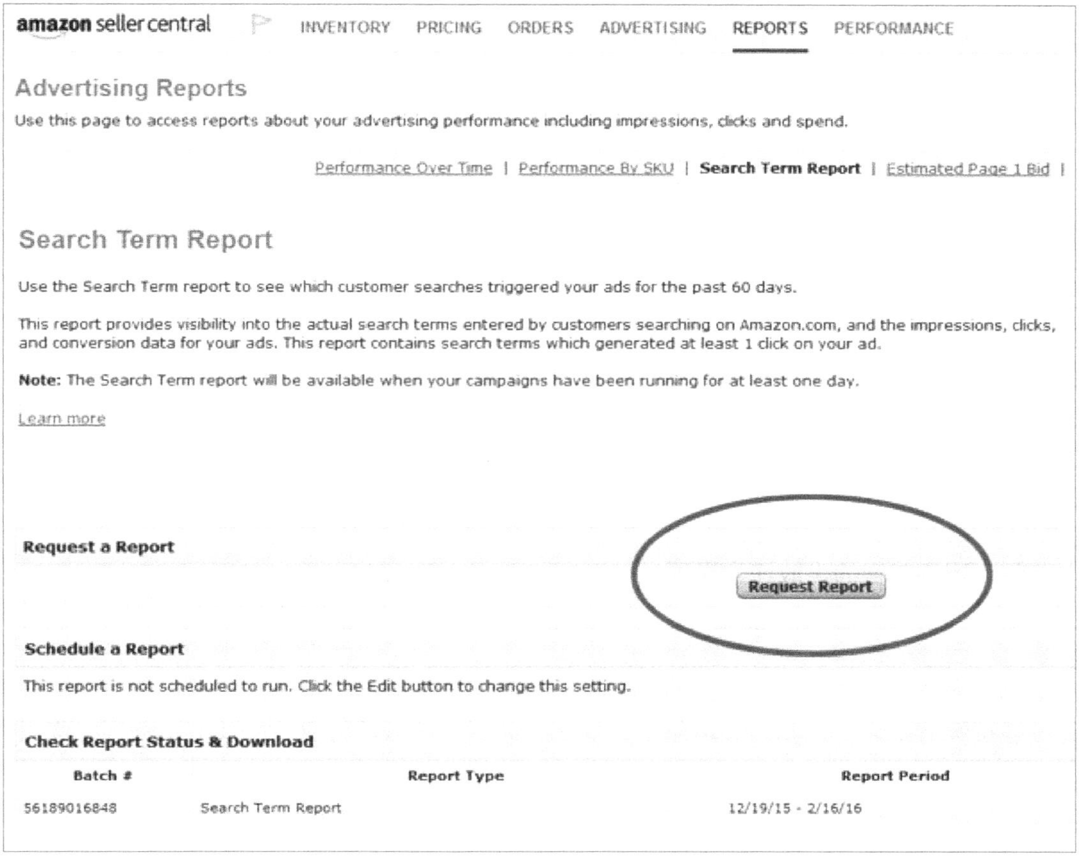

图 8-27

（2）广告数据报告解读。报告中包含了很多关键指标，如买家实际搜索关键词、关键词对应的展现、选择及转化率等。根据指标的表现不同，可对关键词进行调整和删减，如图 8-28 所示。

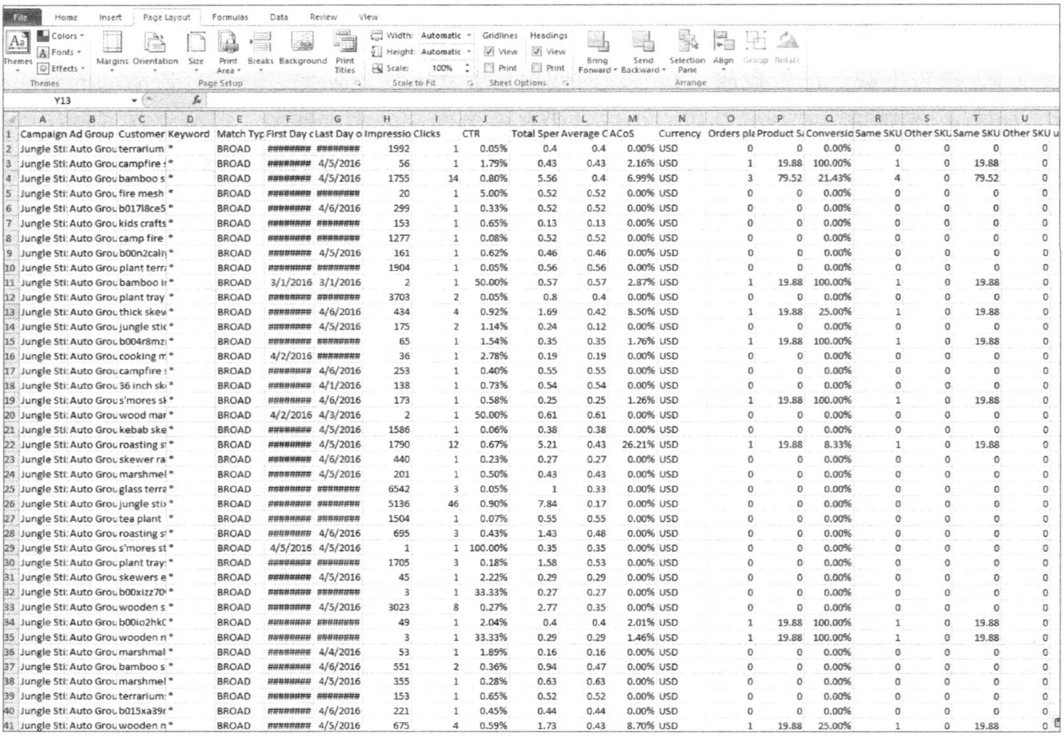

	A	B	C	D	E	F	G	H	I	J	K	L	M	N	O	P	Q	R	S	T	U
1	Campaign	Ad Group	Customer	Keyword	Match Typ	First Day c	Last Day o	Impressio	Clicks	CTR	Total Sper	Average C	ACoS	Currency	Orders pla	Product Sa	Conversio	Same SKU	Other SKU	Same SKU	Other SKU u
2	Jungle Sti	Auto Grou	terrarium	*	BROAD	########	########	1992	1	0.05%	0.4	0.4	0.00%	USD	0	0	0.00%	0	0	0	0
3	Jungle Sti	Auto Grou	campfire s	*	BROAD	########	4/5/2016	56	1	1.79%	0.43	0.43	2.16%	USD	1	19.88	100.00%	1	0	19.88	0
4	Jungle Sti	Auto Grou	bamboo s	*	BROAD	########	4/5/2016	1755	14	0.80%	5.56	0.4	6.99%	USD	3	79.52	21.43%	4	0	79.52	0
5	Jungle Sti	Auto Grou	fire mesh	*	BROAD	########	########	20	1	5.00%	0.52	0.52	0.00%	USD	0	0	0.00%	0	0	0	0
6	Jungle Sti	Auto Grou	b017l8ce5	*	BROAD	########	4/6/2016	299	1	0.33%	0.52	0.52	0.00%	USD	0	0	0.00%	0	0	0	0
7	Jungle Sti	Auto Grou	kids crafts	*	BROAD	########	########	153	1	0.65%	0.13	0.13	0.00%	USD	0	0	0.00%	0	0	0	0
8	Jungle Sti	Auto Grou	camp fire	*	BROAD	########	########	1277	1	0.08%	0.52	0.52	0.00%	USD	0	0	0.00%	0	0	0	0
9	Jungle Sti	Auto Grou	b00n2cali	*	BROAD	########	4/5/2016	161	1	0.62%	0.46	0.46	0.00%	USD	0	0	0.00%	0	0	0	0
10	Jungle Sti	Auto Grou	plant terr	*	BROAD	########	########	1904	1	0.05%	0.56	0.56	0.00%	USD	0	0	0.00%	0	0	0	0
11	Jungle Sti	Auto Grou	bamboo i	*	BROAD	3/1/2016	3/1/2016	2	1	50.00%	0.57	0.57	2.87%	USD	1	19.88	100.00%	1	0	19.88	0
12	Jungle Sti	Auto Grou	plant tray	*	BROAD	########	########	3703	2	0.05%	0.8	0.4	0.00%	USD	0	0	0.00%	0	0	0	0
13	Jungle Sti	Auto Grou	thick skew	*	BROAD	########	4/6/2016	434	4	0.92%	1.69	0.42	8.50%	USD	1	19.88	25.00%	1	0	19.88	0
14	Jungle Sti	Auto Grou	jungle stic	*	BROAD	########	4/5/2016	175	2	1.14%	0.24	0.12	0.00%	USD	0	0	0.00%	0	0	0	0
15	Jungle Sti	Auto Grou	b004r8mz	*	BROAD	########	########	65	1	1.54%	0.35	0.35	1.76%	USD	1	19.88	100.00%	1	0	19.88	0
16	Jungle Sti	Auto Grou	cooking m	*	BROAD	4/2/2016	########	36	1	2.78%	0.19	0.19	0.00%	USD	0	0	0.00%	0	0	0	0
17	Jungle Sti	Auto Grou	campfire s	*	BROAD	########	4/6/2016	253	1	0.40%	0.55	0.55	0.00%	USD	0	0	0.00%	0	0	0	0
18	Jungle Sti	Auto Grou	36 inch sk	*	BROAD	########	4/1/2016	138	1	0.73%	0.54	0.54	0.00%	USD	0	0	0.00%	0	0	0	0
19	Jungle Sti	Auto Grou	s'mores sk	*	BROAD	########	4/6/2016	173	1	0.58%	0.25	0.25	1.26%	USD	1	19.88	100.00%	1	0	19.88	0
20	Jungle Sti	Auto Grou	wood mar	*	BROAD	4/2/2016	4/3/2016	2	1	50.00%	0.61	0.61	0.00%	USD	0	0	0.00%	0	0	0	0
21	Jungle Sti	Auto Grou	kebab ske	*	BROAD	########	4/5/2016	1586	1	0.06%	0.38	0.38	0.00%	USD	0	0	0.00%	0	0	0	0
22	Jungle Sti	Auto Grou	roasting s	*	BROAD	########	4/5/2016	1790	12	0.67%	5.21	0.43	26.21%	USD	1	19.88	8.33%	1	0	19.88	0
23	Jungle Sti	Auto Grou	skewer ra	*	BROAD	########	4/6/2016	440	1	0.23%	0.27	0.27	0.00%	USD	0	0	0.00%	0	0	0	0
24	Jungle Sti	Auto Grou	marshmel	*	BROAD	########	4/5/2016	201	1	0.50%	0.43	0.43	0.00%	USD	0	0	0.00%	0	0	0	0
25	Jungle Sti	Auto Grou	glass terra	*	BROAD	########	########	6542	3	0.05%	1	0.33	0.00%	USD	0	0	0.00%	0	0	0	0
26	Jungle Sti	Auto Grou	jungle stix	*	BROAD	########	########	5136	46	0.90%	7.84	0.17	0.00%	USD	0	0	0.00%	0	0	0	0
27	Jungle Sti	Auto Grou	tea plant	*	BROAD	########	########	1504	1	0.07%	0.55	0.55	0.00%	USD	0	0	0.00%	0	0	0	0
28	Jungle Sti	Auto Grou	roasting s	*	BROAD	########	4/6/2016	695	3	0.43%	1.43	0.48	0.00%	USD	0	0	0.00%	0	0	0	0
29	Jungle Sti	Auto Grou	s'mores st	*	BROAD	4/5/2016	4/5/2016	1	1	100.00%	0.35	0.35	0.00%	USD	0	0	0.00%	0	0	0	0
30	Jungle Sti	Auto Grou	plant tray	*	BROAD	########	########	1705	3	0.18%	1.58	0.53	0.00%	USD	0	0	0.00%	0	0	0	0
31	Jungle Sti	Auto Grou	skewers e	*	BROAD	########	4/5/2016	45	1	2.22%	0.29	0.29	0.00%	USD	0	0	0.00%	0	0	0	0
32	Jungle Sti	Auto Grou	b00xizz70	*	BROAD	########	########	3	1	33.33%	0.27	0.27	0.00%	USD	0	0	0.00%	0	0	0	0
33	Jungle Sti	Auto Grou	wooden s	*	BROAD	########	4/5/2016	3023	8	0.27%	2.77	0.35	0.00%	USD	0	0	0.00%	0	0	0	0
34	Jungle Sti	Auto Grou	b00io2hk	*	BROAD	########	########	49	1	2.04%	0.4	0.4	2.01%	USD	1	19.88	100.00%	1	0	19.88	0
35	Jungle Sti	Auto Grou	wooden n	*	BROAD	########	########	3	1	33.33%	0.29	0.29	1.46%	USD	1	19.88	100.00%	1	0	19.88	0
36	Jungle Sti	Auto Grou	marshmal	*	BROAD	########	4/4/2016	53	1	1.89%	0.16	0.16	0.00%	USD	0	0	0.00%	0	0	0	0
37	Jungle Sti	Auto Grou	bamboo s	*	BROAD	########	4/6/2016	551	2	0.36%	0.94	0.47	0.00%	USD	0	0	0.00%	0	0	0	0
38	Jungle Sti	Auto Grou	marshmel	*	BROAD	########	4/5/2016	355	1	0.28%	0.63	0.63	0.00%	USD	0	0	0.00%	0	0	0	0
39	Jungle Sti	Auto Grou	terrarium	*	BROAD	########	########	153	1	0.65%	0.52	0.52	0.00%	USD	0	0	0.00%	0	0	0	0
40	Jungle Sti	Auto Grou	b015xa39r	*	BROAD	########	4/6/2016	221	1	0.45%	0.44	0.44	0.00%	USD	0	0	0.00%	0	0	0	0
41	Jungle Sti	Auto Grou	wooden n	*	BROAD	########	4/5/2016	675	4	0.59%	1.73	0.43	8.70%	USD	1	19.88	25.00%	1	0	19.88	0

图 8-28

5. CPC 广告的投放注意事项

CPC 广告的投放注意事项包含以下几点。

（1）哪些品类不能做广告。亚马逊全球站点根据平台及当地的法律对广告的投放品类有一些特殊的限制。例如，美国站中，成人用品、特殊医疗行业产品及电子烟等特殊商品是不能做 CPC 广告的，二手产品也不可以做，卖家在选品时应尽量避开这些品类，并及时关注广告政策的变动。

（2）广告投放时间。广告也是成本，要实现收益率最大化，也就是 ROI。首先店铺账号必须是“专业卖家销售计划”，根据亚马逊平台的最新规则，没有购物车的产品 Listing 无法进行广告的投放。鉴于此，按照常规的操作逻辑，应先上传产品，再将产品入库 FBA，紧接着开始广告投放，前提是已经将 Listing 做好了优化，这样可以实现广告资金的有效利用。

（3）关键词查找。如果卖家要创建手动设定关键词的广告活动，选择关键词有以下几种方法。

首先，卖家可以利用亚马逊的内容数据资源——购物搜索框进行搜索，如图 8-29 所示，其罗列的都是买家在平台搜索的热点数据，卖家可以利用不同的关键词组合进行筛选，找到流量、匹配度更高的关键词。

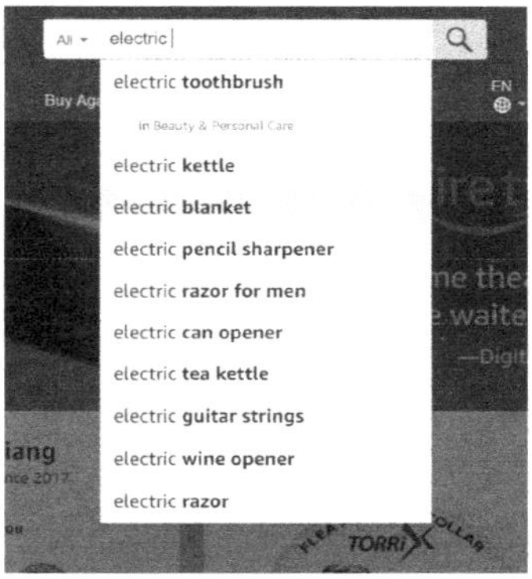

图 8-29

其次，卖家可以利用外部的第三方工具。例如谷歌 Keyword Planner（关键词规划师），这个工具其实是谷歌广告的一部分功能，如图 8-30 所示，利用这个工具卖家可以搜索关键词，谷歌会根据关键词给出更多的关联词，并列出相应的搜索量和竞价价格以供卖家参考。

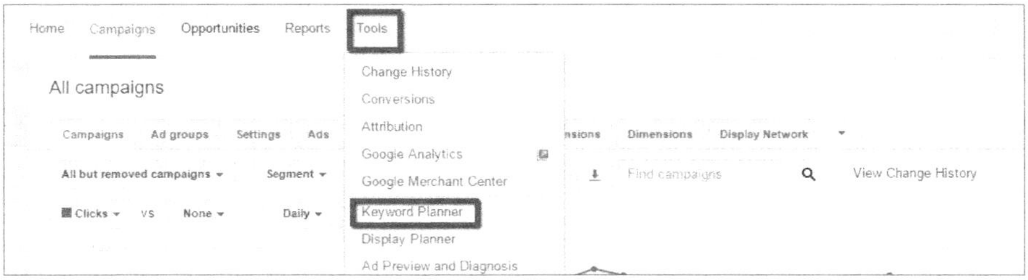

图 8-30

（4）广告点击出价。不同卖家对于运营投入的预算是不一样的，因此到底要在广告上花多少钱，这也是因人而异的，同时还要参考店铺的运营目标及阶段性的投入产出比。Listing 若出现在搜索结果的第一页，卖家需付出较高的广告成本，而且卖家也不知道竞争对手的出价，此时行业的平均竞价就可以拿来供卖家参考。每年的品类竞价随着竞争程度的不同会有相应的调整，如图 8-31 所示。

Average winning cost-per-click bids by category

Appliances	$0.47	Luggage	$0.27
Automotive	$0.18	Movies & TV	$0.06
Baby	$0.34	Music	$0.07
Beauty	$0.49	Musical Instruments	$0.19
Camera	$0.31	Office Products	$0.27
Cell Phones & Accessories	$0.39	Outdoor Recreation	$0.31
Clothing & Accessories	$0.16	Patio, Lawn & Garden	$0.36
Computers	$0.31	Personal Care Appliances	$0.46
Electronics	$0.42	Pet Supplies	$0.42
Electronics- Mobile	$0.28	Shoes	$0.12
Grocery & Gourmet Food	$0.38	Software	$0.21
Health & Personal Care	$0.61	Sports	$0.26
Home Improvement	$0.33	Sports Memorabilia	$0.19
Home	$0.30	Toys & Games	$0.15
Industrial & Scientific	$0.23	Video Games	$0.08
Jewelry	$0.19	Watches	$0.16
Kitchen	$0.38	Tools	$0.21

Date updated: January 4, 2016

图 8-31

（5）新功能上线。亚马逊广告的设置中有很多 Beta（测试）功能，如自动竞价功能，即亚马逊可以根据平台数据自行帮助卖家对关键词加价或减价，以此优化排名。同时亚马逊还加大了对品牌广告的支持力度，品牌商可以做品牌的广告露出，提升品牌影响力。

8.2 亚马逊站外推广

除亚马逊的站内流量以外，其站外的流量也不可忽视。随着各大社交软件的兴起，平日里大家将更多的时间花在了社交软件上。买家也不是每天都在用亚马逊购物，往往对社交媒体、论坛、谷歌搜索等这些应用和平台的使用频率较高。做站外推广的目标网站必须具备流量大、人气高、内容优质等特点。目前，针对美国境内的互联网应用排名调查数据显示，谷歌、Facebook、YouTube、Twitter 始终占据着排行榜的前几名，紧随其后的便是 Reddit。接下来，笔者向大家介绍一下 Twitter、Instagram（Facebook 旗下）、YouTube（谷歌旗下）这几个平台的使用技巧。

8.2.1 Twitter（文字类）

Twitter 算是老牌的社交媒体了，国内与其类似的社交媒体就是大家比较熟悉的微博，目前微博的用户体量已经远远超过了这位“老前辈”。

1. 用户注册

Twitter 账号的注册还是比较简单的，用户只需要输入姓名、手机号码或邮箱，以及用户名，然后提交即可，如图 8-32 所示。

图 8-32

注意：现在大部分社交平台的注册步骤已经简化，以便能够快速获取用户，至于更多的个人信息，用户可以在注册完成以后进行完善。

2. 基础功能

Twitter 推文的操作界面如图 8-33 所示，用户可以发送文字、图片、新闻链接等，其下方是几个功能键，如评论、转发（或者是分享）、喜欢（或者是点赞）及私信。

图 8-33

3. 注意事项

在国内，大家可能会使用微博。尽管微博和 Twitter 比较相似，但在日常的使用上还是有一些差异的。

Twitter 的用户可以对个人信息进行自定义，包括全名、用户 ID、头像、简介、背景图及主题色等；“喜欢”按钮同时也具备收藏的功能；在 Twitter 中，所有发出的推文都可以被看到，包括回复、转发、喜欢等都被展示在个人主页中；推文的评论回复都是以独立的形式存在的，原推文即使被删除了，评论也依然存在。

8.2.2 Instagram（图片类）

Instagram 是图片类的社交平台，被 Facebook 收购以后，凭借庞大的图片流量和使用人群数量，成为全球最活跃的图片社交应用之一，如图 8-34 所示，其基本的操作模式与 Twitter 类似，只不过 Instagram 更注重图片的分享，在用户注册账号以后，即可发布图片信息，与他人分享自己的工作、生活等。Instagram 是亚马逊卖家推广产品的一个有效渠道，在实际操作中，Instagram 的推广技巧主要包括以下几点。

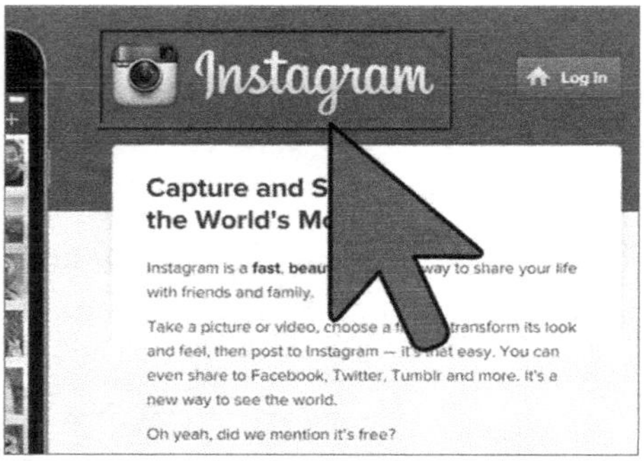

图 8-34

1. #Hashtag 标签引流

在全民网络时代，每分钟都有数以亿计的数据被网民们分享到互联网上，而标签可以帮助用户更快地搜索到这些分类的信息和关键字。在 Instagram 中，标签的用途就是用于搜索和进行照片的分类。例如，如果卖家在一张照片中添加了“#儿童玩具”，那么所有搜索

“儿童玩具”的用户都可以轻而易举地找到这张照片，其他包含相同关键字的照片也会随之出现。基于此，卖家在分享图片的时候，可以运用相关的标签（#Hashtag），获取更多的流量曝光。标签的添加方式一般可以分为以下几种。

（1）卖家可以把照片的内容设为标签。例如，“我的#孩子正在屋里玩#玩具”。

（2）卖家自己的用户名也可以作为标签，这样对其照片感兴趣的用户可以直接搜索到相应的照片。

（3）卖家可以将地理位置设置为标签。例如，“我在#美国#夏威夷#度假”。

（4）卖家还可以在评论区添加一条评论。例如，“我比较喜欢#画画，还热爱#旅游”。

2. 与粉丝互动

大家在运营账号的过程中，可以结合品牌本身、节日促销等，利用亚马逊的 Giveaway 功能与粉丝进行互动，目的就是提高账号的曝光率，吸引粉丝关注，而且在互动中，粉丝评论或者转发时一般都会分享给身边的好友，这样传播下去，推广效果会比较理想。当然，前提是要做好 Giveaway 的活动策划。

3. 优质的照片素材

“网红”是最近几年比较流行的一个词，它也是社交媒体发展的产物，在 Instagram 上很多社交达人凭借拍摄出来的优质图片素材和创意的内容迅速蹿红。因此，在做社交媒体的时候，尤其是针对海外的用户群，大家应更加注重内容质量，创意独特、好玩、唯美的照片才能够引起更多人的关注。大家在分享照片素材的时候，可以多参考排行榜前 100 位达人的作品，参考其图片的制作特点，多多积累经验。

4. 坚持就是胜利

根据自己的产品或服务制定发文计划，如一天发几条、发文的时间、内容的类别等，这就需要大家在前期做好用户市场的调研工作。计划制定完成以后，接着就需要大家坚持执行计划了。这样，随着时间的推移，账号的人气和活跃度才能够不断提高，粉丝也会越来越多。

8.2.3 YouTube（视频类）

图 8-35 所示为 YouTube 网站，它是视频网站的鼻祖。被谷歌收购以后，YouTube 迅速成为全球排名第一的视频网站，同时也成为继谷歌之后的“第二大搜索引擎”。在 YouTube 上，单月的独立访客人数约为 10 亿人，单日的使用者人数约为 3000 万人。如此高曝光流量的平台，利用其为亚马逊 Listing 做导流时应注意以下几点。

图 8-35

1. 优化影片资料

大家拍摄上传到 YouTube 的影片的基本资料，应包括影片的名称、标题、影片描述及标签等。与谷歌、雅虎等搜索引擎一样，这些资料可以帮助 YouTube 快速辨认出影片的内容，使之与观看者希望的搜索结果相匹配。如果大家拍摄的产品视频是一个系列的主题，就应注意标题的一致性问题，因为这样可以提升内容的相关性，通过 YouTube 算法自动向目标观看人群推荐。通过大数据的分析可知：热门的影片内容包括教学视频影片、搞笑有趣的视频、表演性的影片、体育运动赛事或舞蹈表演节目等；细分一下人群，普通大众比较喜欢孩子、宠物等可爱的视频主题内容；美食与旅行也是永恒的热门话题。

2. 影片的品质

平台上大部分的影片都能以 FULL HD（全高清）格式提供给观看者，以期获得更好的观看体验，少部分影片也是支持 4K 格式（超高清）的，但不同的内容和类别有时长的限制。

3. 影片的长度

调查显示，排在 YouTube 第一页的影片的平均时长为 12 分钟，这是一个观看者比较容易接受的时长。太短的话，如 3 分钟，有些影片内容不足以完全展现出来；太长的话，如一个小时，容易让观看者感到疲劳，也不利于粉丝的留存。

4. 观看者的使用深度

这里涉及的指标，主要包括影片的观看次数、点赞的次数、评论数及复看率等。毋庸置疑，排在第一页的影片的各项指标都是遥遥领先的。除此之外，影片的分享次数也是影响其排名的，分享的次数越多，获得的额外奖励也就越多。总之，与忠实粉丝或观看者保持互动，对影片整体的排名是非常有好处的。相对于仅仅观看，老用户回访率的权重会更高。

大家在做 YouTube 影片的初期，可以多参考一些同行业优秀的竞争对手的影片内容，分析其主题、描述、标题等，然后尝试对自己的视频进行调整。

5. 合理地融合亚马逊店铺 Listing

Listing 的网址或者亚马逊店铺的网址都可以出现在 YouTube 的影片描述信息中，这是被允许的营销行为，卖家可以通过此种方式为自己的亚马逊店铺引流。

第 9 章

服务至上，提升用户体验

9.1　亚马逊的用户评价体系

亚马逊从一个网络书店发展成为如今全球瞩目的电商科技巨头，一直秉承着以用户为中心的理念，不断地提升消费者的满意度。平台上的第三方卖家数量庞大、鱼龙混杂，如何在实际的运营中保护消费者的合法权益是非常具有挑战性的一件事情。由此，诞生了用户评价体系，这一体系的创建，笔者觉得是电商对社会非常重要的贡献，因为这样更有利于消费者对卖家、产品、服务等进行最直观的判断。

9.1.1　评价指标的重要性

评价在 Listing 的权重占比是非常高的，这也顺应了买家的消费习惯，排名在前的同类产品的买家评价总是会给予买家潜意识上的指引和最初的印象。有关数据显示，网购人群中 91%的人会经常阅读产品的评价；84%的买家会将这些评价作为朋友间的建议来参考；68%的买家会在阅读 1~6 个评价后做出购买与否的决定。

例如，买家平日网购的时候，发现差评比较多的产品，其第一印象都会大打折扣，进而影响其购买的意向。

同时，在亚马逊的卖家体系里，评价也是 Listing 转化率高低的重要决定因素。在跟卖的环境里，这也是卖家“争抢购物车”的有力武器。购物车展现如图 9-1 所示。

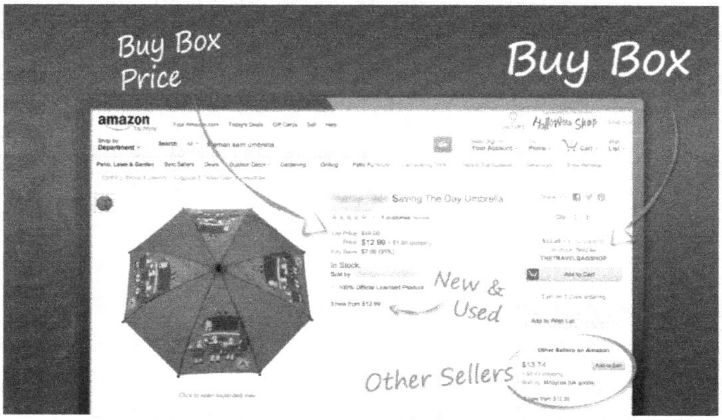

图 9-1

9.1.2 评价体系解读

大家对于淘宝已经非常熟悉，淘宝的评价体系如图 9-2 所示。淘宝的评价体系最开始加入了店铺等级和动态评分，弱化了产品的自身比重，更注重商家运营的表现，包括产品描述是否符合要求、物流及客服人员的表现是否令买家满意等。2018 年，淘宝又增加了一项商家指数，即掌柜信用，这一指数整合了各种可视化参数以辅助商家运营。

图 9-2

再看亚马逊，平台自诞生以来一直没有店铺的概念（近年为了扶持和优化平台品牌商，才推出了“品牌店铺”），产品 Listing 的比重会更大一些，也就是大家经常听到的“重产品，轻店铺”。因此，亚马逊的评价体系有别于其他电商平台，它的评价体系一分为二，即由两部分组成，分别是 Feedback 和 Review，二者是相互独立又相辅相成的关系，其对卖家的店铺经营发挥着非常重要的作用。

9.1.3 Feedback（买家反馈）

Feedback，即买家反馈，也就是店铺评价。平台要求店铺评价必须是买家在购买了产品以后，留下的对店铺的评论。留评入口如图 9-3 所示。

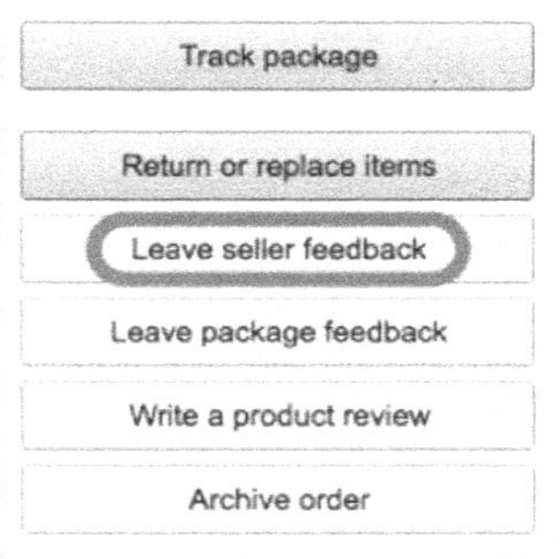

图 9-3

在 Feedback 里，评价等级最高为 5 颗星，买家可以从 3 个方面对卖家的服务表现进行评价。店铺评价页面，如图 9-4 所示，评价内容包括：产品实物是否与描述保持一致；对卖家的包装及发货时效是否满意；对卖家的客服人员及其专业程度是否满意。

图 9-4

作为卖家，可以在店铺后台的店铺表现页面，进行 Feedback 的维护和管理，包括查看店铺评价报告、处理及回复买家的店铺评价内容等。店铺表现页面如图 9-5 所示。

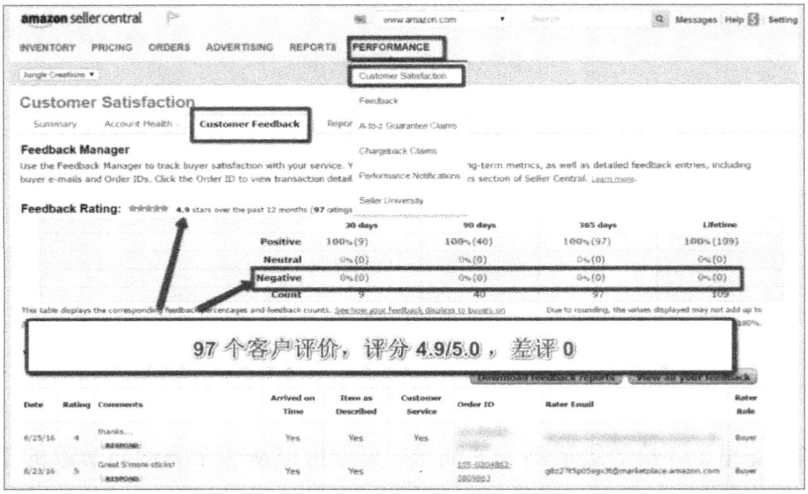

图 9-5

同时，卖家也可以在亚马逊网站的 Listing 页面上找到 Feedback 记录。亚马逊店铺评价页面如图 9-6 所示。

图 9-6

这里需要大家注意，亚马逊平台买家留评的有效期为 90 天，一旦超过期限，买家就无法进行评价了，且平台不会像淘宝那样自动好评，同时买家在 60 天内可以对评价进行二次修改。后期店铺评价规则如有变更，大家可以及时关注亚马逊的官方公告，了解最新变化。

9.1.4 Review（产品评价）

Review 有别于 Feedback 评价，指的是针对产品 Listing 本身的评价，如图 9-7 所示，包括对产品的外观、功能、使用体验等方面的评价。

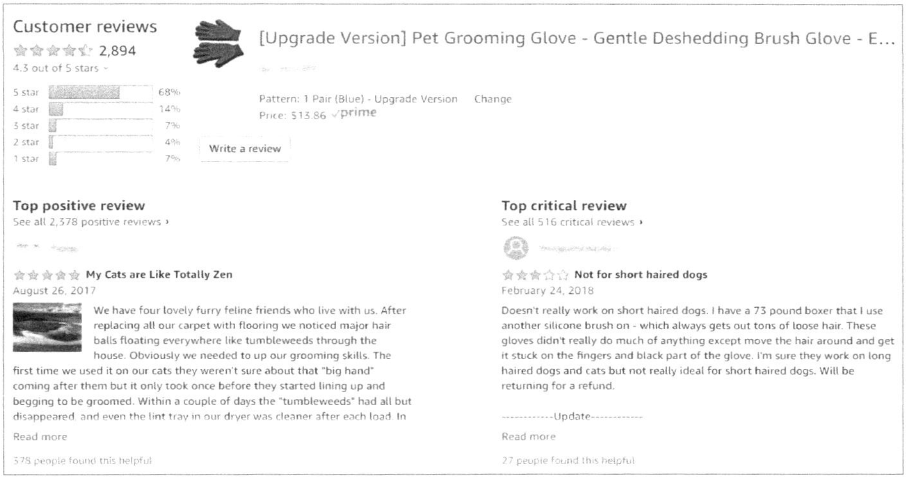

图 9-7

Review 相对于 Feedback 来讲，给予 Listing 的权重会更高一些。在 Listing 首页展示的信息中，Reviews 的位置（如图 9-8 所示）相对来讲比较突出，且因为没有店铺等级和销量的设定，Review 就成为 Listing 的转化法宝。

图 9-8

好评的星级和数量可以在第一时间内为其他买家提供正面的购买导向，有助于 Listing 的订单转化。再来看一个差评的反面案例，其产品 Listing 如图 9-9 所示。

图 9-9

这个 Listing 只收到了一条评价，而且这条评价还是 1 星的“差评”，这样的展现可以说是对该产品 Listing 的致命打击，会严重影响该产品 Listing 的排名及订单转化率。该产品 Listing 具体的评价页面如图 9-10 所示。

图 9-10

很明显，从买家 1 星评价的具体描述中可以看出其愤怒之情，这也是国外消费者的一个普遍的消费习惯：买家一般是不会轻易给差评的，如果给了差评，那说明产品确实存在严重的质量问题，以致影响到使用体验。而且在这里，买家直接表明“Waste of Money”，意思是说“购买这款产品，纯粹是浪费金钱”，言外之意，这个产品“性价比”太低，不建议大家购买。这对于其他买家是一种警醒。如果保持现状，这个 Listing 的表现肯定会违背亚马逊的官方要求，长此以往，会有被亚马逊下架的风险。

9.1.5　如何增加店铺的自然留评率

通过上文的介绍，大家已经认识到评价对产品 Listing 的重要性，同时也意识到应让更多的买家留下评价，但现实中买家购物后主动留评的却很少，平均不到 5%。研究表明，产生这一现象最主要的原因是，买家购物后的情感诉求没有得到满足，也就是说他们买了产品以后对产品的质量、使用都是基于预期内的正常情况，没有额外的情感动力促使他们留下评价。遇到这种情况，卖家可以通过以下几种办法激励买家留评。

1．产品的包装

长久以来，买家的购物习惯和诉求一直在变化着，从最开始的关注产品本身，慢慢将关注点转移到产品的包装上。包装是买家收到货物的第一印象，卖家可以在包装上花一点心思，不要多么华丽，但要有足够的创意。图 9-11 中的茶叶袋包装，其第一时间满足了买家情感上的需求——惊喜，这也是一个内驱力，让买家想要去分享、去评价。现在大家分享的途径很多，如 YouTube 上的“开箱体验”这类短片非常受欢迎，如果卖家用心做好产品包装，买家也愿意将其分享给其他人，这对产品品牌露出和口碑是非常有帮助的。

图 9-11

2. 留评奖励

这是比较有效的一种激励买家留评的方法，具体操作如下：卖家可以给予积极留评的买家免单或者再次订购获得优惠的小惊喜；卖家可与基金合作，代留评的买家捐赠少许资金救助有需要的人；卖家可以在社交媒体或者线下推出品牌活动，留评的买家可前往领取小礼物，等等。

3. 礼貌地征求买家的评价或者建议

卖家应正确地告知和引导买家给予留评。例如，卖家可以准备一个小卡片，卡片设计如图 9-12 所示。尤其是过节的时候，卖家可以自己制作贺卡，并附上一封邮件，写上感激的话语并留下联系方式，同时可以提供优惠的折扣或者优惠券（Coupon），以此引导买家留评。

图 9-12

9.2 亚马逊客服人员的日常工作

对于国内电商来讲，客服是比较繁重的工作。例如，淘宝有一个客服聊天工具——“阿里旺旺”，在一些大的店铺或者促销节日到来的时候，很多客服岗位都需要 3 班倒，因为这个在线聊天工具需要时时刻刻有人值守，随时回答买家的售前咨询、解决售后问题等，非常耗费时间。对于客服人员而言，不仅需要具备耐心，还要有一定的应变和调和、处理能力。

亚马逊的客服人员相对来讲是“比较轻松”的，因为没有即时聊天工具的存在，客服人员可以有更多的时间处理买家的申诉或者问题。在日常工作中，以下几个方面的内容需要客服人员进行处理：Message、A-Z compliant/Return Request、Negative Feedback/Review。

9.2.1　Message

Message 指的是邮件的处理。为了提高工作效率，卖家可以采用常见的邮件模板与买家进行沟通，但应注意措辞的准确性，以此来体现卖家的用心和专业程度，最主要的是能得到买家的认可，帮助买家解决问题。

9.2.2　A-Z compliant/Return Request

A-Z compliant/Return Request 指的是投诉或者退换货的处理。一般情况下，这种投诉是不会出现的，如果出现，那就表明卖家的产品或者服务确实让买家非常失望。遇到这种情况，卖家应第一时间向买家道歉，积极核实事情的经过，并尽快提出解决方案：退款或者退货、赔偿等。

9.2.3　Negative Feedback/Review

Negative Feedback/Review 指的是买家的差评，这与买家投诉一样会对卖家造成重大影响，导致 Listing 的评价或者店铺绩效被拉低，如果长期表现不佳，没有改善，店铺甚至会被关闭。当遇到差评时，客服人员需要第一时间通过邮件联系买家，向其道歉并询问差评的缘由，并与其友好协商解决方案，待到其满意后，让其撤销差评。客服人员不可使用任何威胁买家的语气，否则账号将会受到惩罚。因为评价对 Listing 的权重有非常重要的影响，所以也催生了很多虚假刷单的现象，这也是亚马逊多年来一直深恶痛绝的。近年来亚马逊连续出台了很多防刷单的政策，可以看出其打击刷单的决心，因此也改变了很多评价的规则，具体包括以下几点。

（1）买家留评需要具备过去 12 个月内至少 50 美元的平台消费记录。

（2）与产品无关的、无意义的评论将会被自动删除。

（3）评论包含了不恰当的或者具有攻击性的言论，包括个人信息的泄露、带水印的图片或抄袭等情形，将会被自动删除。

（4）民族、种族、宗教等歧视内容，暴力违法行为等，也会被自动删除。

（5）不允许卖家自己撰写评论，或者故意对竞争对手进行差评。

（6）卖家通过报酬的形式，如商品折扣、礼物等换取买家评论的，买家必须在评论中明确声明此事。

客服人员必须牢记这些规则，一旦出现问题应沉着冷静地应对。

9.3 亚马逊退货处理的流程

无论是传统企业还是电商企业，在日常的订单处理中，都会面临买家退换货的售后问题。在亚马逊平台进行退货时，买卖双方应按照以下流程操作。

9.3.1 针对买家的操作流程

针对买家的操作流程，具体包含以下几点。

（1）买家向亚马逊提交“退货申请”。

（2）卖家在店铺后台的“退货管理”中查看退货申请及退货的原因。

（3）卖家根据“亚马逊平台的退货政策”，在店铺后台的“退货管理”中处理退货申请。

（4）如果卖家拒绝买家的退货申请，亚马逊会向买家发送邮件信息通知，邮件内包含卖家关闭申请的原因；如果卖家批准退货申请，买家将按照卖家提供的地址信息进行退货操作，卖家等待退货即可。

（5）卖家收到退货，在店铺后台操作订单退款。

9.3.2　针对卖家的操作流程

针对卖家的操作流程，具体包含以下几点。

（1）同意退货申请：如果卖家接受买家的退货申请，可单击“同意申请”按钮。之后，系统将会把卖家的退货地址和退货说明通过邮件的形式告知买家。

（2）关闭退货申请：如果卖家不接受买家的退货申请，在与买家充分协商达成一致意见后，可单击“关闭申请”按钮。

（3）如果卖家已经收到买家退货商品或允许买家保留商品，可单击“进行退款”按钮向买家退款。

注意：如果使用亚马逊 FBA 发货，自 2019 年 1 月开始，整个退换货的流程也会交由亚马逊处理，这样既方便了买家，也减少了卖家在后台的操作。

9.4　买家申请退货的具体处理方法

在平日的店铺运营中，卖家应尽量避免退换货的出现，除应保证产品本身的高质量和易用性以外，卖家还需要提供及时的咨询服务，真正的亚马逊买家一般是很少给差评的。如果出现了买家退换货的申请，卖家也不要慌，解决问题的宗旨就是尽量不退货，尤其是自发货的卖家，一旦同意退货，产品的运费及处理成本是相当高的。笔者的一个店铺曾收到一个买家的换货申请，原因是产品的一个配件损坏，与买家邮件确认了实物图后，判断确实是卖方的问题，于是笔者为买家提供了如下解决方案：买家保留产品，无须再寄回，产品由其自行处理，同时笔者为买家发送了一张 0.1 折的折扣券（亚马逊允许的最低折扣），买家使用优惠券重新下单，即以“接近免费”的价格为买家再发一套产品。在这种情况下，卖家应充分考虑产品是否可以进行二次销售及店铺运营成本等问题。

第 10 章

亚马逊店铺运营案例分享

10.1　CPC 广告，别忽略了 ACoS 指标

笔者有一个学员姓李，他有自己的工厂，尽管转型做亚马逊店铺已有一年的时间，但其店铺的业绩并没有任何起色。与其他贸易类的店铺不同，他的产品本身是非常有竞争力的；每天有条不紊地进行着运营推广的工作，在品牌宣传上投入了大量的精力，利用网站及新媒体平台的软文进行曝光，利用 YouTube 上的视频进行引流；回复买家的询问和信息非常及时；亚马逊的广告一直在投放着；加入了亚马逊的 FBA 服务。尽管如此，店铺的业绩仍毫无起色，用他自己的话说："尽管每天都有订单，但就是不赚钱。"

"该做的都做了，就是不赚钱。"这也是很多亚马逊卖家的心声。之前向大家强调过，数据分析是电商运营的基础，所有的店铺和运营指标都会体现在店铺的数据上，大家一起来看看李老板的店铺数据（均以人民币计）：

订单量/天 = 10 单；

产品成本/单 = 56 元；

产品销售价格/单 = 245 元；

每天的销售额 = 245 元/单 × 10 单 = 2450 元；

每年的销售额 = 2450 元/天 × 365 天 = 894 250 元；

每天的成本 = 56 元/单 × 10 单 = 560 元；

每年的成本 = 560 元/天 × 365 天 = 204 400 元；

每年的毛利润 = 894 250 元 − 204 400 元 = 689 850 元。

如果按照李老板的逻辑，运营推广的费用一年约为 70 万元，这就有些不可思议了。

当笔者问他关于 ACoS 策略的时候，他提供的数据是这样的：每单 42 元，ACoS 为 17%。其实这个数据，从整体的 ACoS 均值来看，也不算太糟糕。李老板的毛利润为 189 元（销售价格 245 元 − 成本 56 元 = 189 元）。如果他的店铺每单广告费为 42 元，还有 147 元的操作空间，再扣除 15%的佣金和 16 元的 FBA 费用，还有 90 元左右的利润。怎么会不赚钱呢？肯定是哪里出了问题。

当他提供了后台的数据报告以后，笔者才知道，李老板对亚马逊站内广告的操作还没有完全理解，他对 ACoS 的理解仍处于一个入门阶段。实际上他在亚马逊广告上的花费为销售额的 50%~65%，相当于每单有 120~160 元都花在了广告上，再加上产品的销售佣金和 FBA 费用，整体运营成本已上升至 173~213 元，而其售价仅为 245 元，很明显，这不是一个好的赚钱模式。

以上就是店铺存在的第一个严重的问题——亚马逊站内广告的支出严重失衡，造成店铺极大的损失。

跨境电商的兴起，吸引了数以百万计的卖家，琳琅满目的产品给予了消费者更多的选择，但同时也增加了卖家之间的竞争。作为卖家，也应更多地去关注竞争对手的情况，同时对自身的情况进行相应的调整。例如，标题的撰写、关键词的优化、卖点的提炼、产品图片是否合适、有没有评价、品牌是否在做宣传、线下的推广是否在做等，这些方面应是卖家日常工作要做的，也是在分析竞争对手 Listing 的时候需要注意的地方。但就像之前笔者提到过的，李老板的工作都已经做了，而且做得都很好，其评价也有 100 多条，卖家还需要做什么呢？很简单，大家记住亚马逊平台的黄金准则——用户体验永远是第一位的。买家购物，除了关心产品的质量以外，再就是关心产品价格了。

因此，这就是李老板店铺存在的第二个问题，没有弄清楚目标用户的价格偏好，使得转化率迟迟无法提高，也间接导致了营销成本的上升。

综上所述，笔者为李老板提出的运营建议就是重新审视自己的价格策略和 ACoS 的策略，将提升转化率和稳定销量放在第一位。

经过半年多的调整，李老板店铺的订单量一直稳步上升，且净利润不断增加。

10.2 MBA，亚马逊卖家的另类生意

Elaine Heney 之前是一名 App 的开发人员，同时也是亚马逊平台的一个卖家，她每天的常态化工作包括选品、SEO（搜索引擎优化）、广告、发 FBA。Elaine 做的生意不大，但起码小有起色，而就在 2018 年，她完成了销售额为 128 000 美元（利润为 53 000 美元）的 T 恤售卖后，真正实现了财务自由，她依靠的就是“Merch by Amazon”。

“Merch by Amazon”是跨境电商亚马逊在 2015 年 5 月推出的按需定制的服务，目前产品仅限于 T 恤衫。

Elaine 如何想到做“Merch by Amazon”（MBA）的 T 恤售卖呢？

10.2.1　做 MBA 之前的准备工作

做 MBA 是没有任何库存风险的，也没有其他常规的营销和月租费用，卖家可以随时开始进行 MBA 计划，毫无后顾之忧。卖家甚至也不需要任何 Photoshop 技巧或者任何艺术细胞，绘画天赋或者能力都不是 MBA 的先决条件。

10.2.2　挖掘 T 恤的畅销趋势

在 Elaine 设计的 T 恤里面，以下三大品类销售表现最好。

1．万年不变的主题

这类主题主要包括职业、家庭成员、体育运动、爱好等。

2．时下热门的主题

这一类主题主要是指新闻类的主题。

3．季节性的主题

这类主题主要是针对一些节日，如情人节、圣诞节、万圣节、父亲节等。如果临近父亲节，Elaine 会使用两种设计的组合，如 T 恤正面为“Best Dog Dad Ever”字样，T 恤背面为“I’m a dad and I love gardening”字样。因此，卖家不但要吸引寻找父亲节礼物的人群，同时还要满足一部分人的个性化需求。

10.2.3　MBA 的定价策略

在做 MBA 的过程中，对市场的需求挖掘同样是不可忽视的。卖家可以利用“Merch Research”工具查看所有相关的“Merch Listing”，同时可以看到目标市场的趋势及竞争情况。定价方面，亚马逊提供的指导价一般为每件 19.99 美元，这是默认定价。如果以 19.99 美元出售一件 T 恤，卖家的利润约为 7 美元。当然，卖家可以根据计划对价格进行变更或以更低的价格出售。

10.2.4 如何操作 MBA

MBA 的操作非常简单，比常规的亚马逊平台—— FBA 的操作容易得多，整个设计和销售 T 恤的基本步骤如下。

1. 上传卖家的设计

2. 选择使用的颜色

卖家可以选择几种不同的颜色，Elaine 选择的颜色偏向于深色系，因为亚马逊的大数据显示，此类颜色更受欢迎。

Elaine 不是平面设计师，她在 Freelance 上雇佣兼职的专业人员进行复杂的图像设计，她自己只是使用 Photoshop 或者 App（如 Over、Word Swag 等）对 T 恤的设计进行简单的文本和图像编辑。

Elaine 表示，任何一件排名为 100 000 名以内的 T 恤都会持续地带来销售收入。同时，亚马逊还为卖家提供了一个模板来处理设计的产品，其尺寸规格为 4500px × 4500px、分辨率为 300dpi，而且要求设计必须具有透明背景。

10.2.5 营销及跟卖的处理

对于一个新账号，卖家最多只能列出 10 款不同的设计，他可以让朋友们先购买体验，并让大家提出中肯的意见，之后就需要卖家不断地努力尝试、积累用户了。

在原创设计累积到一定程度时，卖家可以使用 Instagram、Pinterest 发布热门主题 T 恤标签，同时配合亚马逊本身的高流量一同推广。

关于跟卖或者仿品。当卖家上传设计产品的时候，MBA 平台会有一个自动审核的过程，约为 5~50 分钟，但从目前来看，这个审核的过程可能需要两天，甚至更长的时间，特别是有图形的时候。这里唯一要注意的就是避免使用有版权的或涉及商标的图像和徽标，否则一旦违反了亚马逊平台的规定，账号就会面临被关停的风险。仿品这个问题不可避免，始终存在，如果出现这个问题有两种不同的解决方案。

（1）卖家可以花时间举报复制自己 T 恤设计的账号，希望亚马逊能够禁止对方的复制行为。

（2）卖家可以花时间探寻更完美的潮流风格，并在被模仿之前保持领先一步。

需要大家注意，亚马逊会删除在 60 天内没有任何销售记录的商品。如果卖家需要，可以再次上传相同的设计，等待审核的间隙，同时可以尝试其他的平台，如 Redbubble、CafePress、TeePublic、Teespring 等。

10.3　临近旺季，选品备货应谨慎

Mike 是来自美国的一个亚马逊卖家，大家来看看他在旺季的筹备中都做了哪些工作。

10.3.1　盲目地选品

大家都知道，经营电商第一步要做的就是选择产品，Mike 也不例外，他选定了一款玩具，大致的选品逻辑如下。

1．价格及排名评估

目标产品价格最高为 30 美元，最低为 17 美元，近一个月的时间，其价格稳定为 18 美元左右，参考如图 10-1 所示的价格走势；其在玩具游戏类目的排名为 100 000 名左右；这款产品在当地沃尔玛超市的售价为 5 美元。

图 10-1

2．销售趋势预测

Mike 做了很多分析来支撑他的这个购买决策是正确的。

（1）第 4 季度的玩具类目销量趋势就像圣诞老人的礼物一样——订单暴增，库存周转率很高，几乎不会产生任何的产品积压。

（2）从投资回报率来看也是一个不错的选择，毕竟 100%~150%的回报率是非常可观的。

（3）尽管有价格波动或者下跌的可能，但预计幅度不会太大，最坏的情况发生之前有充足的止损空间。

基于以上这些分析，Mike 购入了一批玩具。

10.3.2 备货的失误

虽然 Mike 的分析决策看似完美，但是事实并没有向他预期的方向发展。

事实上，这个产品已经有很多人在销售了，大家也的确都赚到了钱，而且也各有各的优势，如快递时效高、颜色多样化等。很明显，Mike 犯了很低级的错误。

1．时间就是金钱

采购备货完成后，时间已经到了 12 月中旬，这意味着 Mike 已是此轮游戏的后来者。

2．从众心理作祟

Mike 从选品开始就一直在关注其他卖家，看到他们赚了钱，就以为自己也会像他们一样成功。

3．入库不及时

在备货阶段，Mike 总是“慢半拍”，没有及时安排入库 FBA。

4．应急处理失误

最后关头，Mike 也没有及时调整价格策略，失去了本来可以赚一点利润的机会，导致最终演变为更大的损失。产品后半段的价格走势（价格一落千丈），如图 10-2 所示。

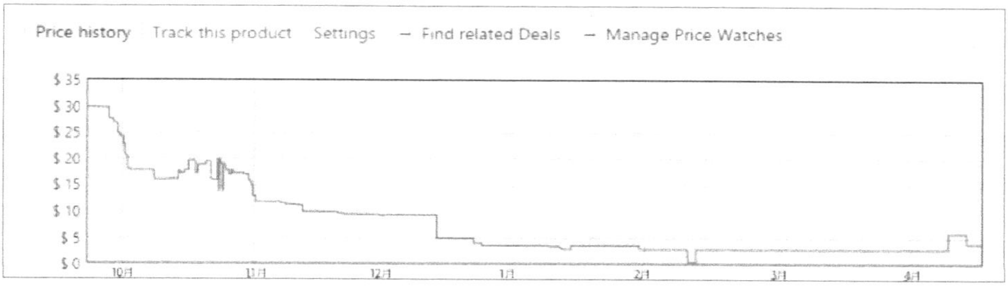

图 10-2

这笔买卖失利后，Mike 不停地反思：是因为运气不好吗，还是有哪些关键的信息没有抓住？我们一起来分析一下。

10.3.3　选品失误分析

1．忽略了商品买卖的关键（供需平衡）

产品价格的失衡一定是某种原因导致的。例如，曾经的苹果派游戏，一眼就能看出价格高企的原因：消费者购买意愿强烈，商店经常卖断货，而消费者也愿意花高一点的价格购买。而对于 Mike 选的这款玩具来讲，排名仅仅为同类目的 100 000 名左右，不算热销类产品，且没有任何迹象表明市场会出现断货的情况，也就是说，市场上的供应很稳定，而短时间内价格的上涨很快就会因为市场的供应稳定而恢复理性。从数据上大家可以看到，尽管第 4 季度是销售旺季，需求增加，但是供应并没有出现短缺，线上亚马逊和线下沃尔玛渠道反而都是货量充足。因此，价格没有上涨的动力，待到旺季接近尾声，也就出现了价格下跌的现象。

2．线上采购，增加采购成本

Mike 是通过沃尔玛线上的商城进行订货的，而没有到线下的沃尔玛超市进行购买，这无形当中增加了 Mike 一周的库存备货时间。与此同时，上百个卖家已经开始在市场中大量供应这款玩具，使得买家的购买意愿没有那么强烈，毕竟货源充足。

3．没有及时安排 FBA 入库

更悲惨的是，产品到货以后，Mike 没有及时地进行处理，这使他的库存备货时间又无形地延长了。

4. 错误评估销售趋势

当 Mike 发现备货失误以后，他并没有及时调整策略。当价格及市场出现不好的苗头时，他还抱着侥幸的心理，且在等待其他竞争对手的反应，未对自己所处的困境进行 100%的评估。同时，Mike 也一直期盼着价格能够反弹，但事与愿违，产品价格一落千丈。

综上所述，卖家选品备货时应注意以下几点。

第一，合理安排备货时间。尤其是在旺季来临之际，对于国内卖家来讲，最少应提前一个月开始 FBA 的入库操作，备货时间及计划更要提前两个月。

第二，不要看别人赚钱了，就去备货那些价格随时崩盘的产品，应牢记供需平衡对价格的影响。

第三，让产品尽快“动”起来。如果是开始的决策失误，卖家应尽快找到解决的方法，不要心存侥幸，也不要寄希望于任何外在的因素，应尽快行动起来减少库存，将损失降到最低。